墨香财经学术文库

"十二五"辽宁省重点图书出版规划项目

U0113459

Research on the Economic Development
of the Yangtze River Delta under the
Belt and Road Initiative

"一带一路"与
长三角经济发展研究

何任 刘威江 刘斌 等◎ 著

东北财经大学出版社
Dongbei University of Finance & Economics Press

大连

图书在版编目（CIP）数据

"一带一路"与长三角经济发展研究 / 何任，刘威江，刘斌等著. 一大连：东北财经大学出版社，2017.12

（墨香财经学术文库）

ISBN 978-7-5654-3020-6

Ⅰ．一… Ⅱ．①何… ②刘… ③刘… Ⅲ．"一带一路"－区域经济合作－经济发展－研究－上海 Ⅳ．F127.51

中国版本图书馆CIP数据核字（2017）第311031号

东北财经大学出版社出版发行

　　大连市黑石礁尖山街217号　邮政编码　116025

　　网　　　址：http://www.dufep.cn

　　读者信箱：dufep @ dufe.edu.cn

大连永盛印业有限公司印刷

幅面尺寸：170mm×240mm　字数：265千字　印张：14　插页：1
2017年12月第1版　　　2017年12月第1次印刷
责任编辑：蔡　丽　　　　责任校对：蓝　海
封面设计：冀贵收　　　　版式设计：钟福建
定价：48.00元

前言

　　"过去的 10 年，我看到中国国内的发展越来越平衡、越来越和谐，未来，作为世界第四次工业革命领军者，我相信中国可以为全球经济发展作出更大的贡献。"世界经济论坛创始人兼执行主席施瓦布在 2016 年夏季达沃斯论坛上对中国近 10 年的发展作出这一评价。在 2017 年夏季达沃斯论坛上，施瓦布又对李克强总理说："在全球范围内，中国政府引入第四次工业革命工作做得最好。我要向您，向中国政府表示祝贺。"

　　作者认为，新常态下中国作为领军者在第四次工业革命中要为世界经济发展作出更大贡献，这在很大程度上依赖于中国经济持续中高速增长和产业发展迈向中高端水平，而习主席提出的"一带一路"倡议为上述两方面提供了重要契机。在此大背景下，经济学家的研究普遍关注相关宏观经济政策的制定与实施效果，而管理学家的研究则普遍关注相关企业的行为及价值创造。在长期的公司财务学研究中，作者认为通过对企业财务数据进行分析，不仅可以发现企业经营中存在的问题，还可从微观、宏观层面窥探地区经济的发展状况，这也是本书的主要研究思路与创新。例如，某地区上市公司总资产与该地区 GDP 的比值这一指标（本书中的资产化率指标）就可以在一定程度上体现该地区的经济发展状况。

　　包括上海市、江苏省和浙江省的长三角地区是中国经济发展速度最快、城市化程度最高和最具发展潜力的地区。而长三角城市群又是"一带一路"和长江经济带的重要交汇地带，是中国经济社会发展的重要引擎。研究长三角地区的经济发展状况，不仅有助于了解这一"引擎"的优势和现存问题，还可为其他地区的经济发展提供参考和借鉴，助力中国经济增长和产业发展。本书以上海市、江苏省和浙江省这两省一市的上市公司为研究对象，通过对这些上市公司财务数据的统计分析，力图从企业这一微观视角窥探长三角地区经济发展的现状，为长三角经济发展提供一面可以从企业角度发现问题和不足之处的镜子。正如刘斌教授所言："我们并不缺少解决方案，我们缺少的是发现问题的能力。"为方便读者阅读并了解相关指标的走势，本书配有大量图表。本书按如下结构和思路依次对长三角地区经济发展状况进行分析：

首先，以上海市上市公司资产负债表为基础，对上海市上市公司整体进行资产、负债和所有者权益的分析；以上海市上市公司利润表为基础，对上海市上市公司整体进行营业收入、营业成本、息税前利润、利息费用、所得税和净利润的分析；以资产负债表和利润表为基础，对上海市上市公司整体进行偿债能力、营运能力和盈利能力的分析。另外，以类似思路单独对上海市第二、三产业上市公司进行分析。

其次，以江苏省上市公司资产负债表为基础，对江苏省上市公司整体进行资产、负债和所有者权益的分析；以江苏省上市公司利润表为基础，对江苏省上市公司整体进行营业收入、营运费用和净利润的分析；以资产负债表和利润表为基础，对江苏省上市公司整体进行偿债能力、营运能力、盈利能力和成长能力的分析。另外，以类似思路单独对江苏省第二、三产业上市公司整体进行分析。

最后，以浙江省上市公司资产负债表为基础，对浙江省上市公司整体进行资产、负债和所有者权益的分析；以浙江省上市公司利润表为基础，对浙江省上市公司整体进行营业收入、营运费用、息税前利润、利息费用、所得税和净利润的分析；以资产负债表和利润表为基础，对浙江省上市公司整体进行偿债能力、营运能力和盈利能力的分析。另外，以类似思路单独对浙江省第二、三产业上市公司整体进行分析。

本书采用了大量的上市公司财务数据进行研究，数据丰富，内容翔实，通俗易懂，不仅适合政府决策制定者、企业高层管理者、机构和个人投资者阅读，也能给关注第四次工业革命和"一带一路"倡议背景下中国经济发展的广大读者以启发。希望本书能为"一带一路"倡议下相关经济理论的发展与政府决策制定提供参考，同时为公司财务学的相关理论发展与实践提供参考，为经济学与管理学在公司财务学领域的融合发展起到抛砖引玉的作用，对各界人士都能有所启发，欢迎各位读者反馈意见和交流思想。

著 者

2017 年 10 月

目录

第1章　上海市经济发展研究

　　截至 2015 年，上海市主板 A 股的上市公司数量为 163 家，这 163 家上市公司行业分布为采矿业（2 家），制造业（60 家），电力、燃气及水的生产和供应业（3 家），建筑业（8 家），交通运输、仓储和邮政业（16 家），信息传输、计算机服务和软件业（11 家），批发和零售业（19 家），住宿和餐饮业（1 家），金融业（11 家），房地产业（21 家），租赁和商务服务业（2 家），科学研究、技术服务和地质勘查业（1 家），教育（1 家），综合行业（3 家），文化、体育和娱乐业（3 家）等，近乎涵盖了第二产业和第三产业，而第一产业寥寥无几（仅 1 家）。从对上述行业的资产情况进行分析后我们发现，上海市以金融业为主，以信息通信业为支撑，以重工业带动经济的发展和繁荣。

　　上海市因为得天独厚的地理和政策等优势，吸引越来越多的企业进入。上海市上市公司整体的资产不断上升，源源不断的资产进入更进一步激发了上海市的经济增长活力，各项统计数据每年都在提升。总体而言，上海市是我国经济发展的心脏部位，发达的制造业为其经济发展提供了源源不断的动力，第三产业比重的不断扩大体现了上海市人民的消费水平和消费心理也有了巨大的转变。在全国多数省市都处于第二产业占重点的条件下，上海市已经由传统的制造型为主转变为服务型占主导，这将有利于经济的可持续发展，减轻环境污染，进一步满足人们的文化和服务需要。

　　本章主要对上海市 2006—2015 年经济发展状况进行研究，研究内容包括上海市 2006—2015 年的 GDP 以及第二产业和第三产业的发展情况（第一产业在主板上市的公司太少，因此忽略第一产业的研究）。在 2006—2015年，上海市的 GDP 由 2006 年的 1.05 万亿元上升至 2015 年的接近 2.5 万亿元，以仅仅一个直辖市的面积产生这么高的 GDP 数值，无愧为在我国经济中处于龙头地位。

本章整理出上海市 2006—2015 年所有在主板上市的第二产业和第三产业公司的相关报表，并为了计算方便，将报表简化整理形成资产负债表简表和利润表简表。本章将通过对比研究的方法，将上海市各年上市公司的情况进行对比，并在图中绘制历年上海市上市公司财务报表中各项目的变化情况，进而研究上海市整体的发展变化情况；通过统计分析的方法，计算上海市上市公司部分财务指标的均值、方差等情况，为上海市未来发展提供一些意见与建议。本书后面几章也采用这种研究思路和方法。

1.1 从资产负债表看上海市经济发展状况

1.1.1 资产规模不断增长，第三产业比重持续提高

一般可以认为，某一会计主体的总资产金额等于其资产负债表的"资产总计"金额。

表 1-1 是上海市 2006—2015 年每年 A 股主板公司的数量。

表 1-1　　　　　　　　　上海市上市公司数量

年份	2006	2007	2008	2009	2010	2011	2012	2013	2014	2015
企业数量	133	138	142	145	145	162	162	162	162	162

根据图 1-1，将上海市总资产分析分为三个层次：资产合计、平均资产、资产增长率。

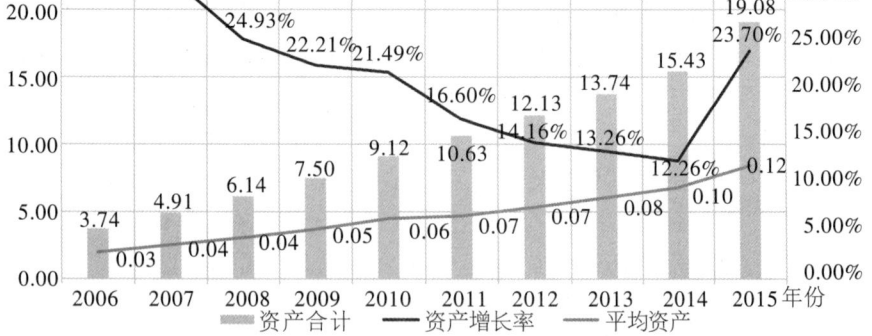

图 1-1　上海市上市公司资产情况（金额单位：万亿元）

首先，从资产合计的层次进行分析。上海市所有上市公司（主板）行业的资产总额在 2006 年已经达到 3.74 万亿元，资产规模很大，到 2007 年资产总额上升到 4.91 万亿元，从 2006 年到 2007 年资产总额的增长速度是 2006—2015

年的最高值；此后资产依旧保持稳步增长的趋势，2008 年资产增加了 1.23 万亿元，达到了 6.14 万亿元；在 2009 年资产总额依旧保持近似的增长幅度，达到 7.50 万亿元；2010 年的资产总额增幅达到了 1.62 万亿元，是 2006 年到 2010 年间最大的增幅，在统计的上市公司数量不变的情况下，说明上海市企业整体经营状况较好，经营获利，现金流入企业，投资者看好企业的发展并进行注资；2011 年资产总额小幅度增加，达到 10.63 万亿元；从 2012 年开始，资产总额的增加值都保持在每年 1.6 万亿元左右；这个趋势一直保持到 2014 年，资产总额增加到 15.43 万亿元；2015 年资产总额的增幅又有新的提高，比 2014 年增加 3.65 万亿元，达到 19.08 万亿元。从资产增长的数值来看，基本每年都会保持在 1.5 万亿～2.0 万亿元的增长，说明上海市吸引资金的实力非常雄厚，整体企业的经营实力较强，可以吸引资金的流入而不是流出。2006—2015 年上海市总资产共增加 15.34 万亿元。总资产在 10 年间增加了 4.10 倍，并且其增长情况基本表现为稳定高速增长。上海市的资产总额在 2007 年是 4.91 万亿元，而 2008 年处于全球经济危机的背景下，资产总额不仅没有减少，反而增长了 1.23 万亿元左右，说明在经济危机的背景下，上海市抵抗危机的能力较强，依旧是投资的优先选择。

其次，分析上海市平均资产情况。通过将上海市的资产情况根据每年 A 股主板的公司数进行平均，资产情况同样呈现不断上升的趋势，2006 年上海市统计的上市公司平均资产为 0.03 万亿元；在 2007 年增加 0.01 万亿元升至 0.04 万亿元；在 2008 年平均资产的增加额较小，为 0.04 万亿元，可能与全球爆发的经济危机有关，影响到每个公司的资产情况；2009—2010 年平均资产的增加情况保持一致，每年均增加 0.01 万亿元左右，到 2010 年平均资产上升至 0.06 万亿元；到了 2011 年，由于选取的单位过大，存在四舍五入的情况，在表中 2011 年平均资产为 0.07 万亿元，而实际上只有 0.065 万亿元左右，2010 年的平均资产为 0.063 万亿元，从 2010 年到 2011 年平均资产的增加幅度较小，仅为 0.002 万亿元，这与上海市在 2011 年新增了 17 家上市公司有关，上市公司的数量增加导致平均资产的增加值减小，并且新增加的上市公司经营状况相对老牌上市公司而言处于起步状态，经营能力较弱，也是其平均资产增加值较小的原因。从 2012 年开始，平均资产增长情况几乎趋于稳定，没有新增的上市公司，到 2015 年平均资产达到 0.12 万亿元，增长幅度越来越大，说明上海市上市公司经营情况越来越好，吸引投资的能力越来越强。从 2006 年的 0.03 万亿元一直增长到 2015 年的 0.12 万亿元，说明上海市总体资产的增加不仅仅是因为公司数目的增加，与公司的良好经营有着密不可分的关系。可以说，上海市上市公司体量逐年增大，实力不断增强，经济危机带来的影响较小，平均资产的增多是上海市上市公司实力增长的表现。

最后，进行上海市上市公司资产增长率的分析。上海市在 2006—2010 年，资产的增长率一直处于下降趋势，但是始终保持在 20% 以上；2011 年上海市的资产增长率较上年骤然下降了 4.89 个百分点，由 2010 年的 21.49% 降至 2011 年的 16.60%；此后的增长率一直下降至 2014 年的 12.26%；直到 2015 年，上海市上市公司资产增长率的下降情况才有所改善，并且 2014—2015 年间，资产增长率的涨势十分显著，由 2014 年的 12.26% 突然上升至 2015 年的 23.70%，直接上升了 11 个百分点。

针对上海市上市公司资产增长率的变化情况，将上海市上市公司资产增长率分为两个阶段：第一阶段是 2007—2014 年，上海市整体资产的增长率处于不断下降的趋势，由 2007 年的 31.29% 降至 2014 年的 12.26%。第二阶段是 2014—2015 年，总资产增长率骤然上升，由 2014 年的 12.26% 升至 2015 年的 23.70%。资产增长率的骤然上升，可能与 2015 年上海扩大了自贸试验区和推进金融创新有关，并且"十三五"规划也为上海市总资产的增长提供了一定的推动力。通过计算，上海市上市公司资产增长率的算术平均值为 19.99%，计算出的几何平均值为 19.09%，说明上海市总体资产 2006—2015 年一直呈现每年增长 20% 左右的上升趋势。

从图 1-2 中可以看出，2006—2015 年，上海市第二、三产业占比情况变化不大，2006 年上海市第二产业总资产占上海市整体的 15.87%，几乎呈现逐年减少的趋势，到了 2015 年该比值降低到 9.61%；上海市第三产业占上海市总资产的比重变化与之相反，从 2006 年的 84.13% 一路上升至 2015 年的 90.39%。

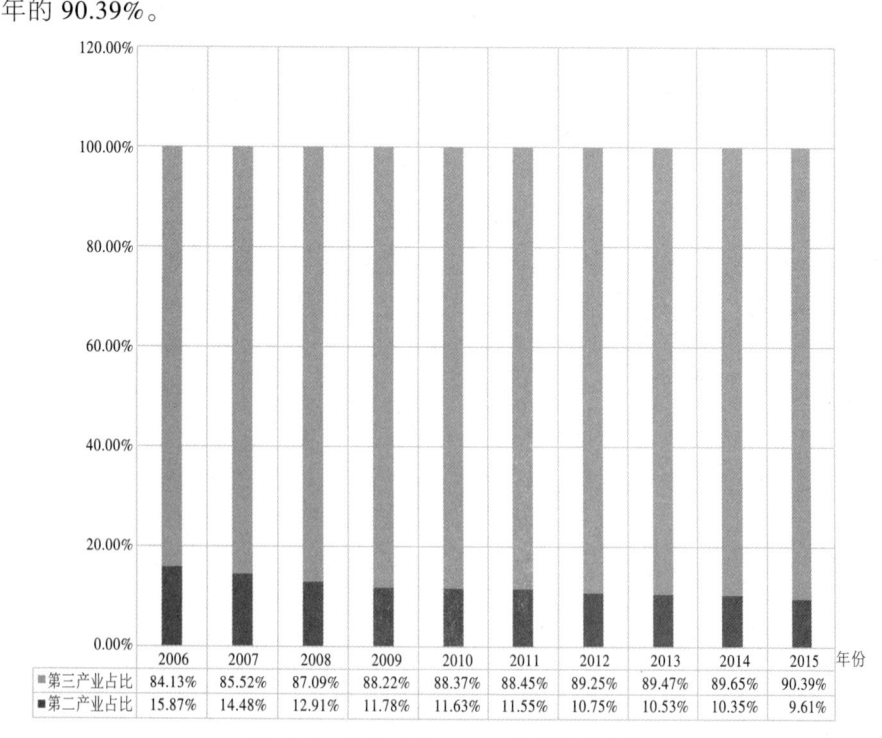

年份	2006	2007	2008	2009	2010	2011	2012	2013	2014	2015
第三产业占比	84.13%	85.52%	87.09%	88.22%	88.37%	88.45%	89.25%	89.47%	89.65%	90.39%
第二产业占比	15.87%	14.48%	12.91%	11.78%	11.63%	11.55%	10.75%	10.53%	10.35%	9.61%

图 1-2　上海市第二、三产业资产占比

表 1-2 中反映出上海市企业之间资产情况差距很大。以 2006 年为例，上海市上市公司资产总额最大的企业为交通银行，拥有 17 162.63 亿元的资产，而相比之下资产最少的企业为三湘印象，只有 2.56 亿元的资产，二者之间差距很大，大企业的资产是小企业的 6 704.15 倍。以后年份差距更甚，到 2015 年，最大值企业交通银行的资产（71 553.62 亿元）是最小值企业上海科技的资产（2.68 亿元）的 26 699.11 倍。资产集中在银行等金融业，小型企业资产增加难度很大。表 1-2 中大名城的资产总额从 2008 年开始就是上海市统计的上市公司数值最小的企业，而到了 2009 年资产总额非但没有增加，反而下降至 0.24 亿元，比 2008 年下降了 1.13 亿元，下降幅度非常大，并且 2010 年依旧保持下降趋势，降至 0.18 亿元。上海科技 2013—2015 年均处于总资产最少的地位，从 2.28 亿元降至 1.95 亿元，但与大名城不同的是 2015 年上海科技的资产总额上升至 2.68 亿元。这一现象表明上海市上市公司资产实力弱的企业要提升资产总额是非常难的，波动变化似乎是其共性。

表 1-2 　　　　　　　　　　　　上海市上市公司总资产统计　　　　　　　　金额单位：亿元

年份	方　差	最大值	最大值公司	最小值	最小值公司
2006	2 597 526	17 162.63	交通银行	2.56	三湘印象
2007	3 868 440	21 036.26	交通银行	1.90	华丽家族
2008	6 340 807	26 782.55	交通银行	1.37	大名城
2009	9 483 139	33 091.37	交通银行	0.24	大名城
2010	14 198 274	39 515.93	交通银行	0.18	大名城
2011	17 732 318	46 111.77	交通银行	2.03	中技控股
2012	23 468 849	52 733.79	交通银行	2.32	中技控股
2013	30 471 938	59 609.37	交通银行	2.28	上海科技
2014	35 406 494	62 682.99	交通银行	1.95	上海科技
2015	47 893 138	71 553.62	交通银行	2.68	上海科技

从表 1-2 中可以看到，2006—2015 年上海市上市公司总资产的方差不断加大，说明这些公司资产的离散程度越来越高。一些资产多的公司规模一直居高不下，而一些资产很少的公司没有明显上升。总体而言，上海市上市公司的资产规模与行业资产平均水平的偏离程度一直在加大。

　　为了通过分析上海市上市公司资产和GDP情况来研究上海市经济，我们引入"资产化率"这一指标。资产化率的计算方法如下：

　　资产化率=上市公司总资产/同期地区生产总值

　　图1-3是上海市上市公司资产总额与历年上海市GDP的比值情况，整体变化趋势呈现出一种逐渐上升的趋势，说明上海市上市公司资本的增加速度超过了GDP的发展速度，而强有力的资本也为上海市经济发展提供了源源不断的推动力。根据图1-3，从2006年开始上海市上市公司资产化率呈现出一种稳步上升的态势，从2006年的3.53一直上升至2015年的7.63，可以说上海市GDP的增长是有强大的上市公司作为支撑的。以2015年为例，假如上海市GDP为1元，那么就有7.63元的上市公司资产作支撑，大量的资本都流通在上海市市场上，如此强大的资本市场使得上海市经济增长率高于全国。

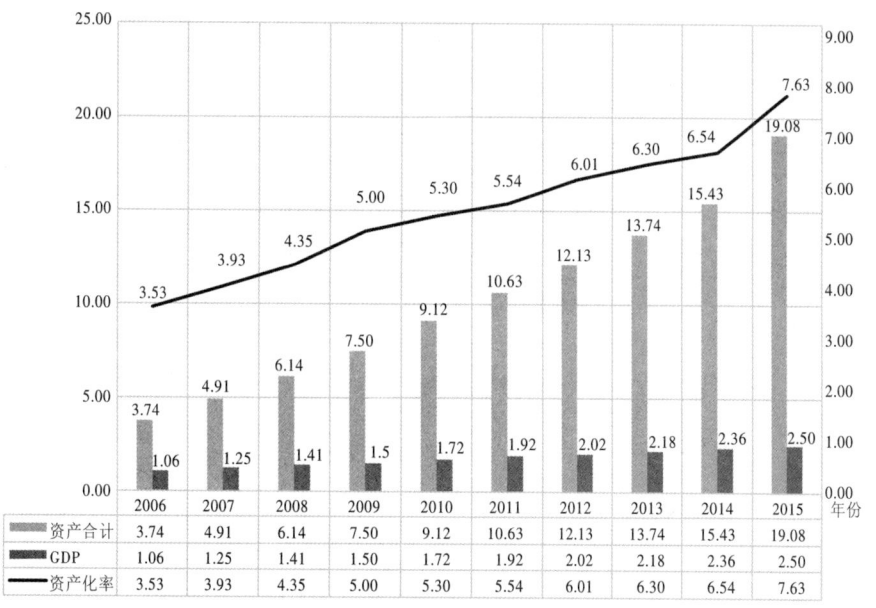

图1-3　上海市资产化率（金额单位：万亿元）

	2006	2007	2008	2009	2010	2011	2012	2013	2014	2015
资产合计	3.74	4.91	6.14	7.50	9.12	10.63	12.13	13.74	15.43	19.08
GDP	1.06	1.25	1.41	1.50	1.72	1.92	2.02	2.18	2.36	2.50
资产化率	3.53	3.93	4.35	5.00	5.30	5.54	6.01	6.30	6.54	7.63

　　综上分析可以发现，上海市上市公司资产的总体情况处于不断增长的良好态势，对风险的抵抗能力较强；上海市上市公司资产的平均值历年依旧处于不断增长的情况，说明上海市上市公司总资产的增加并不仅仅是由企业数量的增多引起的，平均资产的增加表明上海市上市公司总体实力不断提高，上海市企业经营能力较强；上海市形成以制造业和通信业为支撑、以金融业为重点的产业结构。

1.1.2　负债不断增多，第三产业负债占比增加

　　根据图1-4，将上海市上市公司总负债分析分为三个层次：负债合计、

平均负债、负债增长率。

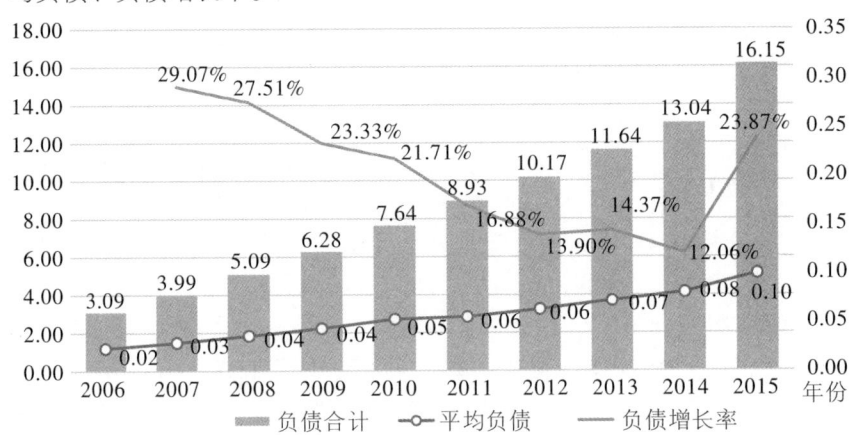

图 1-4　上海市上市公司负债情况（金额单位：万亿元）

首先，从负债合计的层次进行分析。上海市所有行业上市公司（主板）的负债总额在 2006 年已经达到 3.09 万亿元，与资产相差不多，负债规模很大；2007 年负债增加 0.9 万亿元，增至 3.99 万亿元；2008 年负债增加值达到 1.1 万亿元；2009 年负债上升至 6.28 万亿元；此后几乎每年的负债增加值都在 1 万亿元以上，2010 年负债增幅为 1.36 万亿元，达到 7.64 万亿元；2011 年依旧保持近似的增长幅度达到 8.93 万亿元；2012 年增长幅度稍微下降，从 8.93 万亿元增加到 10.17 万亿元；2013 年又提升到之前的增幅水平，达到 11.64 万亿元；2014 年负债增幅依旧保持该水平，升至 13.04 万亿元；到 2015 年负债的增加值达到 3.11 万亿元，是 10 年间增加值最大的一年。负债的每年增加情况同资产的增加情况近似，说明上海市融资的主要方式是债务融资。2006—2015 年，上海市总负债一共增加了 13.06 万亿元，总负债在 10 年内增加了 4.23 倍，每年负债增加的最小值也接近 1 万亿元。

其次，分析上海市上市公司平均负债情况。通过将上海市上市公司的负债情况根据每年 A 股主板的公司数进行平均，负债情况同样呈现不断上升的趋势，2006 年负债均值为 0.02 万亿元，到 2007 年增加了 0.01 万亿元，达到 0.03 万亿元。从图 1-4 中可以看出，上海市上市公司平均负债的增加情况与平均资产的增加情况近乎保持一致，整体是不断上升的变化趋势，但是具体到每个年份均有增加值较小的情况出现，其原因同平均资产类似，上市公司数量的增多导致其平均负债的增长数值变化较小。平均负债每年的增长也从另一个角度说明上海市企业经营能力较强，银行等金融机构敢于把资金借给企业；对经营状况不好的企业，借贷机构是不愿意冒险借贷的。从 2006 年的 0.02 万亿元一直增长到 2015 年的 0.10 万亿元，说明上海市上市公司总体负债的增加不仅仅是因为公司数目的增加，平均到每家公司也都体现了较大额度的增长，从 2006 年的平均 0.02 万亿元到 2015 年的 0.10 万亿元，平均负债的增幅达到了 4 倍，可以说上海市上市公司体量逐年增大，实力不断增强，但负债也存在过多的情况，容易让企业面临偿债危机，增加了经营的不稳定性。

最后，进行上海市上市公司负债增长率的分析。上海市上市公司2006—2010 年的负债增长率一直处于下降趋势，但是始终保持在 20% 以上；2011 年上海市上市公司的负债增长率较上年骤然下降了 4.83 个百分点，由 2010 年的 21.71% 降至 2011 年的 16.88%；此后的增长率一直下降至2014 年的 12.06%；到 2015 年，上海市上市公司负债增长率的降幅重新增大，并且 2014—2015 年，负债增长率的涨势十分显著，由 2014 年的12.06% 突然上升至 2015 年的 23.87%，直接上升了 11.81 个百分点。

针对上海市上市公司负债增长率的变化情况，将上海市上市公司负债增长率分为 3 个阶段：第一阶段是 2007—2012 年，上海市上市公司整体负债的增长率处于不断下降的趋势，由 2007 年的 29.07% 降至 2012 年的13.90%。这个阶段负债增速的下降趋势非常明显。第二阶段是 2012—2014年，负债增速由 2012 年的 13.90% 降至 2014 年的 12.06%。在这一阶段，负债增速基本呈现出较为平缓的下降趋势。第三阶段是 2014—2015 年，总负债增长率骤然上升，由 2014 年的 12.06% 升至 2015 年的 23.87%。结合实际来看，2015 年上海市扩大了自贸试验区并且推动金融创新，那么其上市公司负债增长率突然上升就有可能因为企业紧跟国家政策，为扩大生产而大量采取负债融资的方式。通过计算，上海市上市公司负债增长率的算术平均数为 20.30%，计算出的几何平均数为 19.42%，说明上海市总体负债近 10 年间一直呈现每年 20% 左右的上升趋势。

从图 1-5 中可以看出，从 2006 年到 2015 年，上海市第二、三产业上市公司负债占比情况变化不大。2006 年上海市第二产业上市公司总负债占上海市上市公司整体的 10.32%，几乎呈现逐年减少的趋势，到 2015 年该比值降低到 6.60%；上海市第三产业上市公司占上海市上市公司总负债的比重变化与之相反，从 2006 年的 89.68% 一路上升至 2015 年的 93.40%。

表 1-3 是上海市上市公司负债的部分统计数据，其中方差以亿为单位计算。表 1-3 中反映出上海市上市公司之间负债情况差距很大，以 2006 年为例，上海市负债总额最大的为交通银行，拥有 16 276.81 亿元的负债，而相比之下负债最小的为现代制药，只有 0.86 亿元负债，二者之间差距很大，大企业的负债是小企业的近 2 万倍。以后年份差距更甚，到 2015 年，最大值企业交通银行的负债（66 172.7 亿元）是最小值企业上海科技负债（0.19亿元）的近 35 万倍。同资产情况类似，上海市上市公司负债总额名列前茅的依旧是银行等金融机构，交通银行的规模庞大，导致其负债规模也非常庞大。负债规模较小的企业中的中技控股、大名城等均呈现负债每年下降的趋势，这一趋势可能表明企业经营情况好转，负债规模下降，但也有可能表明

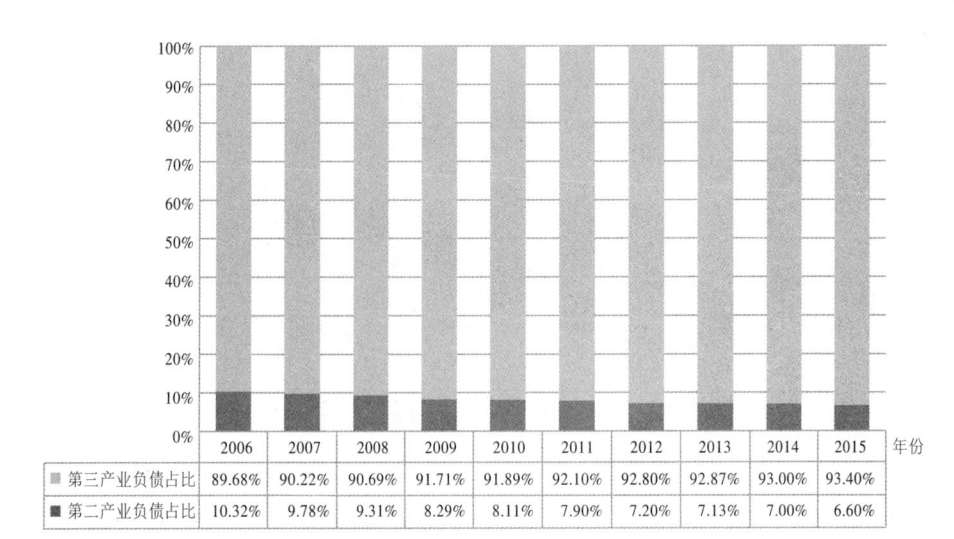

图 1-5　上海市第二、三产业上市公司负债占比

年份	2006	2007	2008	2009	2010	2011	2012	2013	2014	2015
第三产业负债占比	89.68%	90.22%	90.69%	91.71%	91.89%	92.10%	92.80%	92.87%	93.00%	93.40%
第二产业负债占比	10.32%	9.78%	9.31%	8.29%	8.11%	7.90%	7.20%	7.13%	7.00%	6.60%

企业经营状况不佳，银行等机构不愿意再对其进行借贷。总体来看依旧呈现出大规模企业吸引资金的能力强，小规模企业依旧苦苦挣扎。

表 1-3　　　　　　　　　上海市上市公司负债统计　　　　　　　金额单位：亿元

年份	方　差	最大值	最大值公司	最小值	最小值公司
2006	2 331 584.12	16 276.81	交通银行	0.86	现代制药
2007	3 410 230.88	19 748.29	交通银行	0.56	中技控股
2008	5 604 846.64	25 326.13	交通银行	0.50	中技控股
2009	8 476 349.63	31 447.12	交通银行	0.12	大名城
2010	9 723 184.91	37 279.36	交通银行	0.04	大名城
2011	15 623 910.04	43 383.89	交通银行	0.16	神奇制药
2012	14 985 707.08	48 919.32	交通银行	0.24	神奇制药
2013	26 389 397.04	55 394.53	交通银行	0.37	绿庭投资
2014	30 078 878.30	57 946.94	交通银行	0.59	天宸股份
2015	41 082 436.17	66 172.70	交通银行	0.19	创兴资源

　　2006—2015 年上海市上市公司总负债的方差不断加大，说明这些公司负债的离散程度越来越高。一些负债多的公司规模一直居高不下，而一些负

债很少的公司却很难进行债务融资。总体而言，上海市上市公司的负债规模与行业负债平均水平的偏离程度一直在加大。

综上分析可以发现，上海市上市公司负债总额非常巨大，偿债能力受到一定挑战，融资方式整体以债务融资为主；上海市上市公司平均负债历年依旧处于不断增长的情况，说明上海市上市公司负债的增加并不仅是由企业数量的增多引起，企业规模的不断扩大也是其平均负债不断增加的重要原因；上海市金融保险业的负债规模是极为庞大的，负债聚集产业为第三产业。

1.1.3 所有者权益增长缓慢，权益融资潜力较大

如图 1-6 所示，将上海市上市公司所有者权益分析分为三个层次：所有者权益合计、平均所有者权益、所有者权益增长率。

图 1-6 上海市上市公司所有者权益情况（金额单位：万亿元）

首先，分析所有者权益合计。上海市所有上市公司（主板）行业的所有者权益总额在 2006 年达到 0.65 万亿元，远远达不到同年负债的水平；到 2007 年增加了 0.27 万亿元，达到 0.92 万亿元；2008 年小幅度增加，达到 1.05 万亿元；2009 年上升至 1.22 万亿元；2010 年增加了 0.25 万亿元，达到 1.47 万亿元；此后的所有者权益增加值基本保持在 0.25 万亿元左右，一直上升至 2014 年的 2.39 万亿元；2015 年所有者权益的增幅为 0.54 万亿元，上升至 2.93 万亿元。2006—2015 年，上海市上市公司总所有者权益一共增加了 2.28 万亿元，在 10 年内增加了 3.5 倍左右。从增长的倍数来看，所有者权益增加倍数和负债增加倍数接近，但是在总

体规模上还是远远不及负债，说明上海市上市公司的主要融资方式还是债务融资。

其次，分析平均所有者权益。通过将上海市上市公司的所有者权益情况根据每年 A 股主板的公司数进行平均，从图 1-6 中可以看到，上海市平均所有者权益在 2006—2015 年变化幅度非常小，2006 年平均所有者权益为 0.00 万亿元，这是因为单位太大，很难体现出其平均所有者权益，这也说明上海市上市公司所有者权益整体的规模非常小。从 2007 年到 2014 年，平均所有者权益在四舍五入的条件下均保持 0.01 万亿元不变，在这 8 年间几乎就没有什么较大幅度的变化，到 2015 年该数值在四舍五入的作用下才上升至 0.02 万亿元。这种变化趋势说明上海市上市公司数量虽然有所增加，但是平均到每家公司其所有者权益并没有呈现大幅度增长。说明上海市上市公司数量虽然年年增加，但是权益融资还是处于不温不火的状态。

最后，分析所有者权益增长率。上海市上市公司 2007—2008 年的所有者权益增长率一直处于下降趋势，由原来的 41.87% 直线下降至 13.76%，下降了 28.11 个百分点左右。2008—2010 年，所有者权益增速有所提高，但是增幅较小，截至 2010 年，上海市上市公司所有者权益增速仅达到 20.37%。2010—2013 年，上海市上市公司所有者权益增速呈现了波动下降的趋势，由 2010 年的 20.37% 一直下降至 2013 年的 7.51%。2013—2015 年，上海市上市公司所有者权益增速重新提高，到 2015 年这一数值上升至 22.77%。

针对上海市上市公司所有者权益增长率的变化情况，将上海市上市公司所有者权益增长率分为 3 个阶段：第一阶段是 2007—2008 年，上海市上市公司所有者权益的增长率处于不断下降的趋势。这个阶段所有者权益增速的下降趋势非常明显。第二阶段是 2008—2013 年，上海市上市公司所有者权益增速由 2008 年的 13.76% 降至 2013 年的 7.51%。在这一阶段，所有者权益增速基本呈现出不稳定变化的趋势，既有升高的阶段，也有下降的阶段。第三阶段是 2013—2015 年，上海市上市公司所有者权益增长率骤然上升，2015 年达到 22.77%。从 2013 年往后所有者权益增速重新提升表明上海市企业可能逐渐重视权益融资的作用。

从图 1-7 中可以看出，2006—2015 年，上海市第二、三产业上市公司占比情况变化较大。2006 年上海市第二产业上市公司总所有者权益占上海市上市公司整体的 42.31%，几乎呈现逐年减少的趋势，到 2015 年该比值降低到 26.21%；上海市第三产业上市公司占上海市上市公司总所有者权益的比重变化与之相反，从 2006 年的 57.69% 一路上升至 2015 年的 73.79%。

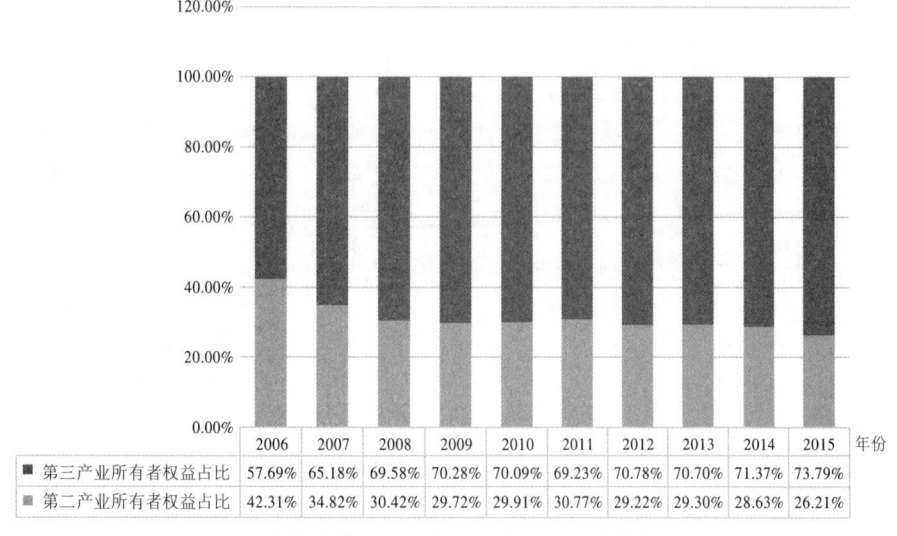

	2006	2007	2008	2009	2010	2011	2012	2013	2014	2015	年份
■ 第三产业所有者权益占比	57.69%	65.18%	69.58%	70.28%	70.09%	69.23%	70.78%	70.70%	71.37%	73.79%	
第二产业所有者权益占比	42.31%	34.82%	30.42%	29.72%	29.91%	30.77%	29.22%	29.30%	28.63%	26.21%	

图 1-7 上海市第二、三产业上市公司所有者权益占比

表 1-4 反映出上海市企业之间所有者权益情况差距很大。以 2006 年为例，上海市所有者权益总额最大的企业为交通银行，拥有 885.82 亿元的所有者权益，而相比之下所有者权益最小的企业为华建集团，只有 0.42 亿元所有者权益，二者之间差距很大，大企业的所有者权益是小企业的 2 100 多倍。以后年份差距更大，到 2015 年，最大值企业交通银行的所有者权益（5 380.92 亿元）是最小值企业上海科技所有者权益（0.24 亿元）的 22 000 多倍。通信业和银行业是所有者权益规模最大的行业。

表 1-4 　　　　　　　**上海市上市公司所有者权益统计**　　　　　　金额单位：亿元

年份	方差	最大值	最大值公司	最小值	最小值公司
2006	17 808.68	885.82	交通银行	0.42	华建集团
2007	30 700.39	1 287.97	交通银行	0.49	北特科技
2008	58 254.60	2 089.97	中国联通	0.36	龙韵股份
2009	67 112.61	2 088.45	中国联通	0.12	大名城
2010	95 123.11	2 236.57	交通银行	0.13	大名城
2011	124 768.73	2 727.88	交通银行	0.06	上海科技
2012	162 258.68	3 814.47	交通银行	0.24	上海科技
2013	193 987.62	4 214.84	交通银行	0.12	上海科技
2014	248 266.49	4 736.05	交通银行	1.34	上海科技
2015	325 779.91	5 380.92	交通银行	0.23	上海科技

2006—2015 年，上海市上市公司总所有者权益的方差不断加大，说明这些公司所有者权益的离散程度越来越高。一些所有者权益多的公司规模一直居高不下，而一些所有者权益很少的公司权益融资的数额一直上不去。总体而言，上海市上市公司的所有者权益规模与行业所有者权益平均水平的偏离程度一直在加大。

综上所述，上海市上市公司所有者权益总额较小，同负债相比，所有者权益的数值简直可以忽略；上海市上市公司平均所有者权益增长幅度非常小，说明上海市上市公司每年的权益融资数量非常小，这也表明上海市上市公司在权益融资方面还有较大的潜力；上海市上市公司融资结构过于依赖债务融资，而忽视了权益融资的作用。

1.2 从利润表看上海市经济发展状况

1.2.1 制造、通信和房地产业为营业收入支柱

上海市 2006—2015 年上市公司的营业收入处于不断上升的趋势。从图 1-8 中可以看出，就上海市所有上市公司的营业收入总额来看，2006 年为 0.95 万亿元，2007 年上升至 1.23 万亿元，2008 年继续上升至 1.39 万亿元，2009 年小幅上升至 1.43 万亿元，2010 年较大幅度升至 1.96 万亿元，2011 年继续保持较大幅度的升值，达到 2.40 万亿元，此后升值幅度较小，一直到 2015 年达到 3.75 万亿元。营业收入逐年增加说明上海市上市公司的经营状况较好，整体保持在稳步上升的状态中。2008 年和 2009 年营业收入增加值较少，可能是受经济危机的影响，但是其营业收入并没有下降，也反映出上海市上市公司虽然受到危机的冲击，但是整体经营状况还保持增长趋势。从行业分析来看，上海市上市公司整体的营业收入增加值较少，说明对于上海市整体而言，2006—2015 年已经受到较大的冲击，但是由于其他行业的拉动作用导致整体呈现上升趋势。

从平均营业收入来看，上海市所有上市公司 2006—2015 年的平均营业收入的数值也在不断提高。平均营业收入的增加反映从时间变化趋势来看，上海市上市公司的经营状况呈现出良好态势，但是每年的平均营业收入增加值变化不大，需要引起相关行业的关注，提高自身每年的营业收入。

就营业收入的增长率来看，上海市所有上市公司的营业收入增长率 2006—2015 年主要存在两个波峰和两个波谷。两个波峰分别为 2007 年的 28.32% 和 2010 年的 37.22%，两个波谷分别为 2009 年的 2.76% 和 2014 年的 4.80%。其他年份在波峰和波谷的交替中增长。增长率的波动性非常强说明上海市上市公司的经济情况也不是十分稳定。根据波峰和波谷，将上海市上市公司营业收入的增长率划分为两个部分：第一部分是 2007—2010 年，

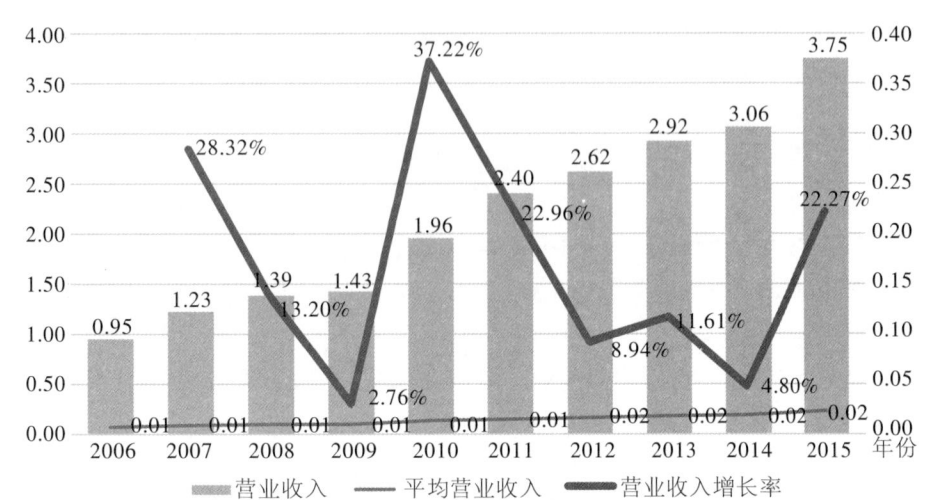

图 1-8 上海市上市公司营业收入情况（金额单位：万亿元）

整体呈现出 V 形变化，经历了第一个波峰 28.32%、第一个波谷 2.76% 以及第二个波峰 37.22%。第二阶段是 2010—2015 年。2010—2014 年，上海市上市公司的营业收入增长率由波峰的 37.22% 下降至 2014 年的 4.8%，2015 年又上升至 22.27%。

表 1-5 反映出上海市企业之间营业收入情况差距很大。以 2006 年为例，上海市上市公司中营业收入总额最大的企业为宝钢股份，拥有 1 621.42 亿元的营业收入，而相比之下营业收入最小的企业为丹化科技，只有 0.12 亿元营业收入，二者之间差距很大，大企业的营业收入是小企业的 13 000 多倍。以后年份差距更胜，到 2015 年，最大值企业上汽集团的营业收入（6 613.74 亿元）是最小值企业创兴资源营业收入（0.19 亿元）的近 35 000 倍。

表 1-5　　　　　　　　　上海市上市公司营业收入统计　　　　　　金额单位：亿元

年份	方　差	最大值	最大值公司	最小值	最小值公司
2006	33 778.84	1 621.42	宝钢股份	0.12	丹化科技
2007	52 641.48	1 912.73	宝钢股份	0.39	创兴资源
2008	67 709.97	2 003.32	宝钢股份	0.25	中技控股
2009	65 643.97	1 583.69	中国联通	0.02	三湘印象
2010	152 370.96	3 124.85	上汽集团	0.02	三湘印象
2011	207 779.24	4 330.95	上汽集团	0.50	中技控股
2012	249 552.18	4 784.33	上汽集团	0.23	丰华股份
2013	330 342.92	5 633.46	上汽集团	0.18	ST新梅
2014	376 232.00	6 567.12	上汽集团	0.10	匹凸匹
2015	429 118.74	6 613.74	上汽集团	0.19	创兴资源

2006—2015 年，上海市上市公司营业收入的方差不断加大，说明这些公司营业收入的离散程度越来越高。大公司的营业收入数值非常高，小公司的营业收入数值一直提不上去。总体而言，上海市上市公司的营业收入规模与行业营业收入平均水平的偏离程度一直在加大。

综上分析可以发现，上海市上市公司营业收入涨势不均衡，不同年份的增长率差别较大。制造业、通信业以及房地产业是上海市上市公司营业收入项目中的支柱产业。制造业在 2008 年之前营业收入一直处于上海市首位，但是 2009 年被中国联通所取代，说明金融危机主要给制造业带来了行业冲击，尤其是宝钢股份这种业务全球化的钢铁企业。

1.2.2 制造、通信和金融业为营业成本主要来源

上海市所有行业上市公司历年的营业成本变动如图 1-9 所示。总体来说，上海市所有上市公司的营业成本呈现出上涨趋势，2006 年仅为 0.83 万亿元，而到 2015 年增加到 3.15 万亿元。除了 2008 年和 2009 年二者营业成本近乎相同以外，其他各年份的营业成本都在增长，2006—2015 年一共增加了 2.32 万亿元，2015 年同 2006 年相比，营业成本增加了 2.80 倍。上海市上市公司营业成本指标不断增长的原因可能是：上海市企业规模不断扩大，生产的产品数量过多导致成本上升；劳动力成本上升以及全球经济一体化的输入型通货膨胀导致营业成本不断上升；部分企业没有严谨的管理机制等。

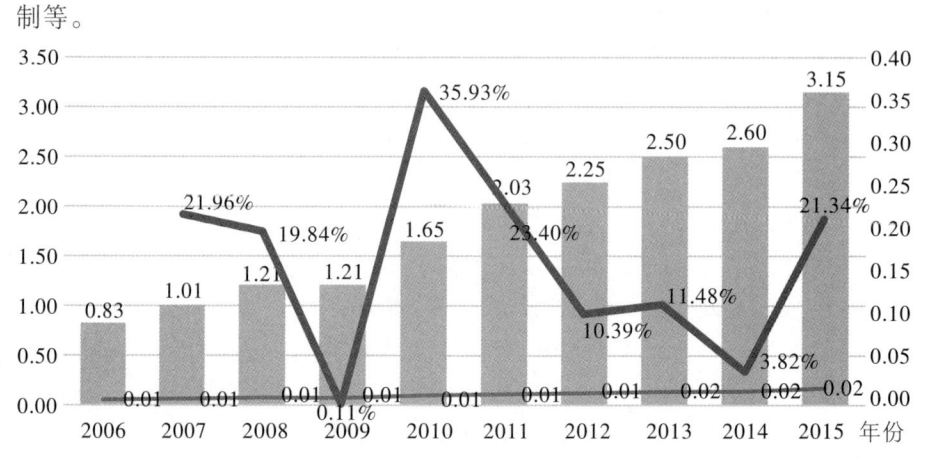

图 1-9 上海市上市公司营业成本情况（金额单位：万亿元）

表 1-6 说明，2006 年上海市上市公司的平均营业成本为 62.33 亿元，到 2015 年上升到 194.67 亿元，10 年间共增加了 2.12 倍。而营业收入在 10 年间一共增长了 2.95 倍，二者差距不算太大，但总体趋势还可以。从时间上来看，除了 2008 年和 2009 年之外，其他各年份的平均营业成本增加额都较多，说明金融危机从成本的角度影响到上海市的发展。而 2010 年和 2015

年的平均营业成本涨幅是最大的，均达到了 30 多亿元。

表 1-6　　　　　　　上海市上市公司平均营业成本　　　　　单位：亿元

年　份	2006	2007	2008	2009	2010	2011	2012	2013	2014	2015
平均营业成本	62.33	73.26	85.32	83.64	113.70	125.57	138.62	154.53	160.43	194.67

从营业成本的增长率来分析，上海市营业成本变动同营业收入类似，也呈现不规则的变化趋势，主要有一个波峰和两个波谷。波峰是在 2010 年达到了 35.93%，两个波谷分别为 2009 年的 0.11% 和 2014 年的 3.82%。其他各年份均在波峰和波谷之间呈现不规则的波动趋势。有趣的是如图 1-9 所示，在达到波谷前的两年，上海市上市公司的营业成本增长率几乎都处于平缓波动的趋势，比如从 2007 年的 21.96% 下降至 2008 年的 19.84%，而后骤然降至 2009 年的 0.11%，从 2012 年的 10.39% 小幅度上升至 2013 年的 11.48%，而后又骤然降至 2014 年的 3.82%。根据营业成本增长率的变化趋势，将上海市营业成本增长率划分为两个阶段：第一阶段是 2007—2010 年；第二阶段是 2010—2015 年。两个阶段的增长率变化趋势趋于一致。从 2007 年开始，上海市上市公司营业成本增长率平缓下降，而后又在 2009 年达到最低值，在经历最低值之后增长率又陡然拔高，达到 2010 年的 35.93% 的波峰。2010 年以后，增长率开始下跌，2011 年为 23.40%，2012 年为 10.39%。到 2013 年，增长率小幅度上升至 11.48%，而后又大幅下降至另一个波谷。但是在经历 2014 年的波谷之后，上海市上市公司营业成本增长率重新被拉升至较高的水平，达到 2015 年的 21.34%。

表 1-7 中反映出上海市企业之间的营业成本差距很大。以 2006 年为例，上海市上市公司营业成本最高的上市公司为宝钢股份，营业成本达到了 1 173.93 亿元，而同期营业成本最低的企业是中技控股，营业成本是 0.05 亿元。二者之间差距非常大，小企业受制于资源与规模，无法扩大生产，营业成本也处于较低的水平，而大企业结构臃肿，成本项目导致其营业成本的降低存在较大的难度。到 2015 年，大企业和小企业的营业成本差距更甚，并且从 2010 年开始，上汽集团的营业成本超越宝钢股份成为营业成本最高的企业，结合其营业收入状况来看，上汽集团营业收入和营业成本的变动趋势相同，上汽集团生产与规模的扩大导致成本增加，而成本的增加又提高了营业收入。

2006—2015 年，除了 2008—2009 年之间方差变小之外，其他各年份方差均有不同程度的增大。上海市上市公司营业成本的方差不断加大，说明这些公司营业成本的离散程度越来越高。大公司的营业成本数值非常高，小公司的营业成本数值一直处于较低的水平。总体而言，上海市上市公司的营业成本规模与行业营业成本平均水平的偏离程度一直在加大。

表 1-7 上海市上市公司营业成本统计 金额单位：亿元

年份	方差	最大值	最大值公司	最小值	最小值公司
2006	18 939.63	1 173.93	宝钢股份	0.05	中技控股
2007	32 365.27	1 484.18	宝钢股份	0.28	神奇制药
2008	47 111.88	1 778.62	宝钢股份	0.16	中技控股
2009	43 742.74	1 296.59	宝钢股份	0.04	三湘印象
2010	101 388.58	2 627.04	上汽集团	0.04	三湘印象
2011	141 931.36	3 642.80	上汽集团	0.29	荣丰控股
2012	174 144.80	4 113.45	上汽集团	0.09	丰华股份
2013	234 830.82	4 980.10	上汽集团	0.07	ST新梅
2014	272 484.42	5 581.39	上汽集团	0.04	荣丰控股
2015	321 067.93	5 964.41	上汽集团	0.13	匹凸匹

为了更直观地研究上海市上市公司营业成本水平的变化，挑选出上海市2015年营业成本前三的企业，分别是上汽集团（5 964.41亿元）、中国联通（2 077.04亿元）以及中国太保（1 812.69亿元）。

综上分析可以发现，上海市上市公司营业成本呈现不规律的增长态势，不同年份的增长率差别较大；制造业、通信业以及金融保险业是上海市上市公司营业成本的主要构成行业；整体而言，上海市的企业规模不断扩大，大公司的营业成本居高不下，小公司想要扩大规模，提高其营业成本依旧较难，上市公司的营业成本和其平均水平的偏离程度一直在加大。

1.2.3 银行业为息税前利润的主要来源

如图1-10所示，将上海市上市公司息税前利润分析分为三个层次：息税前利润合计、平均息税前利润、息税前利润增长率。

上海市上市公司的息税前利润数值同前面几项相比，处于较低的水平。从图1-10可以看出，2006年上海市所有上市公司的息税前利润为0.10万亿元，到2007年上升到0.18万亿元，而此后受经济危机的影响，到2008年息税前利润下降至0.13万亿元。经历经济危机之后，上海市经济开始逐渐恢复，到2009年，息税前利润水平重新上升至危机前的0.18万亿元的水平。从2009年往后，上海市上市公司的息税前利润处于逐年上升的状态，从2009年的0.18万亿元一直上升至2015年的0.50万亿元，10年间累计增长了0.4万亿元的息税前利润。息税前利润的变化情况说明虽然营业收入的发展水平较好，但是受制于庞大的营业成本，息税前利润数值较小。尤其是在2008年，息税前利润出现下降的趋势，说明在利润层面经济危机确实给上海市的上市公司带来了较大的影响。

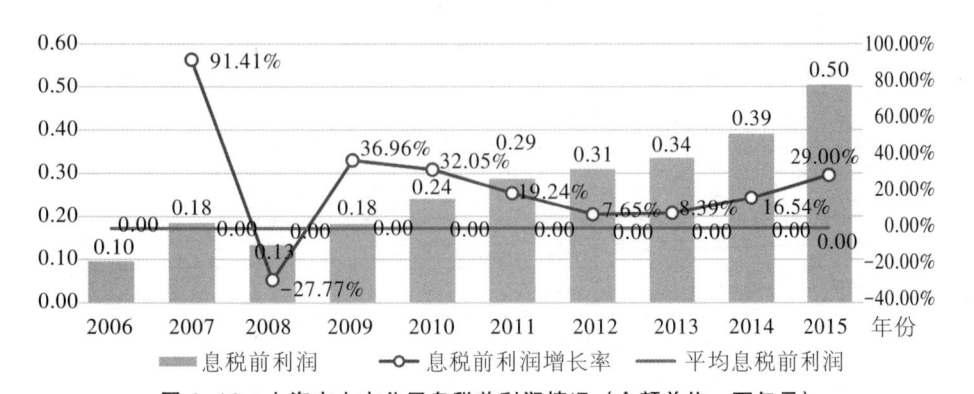

图 1-10　上海市上市公司息税前利润情况（金额单位：万亿元）

图 1-10 的平均息税前利润是以万亿元为单位的，在计算平均息税前利润的时候，数据变化不明显，因此重新以亿元为单位绘制表格（见表 1-8）。

表 1-8　　　　　　　　上海市上市公司的平均息税前利润　　　　　　　单位：亿元

年　份	2006	2007	2008	2009	2010	2011	2012	2013	2014	2015
平均息税前利润	7.25	13.38	9.39	12.60	16.64	17.76	19.12	20.72	24.15	31.15

上海市所有上市公司的平均息税前利润变化趋势同整体息税前利润变化相同，在 2006 年为 7.25 亿元，到 2007 年上升至 13.38 亿元，后来在经济危机的影响下降至 9.39 亿元，很可能是受全球金融危机影响，尤其是进出口业务较多的行业，直接导致产品滞销，严重受挫。加之全球金融危机带来的股市暴跌，投资者资产缩水，削弱了部分消费者的实际购买能力，让企业和个人消费信贷难度加大，使社会总需求减少，宏观环境恶化，进而影响所有行业的业绩。危机过后，上海市经济逐渐恢复，到 2009 年基本恢复至危机前水平，平均息税前利润达到 12.60 亿元，此后一直保持不断增长的趋势，2012—2013 年增长速度较为缓慢，仅由原来的 19.12 亿元增加到 20.72 亿元。从平均息税前利润的整体时间来看，2006—2015 年上海市平均息税前利润增加了 23.90 亿元。

从息税前利润增长率的角度进行分析，上海市上市公司息税前利润变化的波动非常明显，在 2007 年，其息税前利润增长率高达 91.41%，而在经济危机的影响下，息税前利润增长率又迅速下降至 -27.77%，仅仅一年的时间，息税前利润增长率的变化差距达到了 119.18%，降幅十分巨大，说明经济危机对于上海市上市公司息税前利润的影响是十分巨大的。在 2009 年，息税前利润开始逐渐恢复，其增长率升至 36.96%，此后一直到 2012 年，息税前利润增长率一直处于下滑的趋势，从 36.96% 下降至 2012 年的 7.65%，说明经济危机的影响还是较为长久的。而 4 年过后，从 2013 年开始，上海市上市公司的息税前利润增长率又开始逐渐上升，从 2013 年的 8.39% 以较高的速度上升至 2015 年的 29.00%。

表 1-9 反映出上海市企业之间的息税前利润差距很大。以 2006 年为例，上海市息税前利润最大的上市公司为宝钢股份，达到了 202.22 亿元，而同期息税前利润最小的企业是东方航空，是-25.00 亿元，亏损较为严重，二者之间差距非常大。到 2015 年，大企业和小企业的息税前利润差距更甚，并且从 2007 年开始，交通银行一直保持息税前利润处于上海市最大值的地位，由美国次贷危机引发的经济危机似乎并没有对我国银行业造成太大的冲击。而分析表 1-9 中的最小值公司可以发现，2006—2015 年亏损的企业大多是石油化工等重工业以及航运业，并且以航运业为最甚。全球性的金融危机对航运业打击极大，从 2009 年开始，上海市的航运业就一直处于不景气的时期。

表 1-9　　　　　　　　　上海市上市公司息税前利润统计　　　　　金额单位：亿元

年份	方差	最大值	最大值公司	最小值	最小值公司
2006	534.70	202.22	宝钢股份	-25.00	东方航空
2007	1 214.73	310.38	交通银行	-9.43	大名城
2008	1 333.81	358.18	交通银行	-136.28	东方航空
2009	1 432.92	382.40	交通银行	-63.68	中海集运
2010	2 640.42	499.54	交通银行	-6.33	振华重工
2011	4 631.69	654.51	交通银行	-25.78	中海集运
2012	5 934.51	752.16	交通银行	-17.50	上海石化
2013	6 987.62	799.09	交通银行	-20.64	中海集运
2014	8 257.57	849.27	交通银行	-5.23	上海石化
2015	9 572.91	860.12	交通银行	-23.22	中海集运

2006—2015 年，上海市上市公司的息税前利润方差一直处于不断增加的水平。上海市上市公司息税前利润的方差不断加大，说明这些公司营业成本的离散程度越来越高。银行业的息税前利润非常高，而重工业和航运业的息税前利润数值一直处于较低的水平。总体而言，上海市上市公司的息税前利润规模与行业息税前利润平均水平的偏离程度一直在加大。

综上分析可以发现，上海市上市公司息税前利润呈现不规律的变化状态，受金融危机影响较大；银行业的息税前利润水平一直处于上海市上市公司的前列，航运业和重工业企业受到金融危机的影响较大；出口业务较多的行业受到的影响尤为严重，全球范围内经济不景气，各公司为了控制成本而削减采购，导致该行业出口的产品滞销，经营风险加大，并且从整个上海市来看，投资者资产缩水，削弱了部分消费者的实际购买能力。

1.2.4　利息费用变化不稳的公司的离散程度不断加大

上海市所有行业上市公司的利息费用历年变化情况如图 1-11 所示，为了便于观察，将利息费用的单位变为亿元。

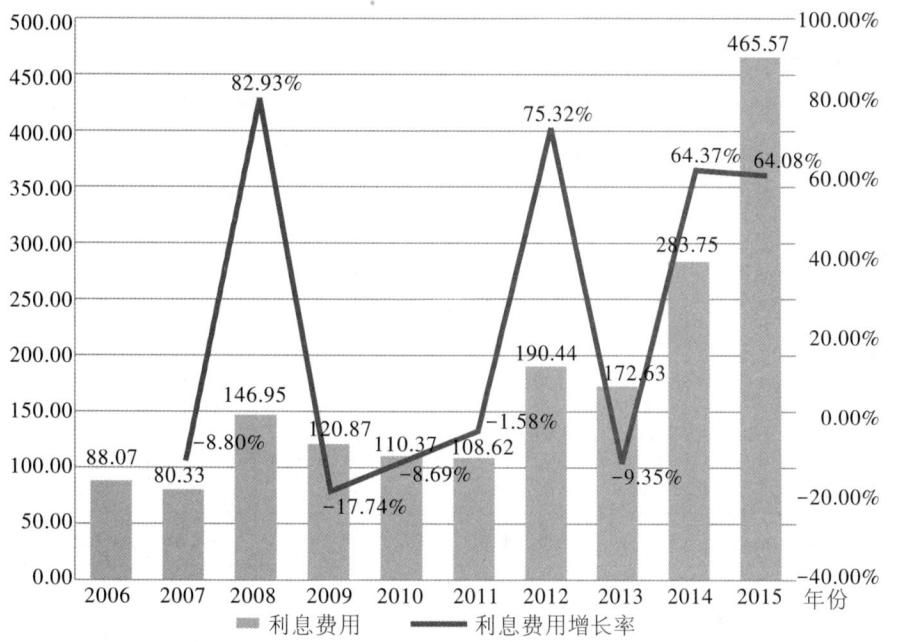

图 1-11　上海市上市公司利息费用情况（金额单位：亿元）

图 1-11 反映上海市上市公司利息费用变动情况的波动性非常大。2006 年上海市上市公司的利息费用为 88.07 亿元，到 2007 年下降至 80.33 亿元，而到 2008 年骤然上升至 146.95 亿元，2009 年下降了 26.08 亿元，达到 120.87 亿元；此后两年一直保持小幅度下降趋势，到 2011 年降至 108.62 亿元；在 2012 年又呈现骤然上升的趋势达到 190.44 亿元，随后又降至 2013 年的 172.63 亿元；此后两年的利息费用一直呈现出一种较高幅度的增长态势，2014 年达到 283.75 亿元，2015 年更是上升至 465.57 亿元，增长的数额非常巨大。在长短期借款利息、手续费等相对来说变化幅度很小的条件下，利息费用数额增长可能是因为上海市企业不断增加导致整体利息费用增加，加之汇兑等因素的影响，最终使利息费用呈现如此高的增加值。

从增长率的情况来看，2006—2015 年上海市上市公司利息费用的增长率变化十分不均衡，多次出现倒 V 形的变化趋势，如 2007—2009 年，增长率由-8.80% 骤然上升至 82.93%，而后又忽然下降至 2009 年的-17.74%，到 2010 年该增长率升至-8.69%，但是 2011—2013 年又呈现出倒 V 形增长率的变化趋势，由 2011 年的-1.58% 陡然升至 75.32%，在 2013 年又忽然下降至-9.35%，波动幅度非常大，到 2014 年利息费用增长率又上升至 64.37%，到 2015 年基本保持不变，达到 64.08%。利息费用是外部借贷的资本成本费用，而 2007—2015 年利息费用增长率变化如此不均衡表明上海市上市公司借贷资金情况波动非常大，2008 年经济危机导致股市整体资金不足，大量的上市公司求助于银行等金融机构，通过借贷资金的方式来缓解当时的资金压力。而经济危机过后，为了避免庞大的债务带来的影响，大量企业选择偿还这部分资金，导致 2009 年的利息费用下降。整体而言，上海市上市公司的利息费用变化情况反映出上海市各行业对经济形势的变化，对信息的接收都呈现出一种较为敏感的状态，这也体现出上海市的上市公司活力较强。

从表 1-10 中可以看出，2006 年上海市上市公司的平均利息费用为 0.66 亿元；2007 年平均利息费用同利息费用的变化情况相同，均呈现下降的趋势，降至 0.58 亿元；2008 年上升至 1.03 亿元；到 2009 年小幅度下降至 0.83 亿元；此后两年依旧保持小幅度下降的趋势，最终降至 2011 年的 0.67 亿元；2012 年，上海市上市公司平均利息费用又上升至 1.18 亿元；在 2013 年小幅下降至 1.07 亿元；此后两年又呈现出上升趋势，到 2014 年该数值上升至 1.75 亿元；2015 年更是上升至 2.87 亿元。分析表 1-10 可以发现，在 2008 年和 2012 年，平均利息费用都呈现上升的趋势，而这两年恰恰是金融危机的两年，说明金融危机对上海市造成影响，起码在平均值层面对所有企业带来了资金上的压力。而在 2014 年和 2015 年平均利息费用的大幅度增加，可能是由于政策优惠，经济形势好转导致企业进行债务融资来扩大生产规模，使利息费用增加。

表 1-10　　　　　　　　　上海市上市公司平均利息费用　　　　　　　单位：亿元

年　份	2006	2007	2008	2009	2010	2011	2012	2013	2014	2015
平均利息费用	0.66	0.58	1.03	0.83	0.76	0.67	1.18	1.07	1.75	2.87

从表 1-11 中可以看出，上海市上市公司利息费用最大值变化情况为宝钢股份，在 2006 年达到最大值 10.18 亿元；2007 年，宝钢股份依旧处于上海市上市公司利息费用最大值的地位，达到 9.55 亿元；2008 年，中国联通的利息费用超过宝钢股份，达到 21.69 亿元；2009 年宝钢股份重新超越中国联通达到 16.76 亿元；2010 年中国联通又超越宝钢股份，利息费用达到 16.25 亿元，并且在此后 4 年间一直保持最大值的地位；2014 年，中国联通的利息费用变为 43.33 亿元；2015 年，东方航空的利息费用首次超过中国联通，成为上海市上市公司利息费用最大值公司，达到 72.69 亿元。综合 2006—2015 年的情况，上海市上市公司利息费用名列前茅的基本是制造业和通信行业。而上海市利息费用的最小值在 2006—2015 年都为负数，基本被中国船舶和百联股份承包了最小值的地位。

表 1-11　　　　　上海市上市公司利息费用统计　　　　金额单位：亿元

年份	方差	最大值	最大值公司	最小值	最小值公司
2006	2.06	10.18	宝钢股份	-3.18	上海机电
2007	1.67	9.55	宝钢股份	-3.15	中国船舶
2008	8.60	21.69	中国联通	-8.46	中国船舶
2009	5.52	16.76	宝钢股份	-6.29	中国船舶
2010	3.35	16.25	中国联通	-5.93	中国船舶
2011	3.11	12.43	中国联通	-4.76	中国船舶
2012	11.47	34.17	中国联通	-4.37	中国船舶
2013	9.58	29.49	中国联通	-5.44	宝钢股份
2014	22.65	43.33	中国联通	-2.95	百联股份
2015	75.75	72.69	东方航空	-3.57	百联股份

2006—2015 年，2007 年的方差比 2006 年的方差小，说明 2007 年的利息费用的偏离程度小于 2006 年的利息费用的偏离程度。2008—2011 年，利息费用的方差一直呈现不断下降的趋势，说明在这期间利息费用的偏离程度越来越小。但是从 2012 年开始，除 2013 年方差变小以外，其他年份的方差均不断变大，说明从 2012 年开始上海市上市公司利息费用的离散程度在不断变大。

综上分析可以发现，上海市上市公司利息费用的变化十分不稳定，在金融危机发生的年份，利息费用会骤然上升，而危机过后利息费用又会迅速下降。整体来看，2006—2015 年上海市上市公司的利息费用处于不断上升、下降的交替变化之中。2008—2011 年，上海市上市公司利息费用的数值和平均值之间的离散程度越来越小，但从 2012 年开始，利息费用的离散程度又呈现不断加大的趋势。

1.2.5　所得税不断升高，离散程度有加大趋势

分析图 1-12，上海市上市公司所得税整体呈现上升趋势，个别年份的所得税骤降。2006 年上海市所得税为 225.09 亿元，到 2007 年为 440.09 亿元，增幅非常大；到 2008 年，所得税数值骤然降至 208.38 亿元；2009 年所得税数值上升至 274.29 亿元；2010 年依旧保持上升趋势，达到 341.89 亿元；到 2011 年上涨幅度有所增加，升至 469.46 亿元；2012 年小幅上涨至 505.05 亿元；2013 年继续维持小幅上升趋势，达到 569.88 亿元；2014 年上升至 647.63 亿元；2015 年涨幅很大，升至 821.79 亿元。上海市所有行业上

市公司的所得税情况从 2008 年以后呈现逐年上升的趋势。2007—2008 年，应该是受全球金融危机影响，行业发展不景气导致企业缴税也相应减少，所得税由 0.04 万亿元降至 0.02 万亿元。税收增长的原因是多方面的。2014—2015 年，企业所缴的增值税涨幅非常大，从 2014 年的 0.06 万亿元增加到 0.08 万亿元，说明很可能在这期间企业盈利非常好，处于不错的发展机遇中；当然也有可能是因为相关政策的优惠幅度降低，比如出口退税减少、免税收入降低等，导致企业面临的是不断上升的税额负担的局面。

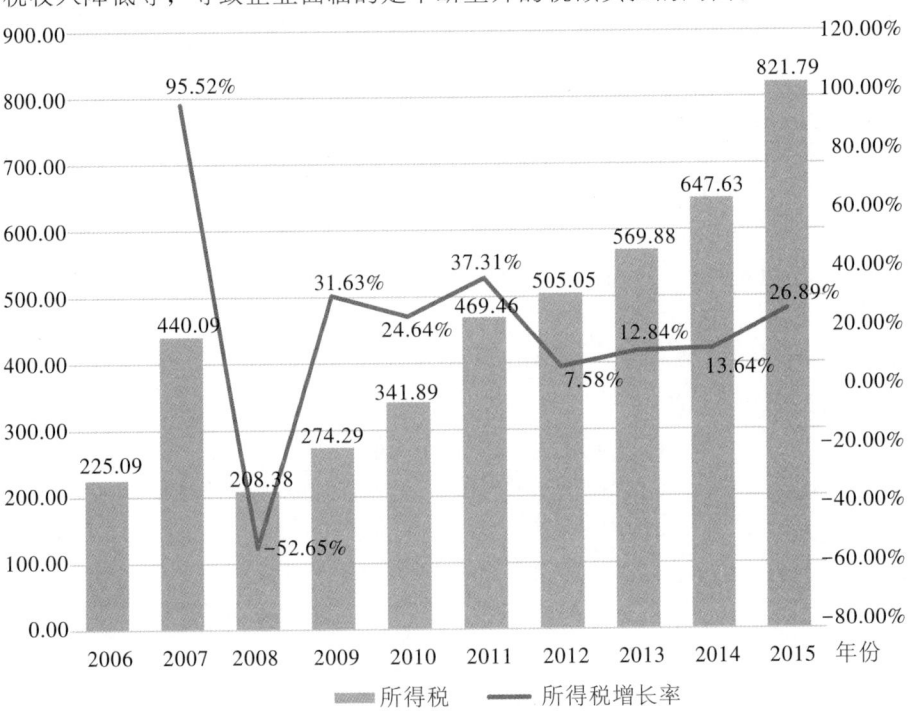

图 1-12　上海市上市公司所得税情况（金额单位：亿元）

从所得税增长率的角度来看，上海市上市公司整体变化趋势可以分为两个部分：第一部分是 2007—2009 年，所得税增长率呈现 V 形变化，2007 年上海市上市公司所得税增长率是 2006—2015 年的最高值，达到了 95.52%，而在 2008 年该指标骤然下降至 -52.65%，在 2009 年的时候，又迅速回升至 31.63%。第二部分是 2010—2015 年，整体变化趋势为波动性的上升和下降交替出现。2010 年上海市的所得税增长率为 24.64%，到 2011 年上升至 37.31%，此后在 2012 年时骤然下降至 7.58%，2013 年小幅度回升，达到 12.84%，2014 年继续保持小幅度回升情况，升至 13.64%，到 2015 年有了较大的提高幅度，升至 26.89%。

从表 1-12 分析，上海市上市公司 2006 年的平均所得税为 1.69 亿元，到 2007 年上升至 3.19 亿元，而 2008 年骤然降至 1.47 亿元，到 2009 年小幅度上升至 1.89 亿元，2010 年继续保持小幅度上升的趋势，达到 2.36 亿元，此后一直维持该上升趋势，到 2014 年达到 4.00 亿元，2015 年较 2014 年增加了 1.07 亿元，达到 5.07 亿元。整体来看，上海市平均所得税在 2006—2015 年也是呈现波动变化的趋势：2006—2008 年呈现 V 形变化，2009 年之后呈现出每年平稳上升的趋势。上海市上市公司平均所得税整体呈现历年上升的趋势，说明上海市企业的经营能力不断加强，尤其是当上市企业不变时，所得税依旧保持增长，这在很大的概率上说明企业的经营能力较强。

表 1-12 上海市上市公司平均所得税 单位：亿元

年 份	2006	2007	2008	2009	2010	2011	2012	2013	2014	2015
平均所得税	1.69	3.19	1.47	1.89	2.36	2.90	3.12	3.52	4.00	5.07

根据表 1-13，上海市 2006 年所得税最高的企业为宝钢股份，达到 56.04 亿元，但仅仅维持了一年就被交通银行以 103.97 亿元的水平超越，并且此后一直到 2015 年交通银行均占据所得税最大值的地位。2008 年交通银行的所得税降至 72.98 亿元，2009 年小幅度上升至 80.29 亿元，到 2010 年上升了 20 多亿元，达到 107.82 亿元，到 2011 年升至 146.34 亿元，此后每年几乎都保持在 10 亿元左右的增幅，到 2015 年，交通银行的所得税上升到 191.81 亿元。而在 2006—2015 年，所得税最小的企业均未超过零，说明每年上海市都存在亏损的企业，并且上海石化亏损的年份最多，在表 1-13 中共计出现了 3 次，其次是中国太保，共计出现了 2 次。规模大的企业收入多，所得税的规模也随之变大，但小规模企业面临亏损的局面，发展较为不均衡。

表 1-13 上海市上市公司所得税统计 金额单位：亿元

年份	方 差	最大值	最大值公司	最小值	最小值公司
2006	44.44	56.04	宝钢股份	-4.79	中国太保
2007	126.98	103.97	交通银行	-0.15	海欣股份
2008	47.08	72.98	交通银行	-18.14	上海石化
2009	60.44	80.29	交通银行	-0.15	振华重工
2010	116.17	107.82	交通银行	-17.70	中国太保
2011	209.75	146.34	交通银行	-0.30	光明乳业
2012	275.31	167.40	交通银行	-5.08	上海石化
2013	315.59	174.48	交通银行	-0.22	丹化科技
2014	378.00	188.92	交通银行	-2.14	上海石化
2015	441.48	191.81	交通银行	-0.49	广泽股份

2006—2015 年，除了 2007—2008 年方差下降之外，其他各年份方差均处于不断加大的趋势，这表明上海市上市公司的所得税与均值的偏离程度越来越高，并且近年来偏离程度较以往更高。

综上分析可以发现，上海市上市公司所得税整体呈现上升的趋势，说明上海市上市公司经营状况较好，每年的所得税额都有所增加。但是就个体而言，大公司的所得税很高，小公司的所得税却为负数，处于亏损的状态，并且上海市上市公司所得税与均值的偏离程度越来越大。

1.2.6 银行业为净利润主要来源

上海市所有行业上市公司历年的净利润变化情况如图 1-13 所示。上海市所有行业上市公司的息税前利润减去利息费用和所得税之后，得到的净利润除 2008 年之外基本是处于稳步上升的变化趋势：2006 年上海市上市公司净利润为 635.13 亿元；到 2007 年飞速上涨至 1 293.75 亿元；同所得税一样，在 2008 年受到全球经济危机的影响，净利润出现大幅度减少的情况，由 2007 年的 1 293.75 亿元降至 2008 年的 911.41 亿元；不过上海市的恢复能力较强，经历危机之后仅一年就恢复到危机之前的水平，甚至还略有超过，在 2009 年净利润水平达到 1 366.58 亿元；2010 年涨幅较大，升至 1 874.15 亿元；在 2011 年上涨了 300 多亿元，达到 2 190.78 亿元；2012 年小幅度上涨到 2 298.93 亿元；2013 年上涨至 2 498.26 亿元，此后一直维持较高的涨幅；到 2014 年升至 2 852.91 亿元；2015 年更是上升到 3 530.31 亿元。较平稳的上涨趋势表明上海市上市公司的盈利能力逐年增强，尤其是 2012 年之后，其盈利能力更是有了飞速的提高。净利润的提高不仅表明企业在收入成本层面取得了进步，也表明其管理效率的提高、员工激励水平的上升。

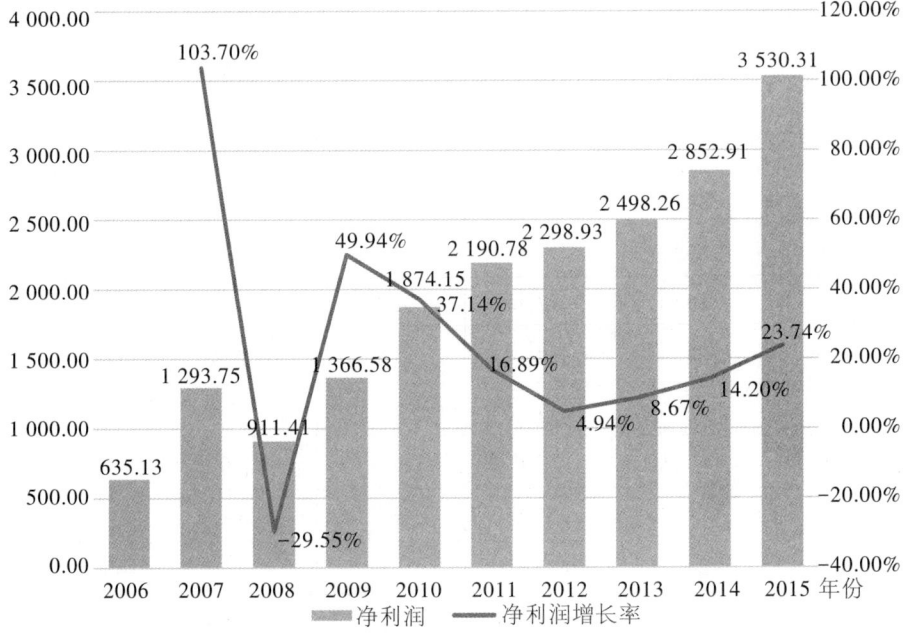

图 1-13 上海市上市公司净利润情况（金额单位：亿元）

表 1-14 反映上海市上市公司 2006 年平均净利润为 4.78 亿元；到 2007 年上涨到 9.38 亿元；但 2008 年经济危机的影响致使上海市上市公司的平均净利润下降至 6.42 亿元；2009 年基本恢复至危机前水平甚至还略有升高；2010 年上涨至 12.93 亿元；到 2011 年小幅度上升至 13.52 亿元；2012 年依旧维持小幅度上涨，达到 14.19 亿元；此后 3 年涨幅逐渐加大，到 2015 年上海市平均净利润达到 21.79 亿元。就平均净利润而言，其变化趋势和净利润的变化趋势相同，说明就单个公司而言，其经营状况也是在不断改善的，获利能力不断增强，呈现出良好的发展态势。

表 1-14　　　　　　　　　　**上海市上市公司平均净利润**　　　　　　　单位：亿元

年　份	2006	2007	2008	2009	2010	2011	2012	2013	2014	2015
平均净利润	4.78	9.38	6.42	9.42	12.93	13.52	14.19	15.42	17.61	21.79

从表 1-15 可知，上海市净利润最大值公司在 2006 年为宝钢股份，其净利润达到了 136.01 亿元；2007 年宝钢股份被交通银行强势超越，净利润为 206.41 亿元；此后交通银行一直保持上海市上市公司净利润最高的地位，2008 年净利润上升至 285.20 亿元；到 2009 年交通银行净利润小幅度上升至 302.11 亿元；2010 年有了较大幅度的提高，达到 391.72 亿元；此后到 2012 年基本保持每年 80 亿元左右的涨幅，到 2012 年上涨至 584.76 亿元；2013 年开始呈现小幅度上升的趋势；到 2015 年上涨到 668.31 亿元。这种变化趋势反映出交通银行的净利润每年都保持增长的趋势，银行业的获利能力很强。反观净利润最小值企业，多数为中海集运，其 2006—2015 年有 4 次为上海市净利润最小值企业，并且均为亏损。这说明航运业的不景气一直持续。

表 1-15　　　　　　　　　**上海市上市公司净利润统计**　　　　金额单位：亿元

年份	方差	最大值	最大值公司	最小值	最小值公司
2006	264.79	136.01	宝钢股份	−31.22	东方航空
2007	569.35	206.41	交通银行	−10.52	大名城
2008	894.12	285.20	交通银行	−140.46	东方航空
2009	894.17	302.11	交通银行	−64.72	中海集运
2010	1 658.72	391.72	交通银行	−7.13	振华重工
2011	2 882.98	508.17	交通银行	−27.00	中海集运
2012	3 640.78	584.76	交通银行	−15.25	上海石化
2013	4 344.11	624.61	交通银行	−26.21	中海集运
2014	5 101.20	660.35	交通银行	−7.00	上海石化
2015	5 802.38	668.31	交通银行	−29.39	中海集运

从表 1-15 数值上来看，2006—2015 年每年的方差都是在不断增大的，说明所统计的上海市上市公司的净利润与其均值的偏离程度逐年加大。

综上分析可以发现，所统计的上海市上市公司盈利能力逐年加强，尤其是 2012 年之后，其盈利能力更是有了巨大的飞跃；银行业的盈利能力非常强，蝉联上海市净利润最高值多年；上海市上市公司净利润与均值的偏离程度逐年扩大。

1.3 从企业偿债能力看上海市经济发展状况

1.3.1 流动比率偏低，易引发偿债危机

分析图 1-14，2006 年上海市上市公司流动比率为 0.36；到 2007 年小幅度提升，达到 2006—2015 年的最高水平，上升至 0.39；在 2008 年该比率重新降至 0.37；2009 年继续保持下降趋势，并且跌落至 10 年间的最低值，下降到 0.32；2010 年开始呈现回升状态，达到 0.38；此后 4 年，上海市上市公司的流动比率依旧呈现出不断下降的趋势，2011 年下降至 0.37，2012 年该比率降至 0.35，2013 年变化不大，保持在 0.35 左右，2014 年又降至 0.34，直到 2015 年才重新上升至 0.37。整体来看，上海市上市公司的流动比率很低，几乎都在 0.3~0.4 之间波动，说明每 1 元的流动负债大概有 0.3~0.4 元流动资产作为保障。从数值上来看，流动资产对流动负债的保障程度很低，传统上认为流动比率保持在 2 左右比较好，也就是说流动资产至少应该是流动负债的 2 倍。而上海市上市公司 2006—2015 年最高的一年流动比率才仅仅达到 0.38。流动比率是判断企业短期偿债能力的一个指标，这么低的流动比率会导致上海市上市公司的短期偿债能力普遍不乐观，企业应该努力降低负债情况或者提高自身的流动资产情况来更好地抵御风险；但是不排除某些超级明星公司具有强大的销售渠道，销售回款速度很快，能够产生充足的现金流量，保证按期偿还流动负债，并且公司盈利能力非常强，能够快速产生较多的利润，足以保证还债能力。公司信用评级很高，短期融资能力巨大，公司可以利用短期商业票据或信用贷款等手段迅速融资还债。越是赚钱的公司，流动资产的周转速度越快，流动资产占用的资金量较少，这样就导致少部分明星企业的流动比率反而会很低。

根据表 1-16，利用方差来衡量上海市上市公司流动比率整体与均值的偏离程度。从表 1-16 可以看出，2006 年上海市上市公司流动比率的方差为 1.38；到 2007 年小幅度上升至 1.54；到 2008 年继续保持上升的趋势，升至 1.69；在 2009 年流动比率的方差出现下降的情况，降至 1.50；此后 3 年重新呈现上升趋势，2010 年上升至 2.63，到 2011 年大幅度上升至 4.75，2012 年的上升幅度更甚，由原来的 4.75 直接飙升至 8.01；到 2013 年又迅速降至

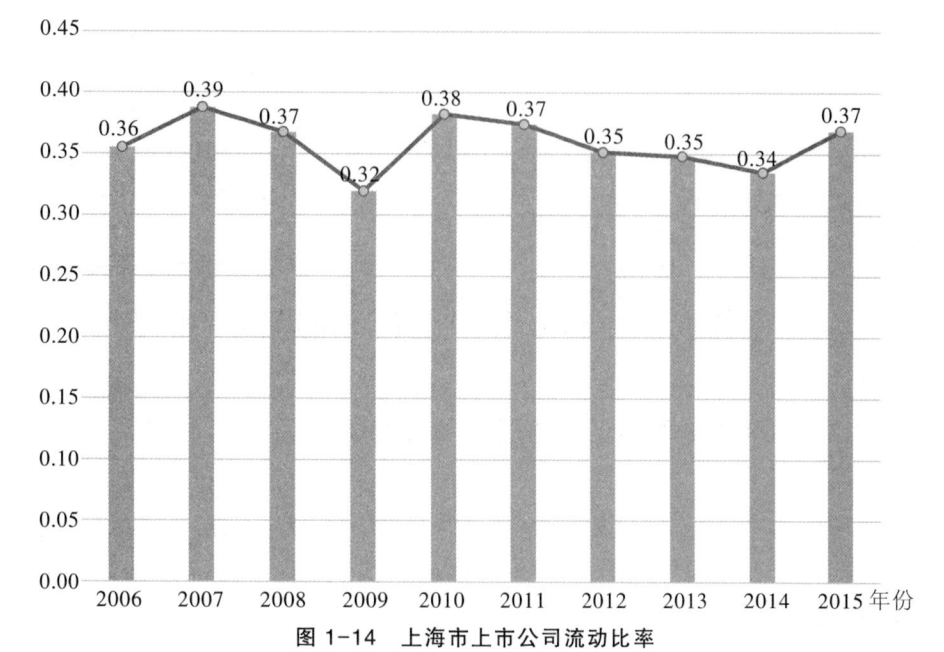

图 1-14　上海市上市公司流动比率

1.72；2014 年又呈现上升趋势，升至 2.72；到 2015 年继续上升，达到 3.28。方差的变化情况表明 2006—2008 年的流动比率和均值的偏离程度一直在加大，到 2009 年偏离程度稍微缩小，但是 2009—2012 年又继续出现流动比率和均值的偏离程度加大的情况，并且偏离程度越来越大；到 2013 年重新减小偏离程度，但此后还是维持逐渐加大的情况。整体来看，方差的变化情况基本呈现波浪状变动。2006—2015 年虽然方差时大时小，但是整体上海市上市公司流动比率与均值的偏离程度逐渐加大。

表 1-16　　　　　　　　上海市上市公司流动比率统计

年份	方差	最大值	最大值公司	最小值	最小值公司	平均值	中位数
2006	1.38	9.30	号百控股	0.08	申通地铁	1.31	1.12
2007	1.54	10.41	号百控股	0.14	大名城	1.37	1.13
2008	1.69	10.35	号百控股	0.10	申通地铁	1.41	1.16
2009	1.50	6.83	上海贝岭	0.07	中技控股	1.50	1.24
2010	2.63	15.19	号百控股	0.04	申通地铁	1.57	1.26
2011	4.75	18.58	号百控股	0.06	申通地铁	1.64	1.32
2012	8.01	27.56	丰华股份	0.11	中国太保	1.82	1.27
2013	1.72	10.24	网达软件	0.10	中国太保	1.58	1.33
2014	2.72	10.12	大智慧	0.09	申通地铁	1.69	1.24
2015	3.28	14.04	中毅达	0.08	申通地铁	1.70	1.32

接下来分析最大值、最小值情况。从表 1-16 可以看出，上海市 2006—2008 年流动比率最大的企业都是号百控股，到 2009 年被上海贝岭以 6.83 的数值超越，但 2010 年号百控股又凭借 15.19 的流动比率重新返回榜首，并在 2011 年继续维持榜首地位。此后 4 年被丰华股份、网达软件、大智慧和中毅达交替占据榜首。从数值的情况来看，除了少数年份流动比率数值小于 10 以外，其他各年份榜首企业的流动比率均在 10 以上，这表明流动资产在这些企业中几乎占到了流动负债的 10 倍以上。如此高的流动比率说明企业闲置资金很多，流动资产并没有很好地转移到企业的经营中去，企业应降低流动比率，提高经营能力。而最小值企业的流动比率都很低，基本维持在 0.1 左右，2006—2015 年的最小值企业几乎被申通地铁和中国太保占据。这样低的流动比率不利于公司的正常经营，容易引发偿债危机，相关企业应该着手提高流动比率的数值，降低企业偿债风险。

从平均数和中位数的角度来看，2006—2015 年的平均值均大于对应年份的中位数，整体来看无论是均值还是中位数均处于 1～2 之间，说明上海市上市公司整体的流动比率还不错，虽然没达到 2，但是从均值的角度来看，偿债危机的可能性较小。但均值大于中位数也说明流动比率偏高的企业向上拉动了整体的均值情况。

1.3.2　资产负债率偏高，偿债风险较大

根据图 1-15 分析，2006 年上海市上市公司的资产负债率达到 82.64%；到 2007 年下降至 81.24%；到 2008 年重新上升至 82.92%；此后 3 年保持上升状态，2009 年上涨到 83.96%，2010 年该数值小幅提升至 83.84%，到 2011 年提升至 84.04%；2012 年资产负债率又小幅度下降至 83.85%；到 2013 年升值 84.67%，同时资产负债率是 2006—2015 年的最大值；2014 年下降至 84.52%；到 2015 年资产负债率重新提高到 84.63%。从资产负债率整体的变化趋势而言，上海市上市公司的资产负债率一直处于居高不下的状态，想要降低负债与资产的比值难上加难。2006—2015 年资产负债率的最小值为 81.24%，这个数值非常恐怖，说明即使在资产负债率最小的一年里，上海市上市公司每 100 元的资产都有 81 元来源于举债。这就导致企业的偿债能力受到很大程度的影响，一旦上海市抵御经济危机的能力降低，那么会有相当大部分的企业面临偿债压力，很可能因为短期内偿债数额巨大而面临破产的危机。而上海市上市公司资产负债率如此之高也同时证实上海市上市公司的主要融资手段是债务融资，上海市上市公司的经营思想较为激进，整体上的债务把控能力较弱，风险较高。

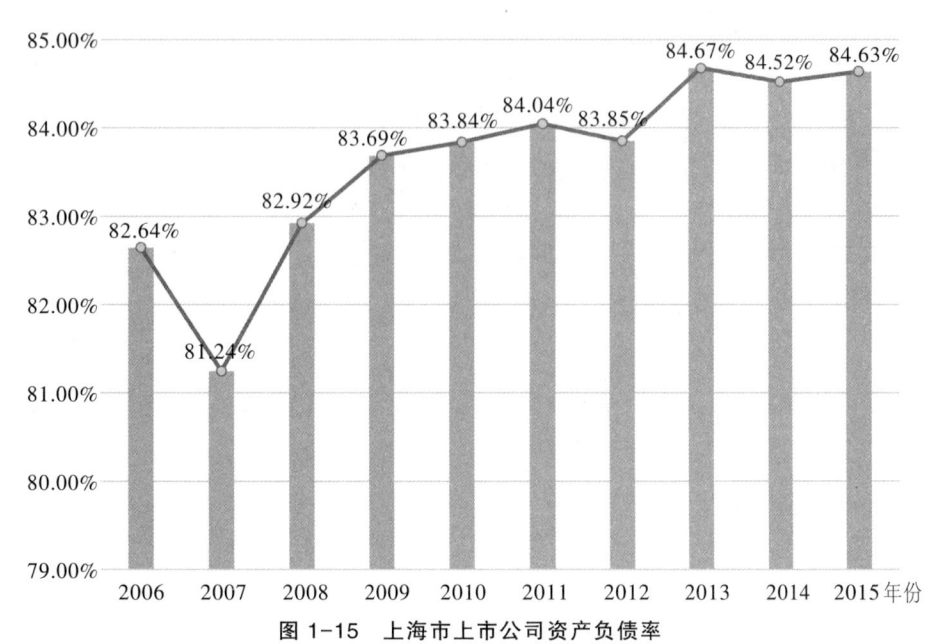

图 1-15 上海市上市公司资产负债率

用方差来衡量上海市上市公司资产负债率与均值的偏离程度。从表 1-17 来看，上海市上市公司的方差 2006 年为 0.20；2007 年小幅度下降至 0.18；到 2008 年重新上升至 0.28；此后两年维持上升趋势，2009 年小幅度上升至 0.31，2010 年继续维持小幅度上升的趋势，上升到 0.35；2011 年该指标重新下降至 0.04，并且在此后 4 年一直保持不变。从方差的变化情况来看，2007—2010 年上海市上市公司资产负债率与均值的偏离程度一直在加大，但到 2011 年以后，资产周转率与均值的偏离程度非常小，几乎呈现不变的状态。

表 1-17　　　　　　　　上海市上市公司资产负债率部分指标

年份	方差	最大值	最大值公司	最小值	最小值公司	平均值	中位数
2006	0.20	5.18	三湘印象	0.08	号百控股	0.57	0.53
2007	0.18	4.87	三湘印象	0.08	号百控股	0.56	0.53
2008	0.28	6.24	三湘印象	0.08	号百控股	0.57	0.52
2009	0.31	6.55	三湘印象	0.09	上海贝岭	0.56	0.52
2010	0.35	7.00	三湘印象	0.05	号百控股	0.57	0.53
2011	0.04	1.02	广泽股份	0.04	号百控股	0.51	0.53
2012	0.04	0.94	浦发银行	0.05	爱建集团	0.49	0.50
2013	0.04	0.95	上海科技	0.09	绿庭投资	0.50	0.51
2014	0.04	1.06	上海科技	0.07	大智慧	0.50	0.50
2015	0.04	0.94	上海物贸	0.05	创兴资源	0.49	0.49

从最大值、最小值的情况来看，2006—2010 年，上海市资产负债率的最大值企业一直是三湘印象。分析这 5 年的数据来看，三湘印象的资产负债率一直居高不下，2007 年的资产负债率是这 5 年最低的一年，但负债的规模也达到资产规模的 4.87 倍，负债规模十分庞大，偿债能力受到挑战。而 2011 年之后的最大值企业，其资产负债率基本维持在 1 左右，说明其资产和负债近乎相等，其偿债能力也受到相当程度的影响。从最小值的情况来看，2006—2011 年，资产负债率最小的企业大多是号百控股，其资产负债率非常低，最低的一年仅有 0.04，说明负债在号百控股的融资结构中占据很少的部分。其他最小值企业也基本呈现这种状况。虽然这样做企业的偿债能力会很强，但是还是牺牲了企业的经营能力与融资能力，这部分最小值企业应加强债务融资，合理利用债务杠杆来增强自身的经营能力。

从平均值和中位数的角度来看，2010 年之前，上海市上市公司资产负债率的中位数一直小于对应年份的平均值，说明这些年份资产负债率高的企业拉升了平均资产负债率，也表明这些企业的资产负债率数值十分巨大，面临很严重的偿债危机。而从 2011 年开始，中位数为 0.53，超越了当年资产负债率均值的 0.51，说明原来资产负债率高的企业也采取措施降低了其自身的资产负债率，从而导致中位数大于平均数的局面。

1.3.3 产权比率偏高，偿债能力有待提高

分析图 1-16，2006 年上海市上市公司的产权比率为 4.76；到 2007 年小幅度下降至 4.33；而 2008 年产权比率重新上升至 4.86，并且此后 3 年保持上升趋势；2009 年该比率提升到 5.13；2010 年小幅提升至 5.19；到 2011 年该比值上升到 5.27；到 2012 年，该比值小幅度下降至 5.19，此后 3 年上海市上市公司的产权比率呈现波动性变化；2013 年达到 2006—2015 年的最大值，上升至 5.52；到 2014 年下降至 5.46；2015 年重新上升至 5.51。产权比率说明企业每 1 元的负债有多少自有的权益总额来支撑。从整体来看，上海市上市公司负债规模十分巨大，与之相比，权益规模非常小，甚至可以说多数年间负债规模是权益规模的 5 倍以上。分析该比值，上海市上市公司整体的产权比率存在一定的风险，通常来说产权比率的衡量标准在 1 以下，而根据统计的数据来看，上海市上市公司的产权比率最低的一年都达到 4.33，说明权益融资整体上在上海市上市公司中依旧是处于不温不火的状态，上海市上市公司整体采取的是高风险、高报酬的财务结构。这样虽然带来的收益情况可能会比较高，但很不利于行业的长期偿债能力的提高。尽管债务融资的财务杠杆效应被发挥得比较大，但是如此高的产权比率必然导致债务偿还出现一定的不安全性。相关企业应该努力降低债务所占的比例，尽可能降低产权比率，保障资金安全。

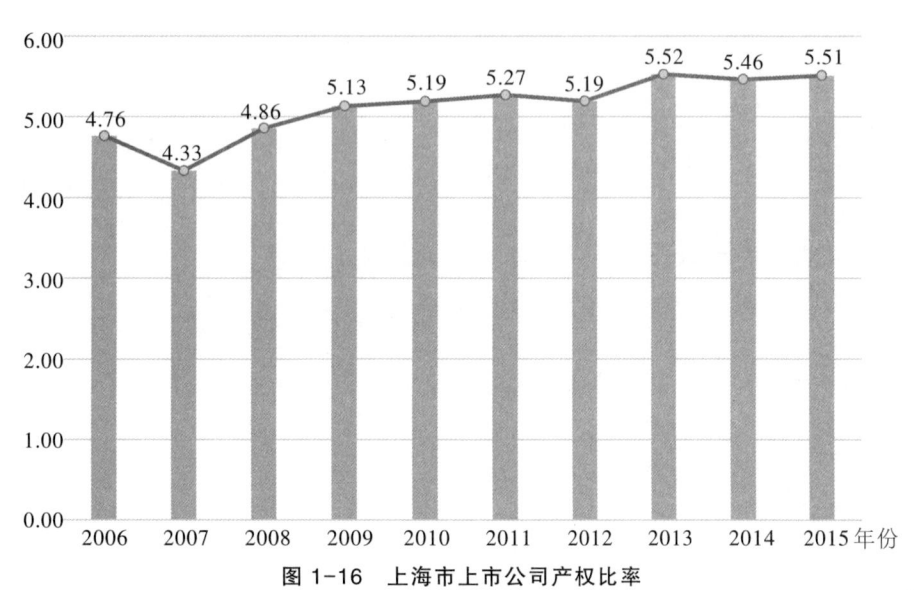

图 1-16　上海市上市公司产权比率

分析表 1-18，用方差来衡量上海市产权比率与均值的偏离情况，方差越大，表明其偏离程度越大。2006 年上海市所统计的上市公司产权比率的方差为 12.44；到 2007 年下降至 11.73；2008 年继续维持下降趋势，下降至 11.30；此后两年一直保持下降趋势，下降幅度也越来越大，2009 年该指标下降至 9.46，到 2010 年骤然降至 5.20；2011 年产权比率的方差迅速上升至 47.18，达到 2006—2015 年的最大值；2012 年陡然下降至 4.35；2013 年上升至 5.67；到 2014 年继续保持上升趋势，上升到 6.42；2015 年重新出现下降趋势，降至 5.43。从方差的变化情况来看，2006—2010 年上海市上市公司的产权比率与均值的偏离程度一直在下降，到 2011 年骤然上升，但并不能维持，但在 2012—2014 年该指标与均值的偏离程度在不断加大，2015 年偏离程度又出现减小的情况。

表 1-18　　　　　　　　　　**上海市上市公司产权比率统计**

年份	方差	最大值	最大值公司	最小值	最小值公司	平均值	中位数
2006	12.44	26.89	浦发银行	−1.24	三湘印象	2.01	1.13
2007	11.73	31.33	浦发银行	−1.26	三湘印象	1.81	1.07
2008	11.30	30.40	浦发银行	−7.61	东方航空	1.71	1.06
2009	9.46	22.83	浦发银行	−4.85	上海科技	1.68	1.06
2010	5.20	16.78	浦发银行	−5.00	上海科技	1.57	1.13
2011	47.18	57.97	上海科技	−56.27	广泽股份	1.51	1.12
2012	4.35	16.51	浦发银行	0.05	爱建集团	1.50	0.98
2013	5.67	17.33	上海科技	0.10	绿庭投资	1.59	1.04
2014	6.42	14.94	浦发银行	−18.17	大智慧	1.41	0.99
2015	5.43	15.20	上海物贸	0.05	创兴资源	1.66	0.98

从最大值、最小值的方面来看，上海市 2006—2010 年产权比率最大值企业都是浦发银行，最高的一年达到了 31.33，说明其负债是所有者权益的 31 倍还多，反映出浦发银行的融资方式是债务融资；2011—2014 年上海市产权比率最大值企业由上海科技和浦发银行交替占据榜首；2006—2015 年最大值为上海科技的 57.97，2015 年上海物贸以 15.20 的产权比率达到榜首。过高的产权比率说明负债远远大于所有者权益，也就表明这些企业的偿债能力很薄弱，一旦爆发经济危机，首当其冲被影响的就是这些企业。而针对最小值的情况来看，三湘印象、东方航空、上海科技、广泽股份、大智慧均出现小于零的情况。查阅其资产负债表，发现多数企业存在所有者权益为负的情况，这说明这些企业的权益融资能力十分薄弱，债务太高，从而导致其偿债风险也十分严重。无论是最大值企业还是最小值企业，都应该提高自身的权益融资能力，降低债务融资在其融资结构中的比例，降低企业面临的债务风险。

从中位数和均值的角度来看，依旧呈现均值在 2006—2015 年普遍大于中位数的情况。这说明有些企业的产权比率实在过高，从而极大程度地拉升了产权比率的均值，这些企业应该努力降低自身债务比重，优化筹融资结构，从而降低债务风险。

1.4 从企业营运能力看上海市经济发展状况

1.4.1 总资产周转率偏低，营运能力有待提高

从图 1-17 中可以看出来，2006 年上海市上市公司的总资产周转率为 0.25；到 2007 年基本保持不变，还是 0.25；2008 年该指标下降至 0.22；2009 年依旧保持下降趋势，降至 0.19；此后两年，上海市上市公司总资产周转率呈现回升状态，2010 年回升至 0.21，到 2011 年小幅度上涨到 0.22；在此后 4 年，该指标基本呈现不断下降的趋势，2012 年小幅下降至 0.21，2013 年基本保持不变，还是 0.21，到 2014 年该指标下降至 0.20，并且 2015 年依旧维持该下降幅度，降至 0.19。针对总资产周转率来说，一般企业设置的标准值为 0.80。结合图 1-17 来看，上海市所有行业上市公司的总资产周转率情况不容乐观，在 2006—2015 年，每 1 元的资产只能产生甚至连 0.26 元都不到的营业额。从数值上来说，2006 年和 2007 年是上海市上市公司的行业整体总资产周转率最高的两年，数值为 0.25；2009 年和 2015 年是上海市上市公司总资产周转率最低的年份，数值为 0.19。这表明上海市上市公司利用资产进行经营的效率很差，这不仅会影响公司的获利能力，而且直接影响上市公司的股利分配。从时间发展上来看，上海市上市公司的总资产周转率处于不断下降的趋势，这种变化趋势应该引起企业的重视，及时调整产业

结构，更好地利用资产来改善经营。

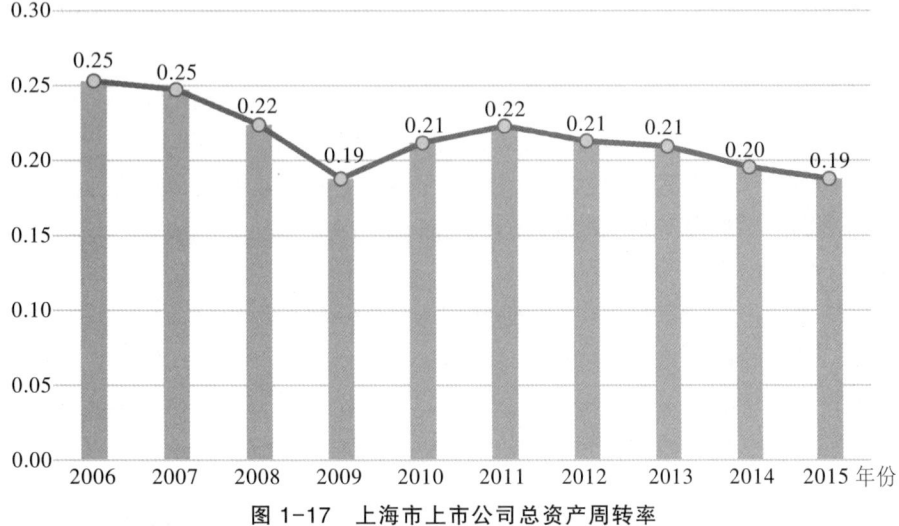

图 1-17　上海市上市公司总资产周转率

用方差来衡量上海市上市公司总资产周转率与均值的偏离程度，方差越大，偏离程度越大。从表 1-19 可以看出，上海市上市公司总资产周转率的方差在 2006 年为 1.34；到 2007 年下降至 1.06；此后 3 年继续保持下降趋势，2008 年降至 0.98，2009 年继续下降至 0.87，2010 年继续保持这种下降趋势，下降到 0.75；到 2011 年，上海市上市公司总资产周转率的方差又上升到 1.30；在 2012 年该指标又下降至 0.98；2013 年小幅上升到 1.03；2014年又呈现下降趋势，降至 0.88；到 2015 年稍稍上升至 1.06。从方差的变化情况来看，除了少数几年如 2011 年、2013 年和 2015 年以外，上海市上市公司总资产周转率和均值的偏离情况总体呈现出不断减小的趋势。

表 1-19　　　　　上海市上市公司总资产周转率统计

年份	方差	最大值	最大值公司	最小值	最小值公司	平均值	中位数
2006	1.34	9.71	上海物贸	0.03	交通银行	0.86	0.58
2007	1.06	7.60	上海物贸	0.03	浦发银行	0.83	0.59
2008	0.98	7.54	上海物贸	0.03	浦发银行	0.83	0.58
2009	0.87	7.76	上海物贸	0.00	大名城	0.71	0.51
2010	0.75	7.11	上海物贸	0.01	三湘印象	0.77	0.56
2011	1.30	8.92	上海物贸	0.03	浦发银行	0.96	0.61
2012	0.98	8.01	上海物贸	0.03	爱建集团	0.88	0.62
2013	1.03	9.31	上海物贸	0.02	绿庭投资	0.87	0.61
2014	0.88	8.06	上海物贸	0.01	大智慧	0.80	0.55
2015	1.06	10.59	上海物贸	0.00	广电电气	0.73	0.44

从总资产周转率的最大值和最小值情况来看，2006—2015年，上海市总资产周转率最大值企业一直是上海物贸。上海物贸的总资产周转率相当高，最低的一年它的总资产周转率都达到7.11，即销售收入都是总资产的7.11倍左右，可以说它的运营能力非常强。2006—2015年，上海市上市公司总资产周转率大多在0.03左右波动，说明在一年的时间里这些企业的总资产仅能周转0.03次，总资产的利用效率非常低下，相关企业应该加强总资产的利用效率，实现更好的经营。

从中位数和平均值的角度来看，和前面多数的比率相同，均呈现在2006—2015年，总资产周转率的平均值大于中位数。这说明有一些企业的营运能力相当强，足以带动上海市上市公司总资产周转率的平均值。从中位数来看，基本都在0.5～0.6之间波动，上海市上市公司整体的营运能力还有待提高。

1.4.2 固定资产周转率偏低，资源利用率较低

根据图1-18可知，2006年上海市的固定资产周转率为0.36；到2007年，该指标上升至0.37；此后4年呈现出V形变化趋势，2008年下降至0.33，2009年继续下降至0.26，达到2006—2015年的最低谷，到2010年固定资产周转率回升至0.32，并且在2011年继续保持回升趋势，上升到0.33；此后3年依旧处于下降的趋势中，2012年该指标降至0.31，到2013年小幅度下降至0.30，此后2014年降至0.28；2015年该数值保持在0.28。但从图1-18中来看，2014—2015年固定资产周转率呈现上升趋势。一般来说，企业的固定资产周转率大于1，才能体现固定资产的周转效率。而图1-18中，上海市上市公司行业的整体固定资产周转率都很低，最高值为0.37，说明上海市上市公司行业整体的固定资产每1元产生0.37元的收入。固定资产的周转速度很慢，资源利用效率较低，降低了行业整体的盈利能力。企业要想提高固定资产周转率，就应当加强对固定资产的管理，做到固定资产投资规模得当、结构合理。规模过大，造成设备闲置，形成资产浪费，固定资产使用效率下降；规模过小，生产能力小，形不成规模效益。应引起重视的是，现在不少企业的非生产性固定资产投资过大，如盖高档办公楼、买高档汽车等，这是造成固定资产利用率低的主要原因。同时，固定资产应及时维护、保养和更新，对技术性能落后、消耗高、效益低的固定资产要下决心处理，引进技术水平高、生产能力强、生产质量高的固定资产，并且要加强对固定资产的维护保管。

用方差来衡量上海市2006—2015年上市公司固定资产周转率与均值的偏离程度。从表1-20中可以看出，2006—2015年，上海市上市公司的固定资产周转率呈现波浪状变化，2006年方差为15.06；到2007年下降至11.97；在2008年骤然上升至237.33；2009年又呈现断崖式下降，降至

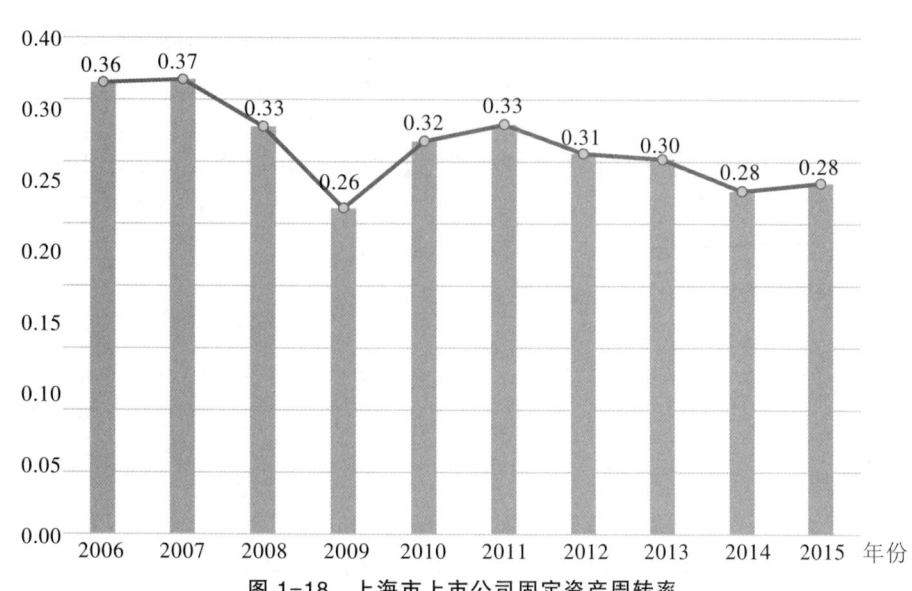

图 1-18　上海市上市公司固定资产周转率

160.43；2010 年重新开始这一过程，上升至 282.86；到 2011 年下降至 179.96；2012 年方差上升到 191.83；到 2013 年该指标继续保持上升状态，上涨到 217.87；2014 年重新出现下降的趋势，降至 76.24；2015 年延续该趋势，继续下降至 57.57。从方差的变化情况来看，基本可以分为两部分：第一部分是 2006—2007 年、2008—2009 年、2010—2011 年、2013—2015 年这 4 个区间。其间方差都是逐渐下降的状态，说明上海市上市公司的固定资产周转率与均值的偏离程度呈现不断减小的趋势。第二个部分是 2007—2008 年、2009—2010 年、2011—2013 年这 3 个区间。其间方差呈现逐渐上升的变化趋势，即上海市上市公司固定资产周转率与均值的偏离程度不断加大。整体来看，上海市固定资产周转率的变化情况不是十分稳定的，不同年度均值的波动较大。

表 1-20　　　　　　　上海市上市公司固定资产周转率统计

年份	方差	最大值	最大值公司	最小值	最小值公司	平均值	中位数
2006	15.06	33.80	上海物贸	0.03	交通银行	0.86	1.22
2007	11.97	29.82	上海物贸	0.04	交通银行	0.83	1.41
2008	237.33	139.58	华丽家族	-0.08	东方证券	0.83	1.36
2009	160.43	141.37	龙韵股份	0.00	大名城	0.71	1.29
2010	282.86	192.26	龙韵股份	0.03	三湘印象	0.77	1.29
2011	179.96	105.01	网达软件	0.04	浦发银行	0.96	1.52
2012	191.83	126.27	龙韵股份	0.04	爱建集团	0.88	1.41
2013	217.87	153.28	龙韵股份	0.04	绿庭投资	0.87	1.38
2014	76.24	69.71	上海物贸	0.04	大智慧	0.80	1.25
2015	57.57	74.91	上海物贸	0.00	广电电气	0.73	1.12

从最大值和最小值的角度来看，2006—2007 年固定资产周转率最大的企业为上海物贸，以 30 左右的固定资产周转率占据榜首；到 2008 年，华丽家族以 139.58 的固定资产周转率强势超越上海物贸，成为新的固定资产周转率最大企业；2009 年龙韵股份以 141.37 的固定资产周转率进一步超越了华丽家族，成为新的榜首企业；龙韵股份在 2010 年以 192.26 的固定资产周转率继续保持榜首；2011 年网达软件以 105.01 的数值占据榜首；2012 年龙韵股份重新以 126.27 次的固定资产周转率占据第一名；2013 年龙韵股份继续维持榜首的地位；2014—2015 年，上海物贸以 70 左右的固定资产周转率占据榜首。最大值的变化较为突兀，说明其固定资产周转率受外界经济政策、环境影响较大。而从最小值来看，除了少数几年最小值为 0 或者小于 0 之外，其他多数年份均保持在 0.04 左右。同最大值相比，这部分企业的固定资产周转能力十分薄弱，其固定资产周转率较小也与这些企业多数为银行证券或者投资公司有关，这些行业固定资产较少，主要业务也不依赖固定资产来进行生产、销售等。

结合中位数和平均值来看，固定资产周转率的中位数每年都要大于其对应年份的平均值，说明固定资产周转率较小的企业非常多，整体上降低了上海市上市公司固定资产周转率的均值情况。如果是因为从事金融证券等行业的企业过多导致该情况的出现，那么均值较低是比较正常的现象；但如果实体类企业很多，均值依旧偏低，就说明这部分实体类企业的营运能力较低，远远不及金融行业的营运能力。

1.5 从企业盈利能力看上海市经济发展状况

1.5.1 总资产报酬率偏低，资产利用效率不高

图 1-19 显示，2006 年上海市上市公司整体的总资产报酬率为 1.68%；到 2007 年上升到 2006—2015 年的最大值，达到 2.61%；在 2008 年下降至 1.47%；此后 3 年基本呈现回升趋势，2009 年该指标上升至 1.80%，2010 年继续保持上升趋势，达到 2.03%，2011 年基本维持不变，继续保持 2.03%；从 2012 年以后，上海市上市公司的总资产报酬率呈现出上升和下降交替出现的情况，2012 年该指标下降至 1.87%，2013 年继续下降至 1.79%，而 2014 年该指标上升至 1.82%，此后 2015 年重新下降至 1.77%。上海市所有行业上市公司整体的总资产报酬率很低，说明行业资产利用效率很低，有关企业在增加收入、节约资金等方面存在较大问题。总体来看，企业的投入与产出的比值很低，像 2007 年是 2006—2015 年总资产报酬率最高的一年，而 2007 年的资产回报率数值表明行业每有 1 元的总资产只能创造 2.61 分的净利润，总资产与盈利的数据相差太大，行业整体盈利性存在一定问题。行业

可通过以下方面提高总资产报酬率：进行优化管理，优化企业的资本利用模式，提高资产利用效率；提高收入并降低成本，直接从结果上改善行业的总资产报酬率。

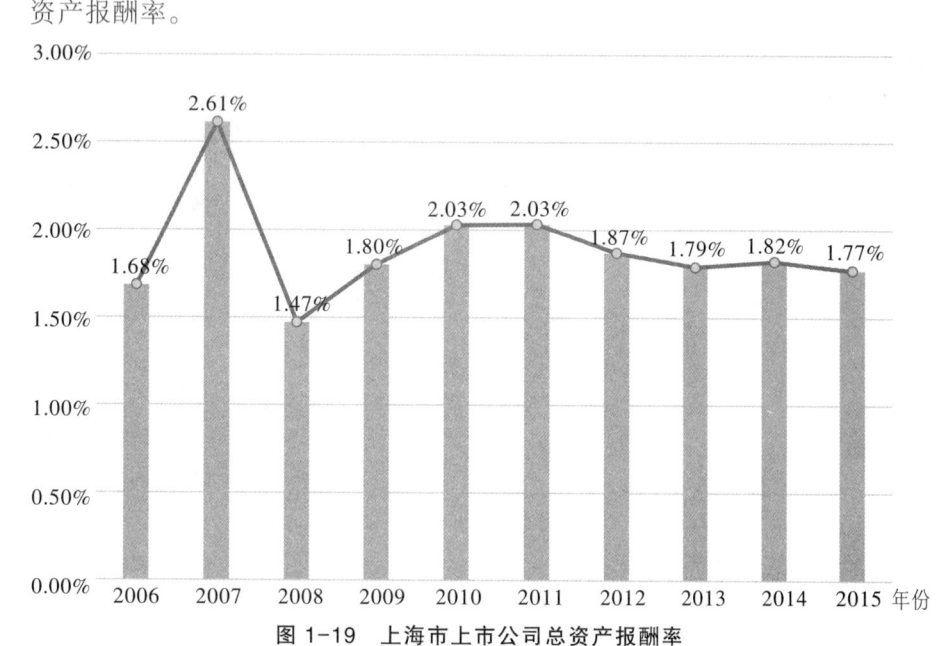

图 1-19 上海市上市公司总资产报酬率

利用方差来衡量上海市 2006—2015 年上市公司总资产报酬率与均值的偏离程度。从表 1-21 来看，2006 年总资产周转率的方差为 0.20；到 2007 年下降至 0.09；在 2008 年小幅度上升至 0.12；2009 年继续维持上升趋势，上升到 0.28；2010—2011 年呈现下降的状态，2010 年下降至 0.07，到 2011 年进一步下降至 0.02；2012 年稍稍上升至 0.03；2013 年和 2014 年继续保持上升状态，2013 年上升到 0.10，到 2014 年上升至 0.93；在 2015 年重新下降至 0.53。从方差的变化情况来看，2006—2009 年上海市上市公司总资产报酬率和均值之间的偏离程度不断加大，2012—2014 年也维持这种趋势，但是 2009—2011 年和 2014—2015 年总资产报酬率和均值之间的偏离程度不断减小。

表 1-21　　　　　　　　上海市上市公司总资产报酬率统计

年份	方差	最大值	最大值公司	最小值	最小值公司	平均值	中位数
2006	0.20	3.29	同济科技	-3.36	新南洋	0.07	0.04
2007	0.09	2.96	中海发展	-1.16	上海机场	0.12	0.06
2008	0.12	2.90	上海机场	-1.27	海欣股份	0.10	0.05
2009	0.28	3.20	新南洋	-4.66	市北高新	0.08	0.07
2010	0.07	2.52	新南洋	-0.30	航天机电	0.14	0.08
2011	0.02	0.64	新通联	-0.69	同济科技	0.10	0.07
2012	0.03	1.05	中海发展	-0.81	爱建集团	0.10	0.07
2013	0.10	3.18	申华控股	-1.54	绿庭投资	0.10	0.06
2014	0.93	6.94	海通证券	-7.84	大智慧	0.07	0.06
2015	0.53	3.47	中海发展	-7.98	海通证券	0.07	0.06

从最大值和最小值的情况来看，2006 年同济科技以 3.29 的总资产报酬率占据榜首；到 2007 年同济科技被中海发展以 2.96 的数值超越；2008 年中海发展又被上海机场以 2.90 的总资产周转率超越成为榜首；2009 年新南洋凭借 3.20 的总资产报酬率强势打败上海机场，成为新的总资产报酬率最大值企业，并且 2010 年继续保持该地位；2011 年新南洋被新通联以 0.64 的水平超越；2012 年中海发展以总资产报酬率 1.05 的水平重回第一，但并没能保持下来，2013 年被申华控股以 3.18 的水平超越；2014 年海通证券凭借 6.94 的总资产报酬率强势超越申华控股，一跃成为新的该指标最大值企业；2015 年中海发展以 3.47 的水平重新回到榜首。从数值来看，这些企业的总资产报酬率非常高，除了 2011 年和 2012 年最大值企业的总资产报酬率较低以外，其他各年份均保持在 3 左右，也就是说每 1 元的总资产大致可以创造出 3 元的净利润，该数值十分可观。从最小值的情况来看，2006—2015 年均为负数，也就是说这些最小值企业的总资产利用效率非常低下，甚至并不能盈利。

结合中位数和平均值的角度来看，2006—2015 年依旧呈现出平均值大于中位数的情况，说明总资产报酬率较高的企业数值很高，将均值拉升到超越中位数的水平；但是二者之间的差距并不算太大，也就说明总资产报酬率较高的企业所发挥的拉动效应有限。从整体来看，上海市的上市公司还是应该努力改善自身的总资产利用情况，增强自身的盈利能力。

1.5.2 权益报酬率稳中有升，公司间差异较大

根据图 1-20，上海市上市公司的权益报酬率（ROE）在 2006 年为 9.47%，是 2006—2015 年第二低的一年；到 2007 年，上升到波峰，达到 13.65%；在 2008 年又出现下降的趋势，降至 2006—2015 年的最低谷 8.46%；此后 3 年该指标保持上升趋势，2009 年上升到 10.84%，2010 年继续上升至 12.38%，到 2011 年小幅度上升至 12.57%；在 2012 年该指标又下降至 11.45%；此后几年基本保持较为稳定的状态，2013 年小幅度上升至 11.57%，2014 年继续保持小幅度上涨趋势，达到 11.68%，2015 年稍稍下降至 11.61%。前面已经分析过上海市所有行业上市公司的负债率较高，相对应地可以看到上海市行业整体的权益报酬率从数值上而言还不错。一般来说，权益报酬率越高越好，最低不能低于银行的利率。在 2006—2015 年的数据分析中，最低的一年是 8.46%，这一数值也比银行的利率要高，可以说行业整体在利用股东权益获取收益方面的能力不错。当然，这也与上海市行业整体的负债率较高、所有者权益较少有关，不能对此结果盲目乐观，还是应该调整行业融资结构，降低行业偿债风险。

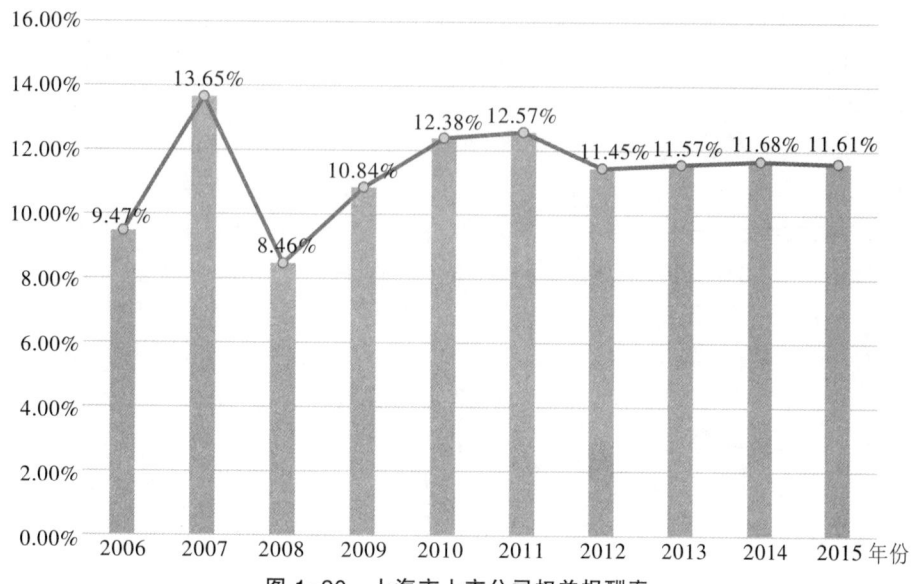

图 1-20　上海市上市公司权益报酬率

利用方差来衡量上海市 2006—2015 年所统计的上市公司权益报酬率与均值的偏离程度。从表 1-22 可以看出，2006 年上海市上市公司权益报酬率的方差为 0.28；到 2007 年该指标上升至 0.61；在 2008 年继续保持上升趋势，升至 1.62；2009 年该指标降至 1.17；2010 年又呈现上升趋势，升至 2.55；在 2011 年权益报酬率的方差骤然升至 25.24；2012 年下降至 19.57；此后 3 年继续保持下降趋势，2013 年下降至 6.44，到 2014 年该指标进一步下降至 5.52，2015 年更是骤然降至 0.87。从方差的变化情况来看，2006—2008 年，上海市所统计的上市公司权益报酬率与均值之间的差距不断加大，到 2009 年偏离程度稍稍下降，但此后在 2010 年和 2011 年重新呈现不断加大的偏离程度局面，从 2012 年开始，该指标的方差出现逐年减小的情况，说明权益报酬率和均值之间的偏离程度逐年下降。

表 1-22　　　　　　　　　　上海市上市公司权益报酬率统计

年份	方差	最大值	最大值公司	最小值	最小值公司	平均值	中位数
2006	0.28	3.27	华建集团	−1.02	东方航空	0.17	0.05
2007	0.61	5.12	上海临港	−0.19	中安消	0.28	0.08
2008	1.62	5.95	同济科技	−12.00	匹凸匹	0.07	0.06
2009	1.17	7.71	创兴资源	−1.44	鹏欣资源	0.29	0.07
2010	2.55	16.01	光明地产	−0.24	上海科技	0.36	0.08
2011	25.24	59.18	城地股份	−0.24	广泽股份	0.74	0.09
2012	19.57	51.98	城地股份	−2.72	爱建集团	0.57	0.08
2013	6.44	24.56	城地股份	−0.22	绿庭投资	0.44	0.07
2014	5.52	20.61	城地股份	−1.07	大智慧	0.43	0.07
2015	0.87	7.48	创兴资源	−5.07	上海物贸	0.18	0.07

从最大值和最小值的情况来看，2006 年华建集团以 3.27 的权益报酬率占据首位；2007 年被上海临港以 5.12 的水平超越；2008 年上海临港又被同济科技以 5.95 的权益报酬率超越；2009 年和 2010 年也呈现这种竞争较强烈的局面，2009 年创兴资源以 7.71 的权益报酬率水平占据榜首，2010 年光明地产凭 16.01 的权益报酬率又超越了创兴资源；2011—2014 年，权益报酬率最大值企业比较稳定，都是城地股份，其权益报酬率最高为 59.18；2015 年创兴资源重回榜首，权益报酬率为 7.48。从数值上来看，相比于上海市整体的权益报酬率来看，这些企业的权益报酬率非常高，超出整体近百倍。从最小值来看，和总资产报酬率一样，2006—2015 年最小值企业的权益报酬率均为负数，这些最小值企业的权益资产利用率非常低，甚至并不能盈利，相关企业应该着重提高自身权益资产的利用效率，更好地提高盈利能力。

结合中位数和平均值来看，上海市上市公司的权益报酬率 2006—2015 年的平均值均大于对应年份的中位数，同样可以认为权益报酬率高的企业拉升了整体的平均值；结合数值来看，中位数和平均值的差距还是比较大的，说明这些权益报酬率高的企业数值较高，并且数量也可能较多。

1.5.3　销售净利率偏低，获利能力较弱

根据图 1-21，2006 年上海市上市公司销售净利率很低，仅达到 6.65%；到 2007 年上升至统计区间的峰值，达到 10.56%；在 2008 年又下降至较低的水平，为 6.57%；2009 年迅速回升至 9.59%；到 2010 年基本维持不变，达到 9.58%；此后 3 年，该指标维持下降趋势，2011 年降至 9.11%，到 2012 年小幅下降至 8.78%，2013 年继续维持小幅下降趋势，降至 8.55%；到 2014 年重新拉升至 9.31%；2015 年小幅上升至 9.42%。通过上海市所有行业销售净利率可以看出，整体销售净利率还是很低的，最高值仅仅是 10.56%；从 2008 年以后，行业的净利率有了一定的回升，但是在 2010 年以后行业的盈利能力也在逐渐降低。而对比行业的标准值情况，整体行业的销售净利率达到 12.97% 的企业处于盈利一般的企业范围内，而上海市上市公司的销售净利率 2006—2015 年的最高值 10.56% 也低于 12.9%，说明总体来看上海市行业的营业活动所能带来的利润较少，公司获取收益的能力较弱。上海市整体行业中的各个企业需要积极寻找原因。如果是企业开支过大、管理不当的原因，企业就要减少开支，加强管理，提高销售净利率。

方差用来衡量上海市上市公司 2006—2015 年销售净利率与均值之间的偏离程度。从表 1-23 来看，2006 年销售净利率的方差为 0.20；到 2007 年该方差下降至 0.09；2008 年小幅上升至 0.12；2009 年保持该趋势继续上升至 0.28；此后两年方差的数值一直在不断减小，2010 年下降至 0.07，2011

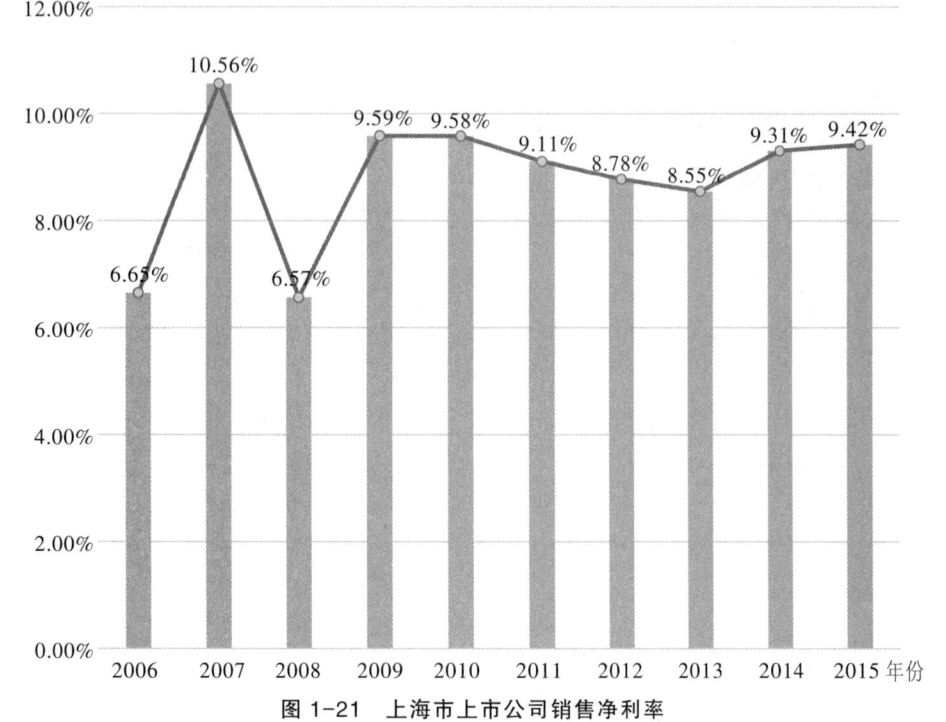

图1-21 上海市上市公司销售净利率

年继续下降至0.02；到2012年销售净利率的方差小幅上升至0.03；此后两年该指标保持上升趋势，2013年上升至0.10，2014年进一步上升至0.93；在2015年又下降至0.53。从方差的变化情况来看，2007—2009年上海市上市公司销售净利率与均值的偏离程度不断加大，但2009—2011年该指标与均值的偏离程度又呈现缩小的趋势，此后2011—2014年重复不断加大的偏离程度，2015年继续呈现下降趋势，整体来看呈现波浪状变化趋势。

表1-23　　　　　　上海市上市公司销售净利率统计

年份	方差	最大值	最大值公司	最小值	最小值公司	平均值	中位数
2006	0.20	3.29	丹化科技	-3.36	三湘印象	0.07	0.04
2007	0.09	2.96	创兴资源	-1.16	大名城	0.12	0.06
2008	0.12	2.90	大名城	-1.27	云赛智联	0.10	0.05
2009	0.28	3.20	三湘印象	-4.66	中技控股	0.08	0.07
2010	0.07	2.52	三湘印象	-0.30	亚通股份	0.14	0.08
2011	0.02	0.64	上海九百	-0.69	丹化科技	0.10	0.07
2012	0.03	1.05	创兴资源	-0.81	爱建集团	0.10	0.07
2013	0.10	3.18	天宸股份	-1.54	绿庭投资	0.10	0.06
2014	0.93	6.94	匹凸匹	-7.84	大智慧	0.07	0.06
2015	0.53	3.47	创兴资源	-7.98	匹凸匹	0.07	0.06

从最大值和最小值的情况来看，2006 年上海市销售净利率最大值企业是丹化科技，数值为 3.29；2007 年创兴资源占据了榜首，其销售净利率为 2.96；2008 年大名城以 2.90 的销售净利率超越创兴资源成为新的榜首企业；2009 年和 2010 年由三湘印象占据首位，其最大值为 3.20；2011—2015 年竞争比较激烈，2011 年上海九百成为新的最大值企业，销售净利率为 0.64，2012 年创兴资源重回榜首，该指标数值为 1.05，到 2013 年天宸股份又以 3.18 的水平超越创兴资源成为最大值企业，2014 年匹凸匹凭借 6.94 的销售净利率占据榜首，但 2015 年又被创兴资源以 3.47 的销售净利率水平打败。在数值方面，这些最大值企业的盈利能力非常强。不同于上海市整体的销售净利率以百分数的形式表示，表 1-23 所统计的上市公司销售净利率均未采用百分比的形式，也就是说这些企业的销售净利率比上海市整体销售净利率高出几百倍，盈利能力十分强悍。从最小值来看，同前面几个指标一样，2006—2015 年所统计的上海市上市公司销售净利率最小值均小于 0，这部分企业的盈利能力非常弱，亟须改善经营理念，提高经营效率，最终提高自身的盈利能力。

结合中位数和平均值来看，2006—2015 年上海市上市公司历年销售净利率的中位数均小于平均值，也就是说上海市上市公司有部分盈利能力较强的企业拉动了整体均值的提高。但是从数值上来看，二者之间的差距并不是十分明显，也说明了这部分企业的拉动作用有限，从整体来看上海市的上市公司还是应该加强自身的盈利能力。

1.5.4 每股收益小幅上涨，公司间差异较大

从图 1-22 来看，上海市所有上市公司的每股收益变化整体上处于波动上升的趋势。在 2006 年，上海市上市公司的每股收益为 0.23 元；2007 年涨幅很大，增长了 1 倍有余，达到 0.47 元；到 2008 年忽然下降至 0.35 元；2009 年小幅回升至 0.39 元；2010 年继续保持上升趋势，达到 0.51 元；2011 年呈现小幅上涨，达到 0.55 元；2012 年出现小幅下跌，跌至 0.53 元；2013 年继续保持小幅上涨的态势，上升到 0.56 元；此后一直保持小幅上涨趋势，到 2015 年累计上升至 0.73 元。从每股收益数值的变化来看，上海市上市公司整体的创造利润能力不断增强，使股东的投资效益呈现越来越好的趋势。一般来说，每股收益达到 0.5 元以上可以被划分为绩优股。在图 1-22 中，2010 年之后每年的每股收益都在 0.5 元以上，说明上海市上市公司的盈利能力较强，公司业绩较好；但 2010—2013 年，每股收益的变动情况不大，说明具体到每个公司而言，还是有一些公司经营不佳，拖了整体的后腿。

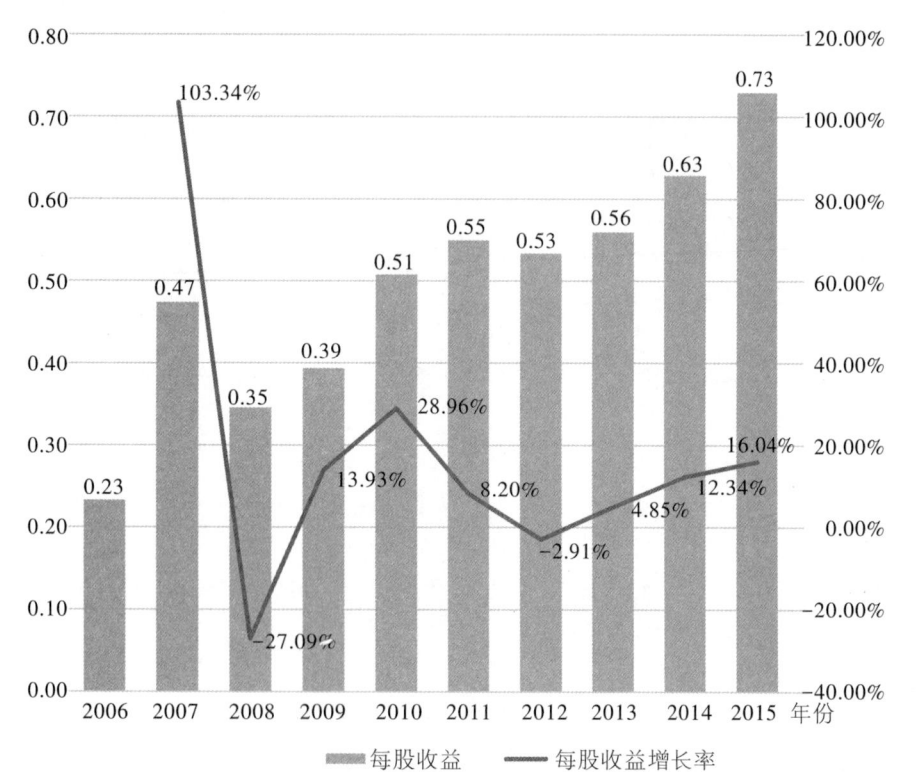

图 1-22 上海市上市公司每股收益情况（金额单位：元）

从上海市每股收益的增长率情况来看，2007 年每股收益的增长率是 2006—2015 年的最大值，达到 103.34%；2008 年每股收益增长率骤然下降至−27.09%；到 2009 年恢复至 13.93%；2010 年有较大幅度的增长，达到 28.96%；2011 年重新陷入下降的状态，降至 8.20%；2012 年继续保持下降趋势，下降到−2.91%；2013 年开始逐渐恢复，每股收益增长率上升至 4.85%；2014 年该指标较大幅度地提升，达到 12.34%；2015 年小幅上升至 16.04%。总体来看，上海市每股收益增长率的变化情况可以分为两个阶段：第一阶段是 2007—2010 年，每股收益增长率呈现 V 形变化趋势，并且变化幅度较大，说明 2007—2010 年公司的经营环境不太稳定，给上市公司的盈利能力造成较大的冲击。第二阶段为 2010—2015 年，整体变化趋势也是 V 形。但与上一阶段不同的是，这一阶段每股收益增长率的变化幅度较小，说明 2010—2015 年上市公司的经营环境虽然也存在一定的不稳定情况，但程度较轻，尤其是 2012—2015 年，呈现出逐年上升的稳定变化趋势。

根据表 1-24，2006 年上海市上市公司每股收益情况的方差为 0.36；到 2007 年保持该数值不变；2008 年每股收益的方差上升至 0.52；此后两年，每股收益的方差不断变小，2009 年下降至 0.24，到 2010 年继续下降至 0.21；直到 2011 年该指标的方差才有所回升，上升到 0.43；但是在 2012 年该方差重新下降，降至 2006—2015 年的最低点 0.19；此后 3 年，每股收益的方差呈现上升趋势，2013 年小幅上升至 0.21，到 2014 年继续保持小幅上升的状态，升至 0.29，2015 年上升到 0.47。从上海市上市公司每股收益方差的整体变化情况来看，基本呈现波浪状，每年每股收益和均值的偏离程度有升高，有降低，说明整体上每股收益情况受经济形势影响较大：经济形势好，大型企业盈利较好，导致每股收益与均值的偏离程度升高；经济形势下行，各企业的盈利都处于不良状态，与均值的偏离程度降低。

表 1-24　　　　　　　　上海市上市公司每股收益统计　　　　　　　　单位：元

年份	方差	最大值	最大值公司	最小值	最小值公司	平均值	中位数
2006	0.36	2.63	中国船舶	-4.40	三湘印象	0.13	0.13
2007	0.36	5.53	中国船舶	-1.61	大名城	0.33	0.24
2008	0.52	6.28	中国船舶	-2.86	东方航空	0.23	0.17
2009	0.24	3.77	中国船舶	-1.10	鹏欣资源	0.28	0.19
2010	0.21	3.94	中国船舶	-0.33	广泽股份	0.36	0.26
2011	0.43	6.22	上海亚虹	-1.78	广泽股份	0.42	0.27
2012	0.19	2.08	春秋航空	-1.20	爱建集团	0.34	0.25
2013	0.21	2.44	春秋航空	-0.68	绿庭投资	0.38	0.26
2014	0.29	2.95	春秋航空	-0.94	大智慧	0.42	0.28
2015	0.47	3.31	上海家化	-3.19	上海物贸	0.43	0.28

从最大值和最小值的情况来看，2006—2010 年所统计的上海市每股收益数值最大的企业是中国船舶，连续 5 年占据龙头地位，其每股收益最高的一年达到了 6.28 元；2011 年上海市每股收益最大值企业被上海亚虹占据，其每股收益为 6.22 元；到 2012 年，春秋航空连续 3 年占据每股收益最大值企业的地位，其最大的一年为 2.95 元；到 2015 年，上海家化以 3.31 元的每股收益成为上海市该指标的最大值企业。从数值上来看，这些企业的每股收益与所统计的上海市上市公司整体每股收益相比，基本呈现出 10 倍于上海市每股收益的情况；盈利能力较强，说明其为股东创造价值的能力也相对强一些。从最小值来看，2006—2015 年，上海市最小值企业的每股收益均小于 0，说明上海市不同上市公司之间的盈利能力差距较大，这部分每股收益较小的企业在为股东创造价值的能力方面还有所欠缺。

结合中位数和平均值来看，中位数表示占据数据中间的数值，说明上海市有一半的企业每股收益大于中位数数值，但也有一半的企业每股收益能力小于历年的中位数数值；平均值反映的是所统计的上海市上市公司每股收益的均值情况。从这两个指标来看，除了 2006 年每股收益的平均值和中位数相同之外，其他 9 年该指标的平均值均大于中位数，同样说明上海市的上市公司盈利能力较强，将整体的每股收益向上拉升了一定程度。

1.6　本章小结

本章从上海市上市公司的资产负债表、利润表及相关财务比率方面分析了上海市经济发展的状况。整体来看，资产化率持续提高，上海市上市公司在地区经济发展中作用重大，其中制造、通信、房地产和银行业为经济发展的支柱产业；但上海市企业偿债能力、营运能力和盈利能力均有待进一步提高，这样才能降低风险，为经济发展贡献更大的力量。

第2章 上海市第二、三产业研究

2.1 从资产负债表看上海市第二产业

2.1.1 资产稳步上升，企业间发展不平衡

上海市第二产业上市公司2006—2015年间的总资产见图2-1。

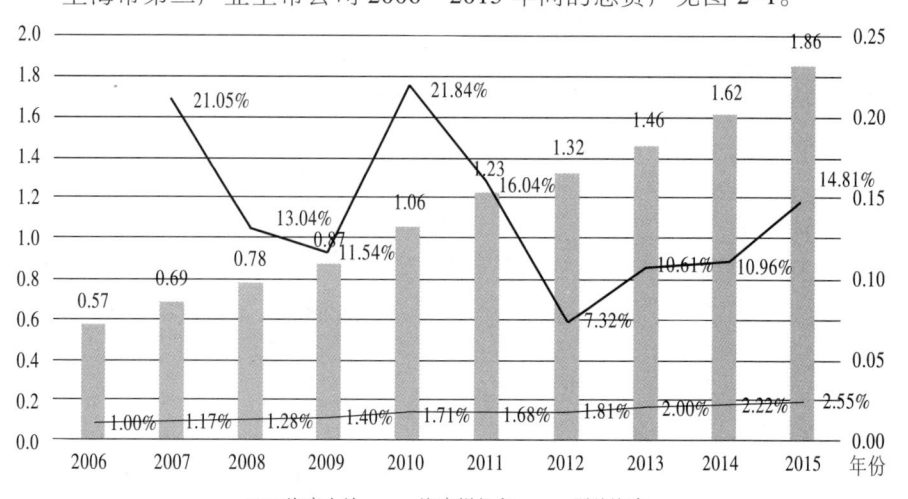

图 2-1 上海市第二产业上市公司资产情况（金额单位：亿元）

上海市第二产业上市公司 2006—2015 年的总资产规模是在不断扩大的，总资产均值为 1.146 万亿元，行业资产总值从 2006 年的 0.57 万亿元上升到 2015 年的 1.86 万亿元，10 年间大致呈上升趋势，共增长了 1.29 万亿

元,年平均增长率为 14.13%,其中 2015 年较前一年的增长幅度尤为明显。

10 年间上海市第二产业的资产总额总体上处于稳步上升的态势,在 2007—2009 年处于下降的趋势,在 2010 年资产增长率达到了 10 年中最高的 21.84%,之后两年增长率直线下降,2012 年达到 10 年中的最低 7.32%,之后的 3 年间,虽然增长率在缓慢上升,但是资产总额 10 年间一直在上升,资产规模一直在增长。因此,以上持续增长的总资产说明上海市第二产业在这一时期内可以有效使用、持有或者处置,可以从中获得经济利益的那部分资产是在不断扩大的。这对上海第二产业来说,接近 1.9 万亿元的总资产为其发展提供了有效的物质保障。

资产现金流(cash flow from assets,CFFA),是指资产在持续使用过程中和最终处置时所产生的预计未来现金流量。从表 2-1 中可以看出,2007—2011 年 CFFA 是负值,2015 年是 -183.25 亿元。资产产生的现金流是负值,说明这几年的预计现金流都是负值,没有为上海市第二产业的现金流作出贡献;2012—2014 年保持正值,说明上海市在这几年通过举债和发售股票筹集的资金要多于支付给债权人和股东的资金。

表 2-1   **上海市第二产业上市公司资产现金流**   单位:亿元

年份	2007	2008	2009	2010	2011	2012	2013	2014	2015
资产现金流	-234.13	-77.41	-77.35	-324.53	-238.78	152.53	215.45	59.87	-183.25

上海市第二产业 2015 年资产总额前 3 位的企业为上汽集团(5 116.31 亿元)、宝钢股份(2 341.23 亿元)、上海电气(1 621.24 亿元)。这 3 家上市公司均为制造业企业,再次证实了制造业行业在上海市第二产业发展中的举足轻重的作用。结合利润表来看,资产总额最大的上汽集团在 2015 年总利润中也独占鳌头,净利润达到 400.74 亿元;资产总额位居第 2 的宝钢集团净利润却仅有 18.54 亿元,这与资产总额形成鲜明的反差,与上汽集团相比,接近 1/2 的资产却产生了 1/20 的利润,这也从某种程度上说明钢铁行业近年来不太景气的现状;在资产总额排第 3 的上海电气,净利润达 48.43 亿元。对比三大制造业企业,上汽集团的资产总额最大、利润最多,而宝钢集团因为固定资产占比大使得总资产较多,却带来了较少的收益,这也为上海市第二产业转型提供了有力依据。

表 2-2 是上海市第二产业上市公司资产总额与历年上海市 GDP 的比值情况,整体呈现出逐渐下降的趋势,在 2013 年过后基本保持在 0.25 左右,说明上海市第二产业的 GDP 发展速度超过了资本的增加速度;近些年来资本化率基本保持不变。强有力的资本也为上海市第二产业的发展提供了源源不断的推动力。

由表 2-3 可知,上海市第二产业在 2006—2015 年的资产均值总体上是逐年增加的:2006 年最低,有 104.32 亿元;接下来的 4 年间,资产均值持

表2-2　　　　　　　　　　　**上海市第二产业资产化率**　　　　　　　金额单位：亿元

年份	2006	2007	2008	2009	2010	2011	2012	2013	2014	2015
资产合计	0.57	0.69	0.78	0.87	1.06	1.23	1.32	1.46	1.62	1.86
GDP	0.94	1.49	2.10	2.70	3.42	4.22	5.00	5.79	6.59	7.39
资本化率	0.61	0.46	0.37	0.32	0.31	0.29	0.26	0.25	0.25	0.25

续上涨，2010年达到170.98亿元；2011年稍有降低，减少了2.81亿元；2012年又增长回来，达到210.42亿元；2013年又有些许下降；之后的两年维持了上涨的势头，2015年达到最大值，即251.24亿元。上海市第二产业的平均总资产规模是在上升的，资产是第二产业发展的前提与保障。

表2-3　　　　　　**上海市第二产业上市公司资产统计**　　　　　金额单位：亿元

年份	2006	2007	2008	2009	2010	2011	2012	2013	2014	2015
均值	104.23	120.60	129.96	142.58	170.98	168.17	210.42	198.22	218.72	251.24
最大值	1 648.47	1 883.36	2 000.21	2 011.43	2 288.42	3 186.33	3 172.03	3 736.41	4 148.71	5 116.31
最小值	2.95	0.82	0.95	1.75	2.10	2.03	2.28	2.28	1.95	2.68
方差	254.04	291.28	310.21	329.03	414.35	475.51	471.59	536.36	585.13	693.20
中位数	20.82	23.80	22.83	24.38	27.55	25.47	32.53	33.25	42.43	45.70

2006—2015年间的企业资产规模差距也是越来越悬殊。资产的最大规模10年间逐年上涨，而且平均每年增长的资产逐年增大，2007年资产增长额仅有234.89亿元，而2015年竟达到967.6亿元，接近1 000亿元的增长态势。但是在资产规模最小值的查找中，发现在2007年与2008年中，资产规模出现了反常的最小值，分别是0.82亿元与0.95亿元，第二产业的企业资产规模还不到1亿元，这不太符合正常标准。作者在对第二产业上市公司2007年和2008年的年报排查过程中发现，2007年北特科技公司刚好上市，而在2008年，联明股份公司也刚刚上市，刚上市的公司资产规模不大还可以理解；在接下来的几年中，资产规模最小的也不在这两个企业中，这两个企业的发展也是较为可观的。在这10年间，资产规模的极差越来越大，发展越来越不均衡。2006年神奇制药公司达到最低资产总额2.95亿元，宝钢股份公司达到最高资产总额1 648.47亿元，相差有1 645.52亿元之多；到了2015年，上海科技公司达到最低资产总额2.68亿元，上汽集团则达到了最高资产总额5 116.31亿元，相差竟有5 113.63亿元之多，极差相当大。

2006—2015年，资产总额的年标准差在250~700之间，标准差呈现逐年稳步增长的趋势，由2006年的254.04增长到2015年的693.20。这也符合极差越来越大的现象，标准偏差如此巨大说明10年间资产总额的离散程度越来越高，上海市第二产业企业间发展越来越不均衡，差距越来越明显。

2.1.2 负债不断升高，离散程度加大

由图 2-2 可以看出，上海市第二产业上市公司 2006—2015 年的负债总额是不断增多的，平均负债总额为 0.67 万亿元，年平均增长率为 26%，其负债增长率要超过资产增长率，从 2006 年的 0.3 万亿元增长到 2015 年的 1.08 万亿元，共增长了 1.05 万亿元，其中 2015 年较前一年的增幅最大，增长了近 0.15 万亿元。另外，对比上面分析过的总资产规模，可见负债总额的规模与其相当。

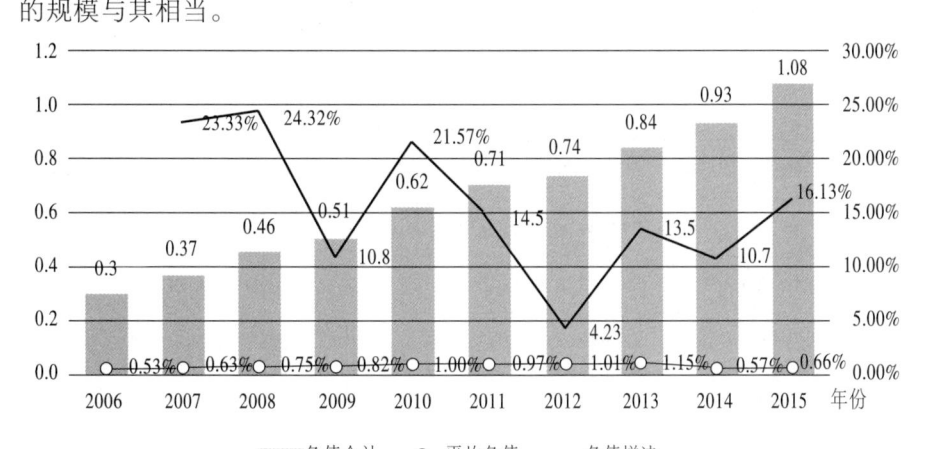

图 2-2 上海市第二产业上市公司负债情况（金额单位：万亿元）

企业所持有的负债是一把双刃剑。一个企业乃至行业的正常运营不得不涉及负债，但负债的规模太大对企业或行业来说绝对不是一件好事。上海市第二产业不断增长的负债值得关注，尤其从 2014 年至 2015 年的增长态势更要有力掌控，其中制造业的负债增长达到 0.098 万亿元，占整个产业负债的 61%。

由表 2-4 可以看出，2006—2015 年的负债均值大体呈现逐年增长的态势，虽然 2013 年略微有些下降，但是负债由 2006 年的 56 万亿元增长到 2015 年的 145.95 万亿元，增长 1.61 倍，负债规模如此巨大的增幅，使得上海市第二产业杠杆逐年增大，面临较大的风险。10 年间负债总额的最大值与最小值的差额也在逐年增大。2006 年负债总额仅有 783.13 万亿元，最小值是 0.86 万亿元，极差仅有 782.27 万亿元。然而 10 年间极大值逐步上涨，2008 年首次破 1 000 万亿元，2013 年则首次破 2 000 万亿元，接下来仅仅 2 年后，在 2015 年，负债竟然突破了 3 000 万亿元，增长速度之快让人瞠目。这 10 年间最小值的波动并不大，刚上市公司的资产规模有限，最小值总在 1 万亿元上下波动，因此，所有者权益的极差就越来越大。方差则是由 2006 年的 129 增长到 2015 年的 415，离散程度越来越大，波动越来越剧烈，负

债的发展越来越不稳定。2006—2015 年，位于负债额中间的企业规模差别也不是很大，基本维持在 15 万亿元左右，50% 的企业高于中间值，50% 的企业低于中间值，但是高于中间值部分的负债额相比于低于中间值部分的负债额显得非常巨大，这使得负债均值天平偏向于较高的负债水平。

表 2-4　　　　　　　　上海市第二产业上市公司负债统计　　　　金额单位：万亿元

年份	2006	2007	2008	2009	2010	2011	2012	2013	2014	2015
均值	56.00	66.20	77.67	83.91	99.91	96.68	118.09	113.67	125.04	145.95
最大值	783.13	937.35	1 021.83	999.23	1 470.94	1 855.17	1 721.97	2 119.09	2 298.72	3 007.13
最小值	0.86	0.33	0.10	0.61	0.28	0.32	0.24	1.00	0.96	0.19
方差	129.89	155.67	176.80	190.03	243.82	272.58	259.15	307.36	333.26	415.87
中位数	10.26	14.41	14.00	13.93	15.70	11.90	12.37	15.35	24.17	25.26

2.1.3　所有者权益不断增长，离散程度加大

上海市第三产业上市公司 2006—2015 年的平均权益为 0.54 万亿元，也始终保持上升的趋势，从 2006 年 0.27 万亿元经历 9 年的发展达到 0.77 万亿元，年平均增长率为 11.3%，并且直观地从图 2-3 中的数字看出，2006—2015 年上海市第二产业上市公司从权益这一要素来分析，行业发展状况还是较好的。

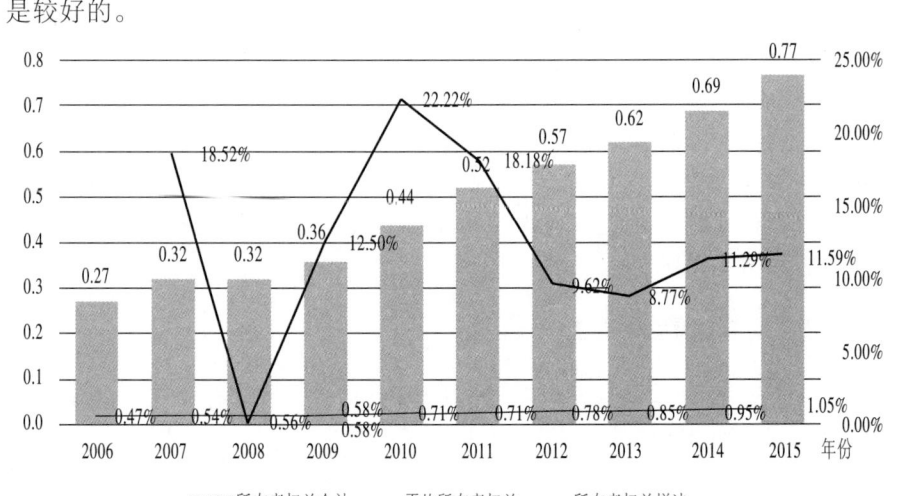

图 2-3　上海市第二产业上市公司所有者权益情况（金额单位：万亿元）

由表 2-5 可以看出，2006—2015 年所有者权益均值持续上涨，由 2006 年的 48.23 万亿元增长到 105.30 万亿元，增长了 118%，增幅虽然没有负债额增长迅速，但是持续增长的态势也是上海市第二产业发展较好的标志。2006 年的最大值为 865.34 万亿元，经过 9 年的增长之后达到 2 109.17 万亿

元，而最小值更是出现了负值的情况。上海市第二产业的发展可圈可点，权益的方差从 2006 年的 127.64 增长到 2015 年的 288.11，离散程度虽然没有负债额的离散程度高，但是翻 1 倍的增长率也是比较高的。权益增长较多，2006 年有 50% 的企业的权益高于 10.91 万亿元，2007 年有 50% 的企业高于 12.07 万亿元，而最后的 2015 年则有 50% 的企业高于 25.38 万亿元。

表 2-5　　　　　　　上海市第二产业上市公司所有者权益统计　　　金额单位：万亿元

年份	2006	2007	2008	2009	2010	2011	2012	2013	2014	2015
均值	48.23	54.40	52.29	58.67	71.07	71.49	92.34	84.55	93.69	105.30
最大值	865.34	946.01	978.38	1 012.19	1 113.43	1 331.16	1 450.06	1 617.32	1 849.99	2 109.17
最小值	1.23	0.49	0.54	−1.29	−0.99	−0.24	0.24	0.12	−0.11	0.24
方差	127.64	139.18	138.10	145.77	178.90	207.86	221.35	238.16	263.07	288.11
中位数	10.91	12.07	13.01	13.93	15.17	14.63	15.26	18.12	22.56	25.38

2.2　从利润表看上海市第二产业

2.2.1　制造业为营业收入支柱

图 2-4 显示的上海市第二产业上市公司的营业收入是处于不断上升趋势的，2006—2015 年的平均营业收入为 11 018.2 亿元。2006 年行业营业收入为 4 807.31 亿元，在随后的几年里一直处于稳步增长的态势，到 2015 年达到行业最大值 16 545.47 亿元，增长了 14 278.45 亿元，年平均增长率为 14.44%，可见 10 年间的增长势态之强。其中，上海市第二产业 2015 年占比最大的制造业创下营业收入 14 369.06 亿元，可以看出制造业在上海第二产业中的巨大支撑作用。

2.2.2　营运费用呈上升趋势

图 2-5 显示的上海市第二产业上市公司的营运费用（本书中营运费用的核算为销售费用+管理费用）10 年间大致处于上升趋势。10 年间的年平均营运费用为 9 570.83 亿元，2006 年行业营运费用为 4 090.44 亿元，在随后的 9 年里几乎处于稳步增长的态势，到 2015 年达到行业最大值 14 285.25 亿元，增长了 10 194.81 亿元。正常来说，上海市第二产业上市公司的营业收入增加，其营业费用随之增加，一般是合理的。分析上海市第二产业上市公司的销售费用和管理费用得出，管理费用和销售费用这 10 年来变化很大，这样的增幅可能是企业为了加强管理所致，也可能是为了增加市场份额而加大广告宣传或促销力度所致。

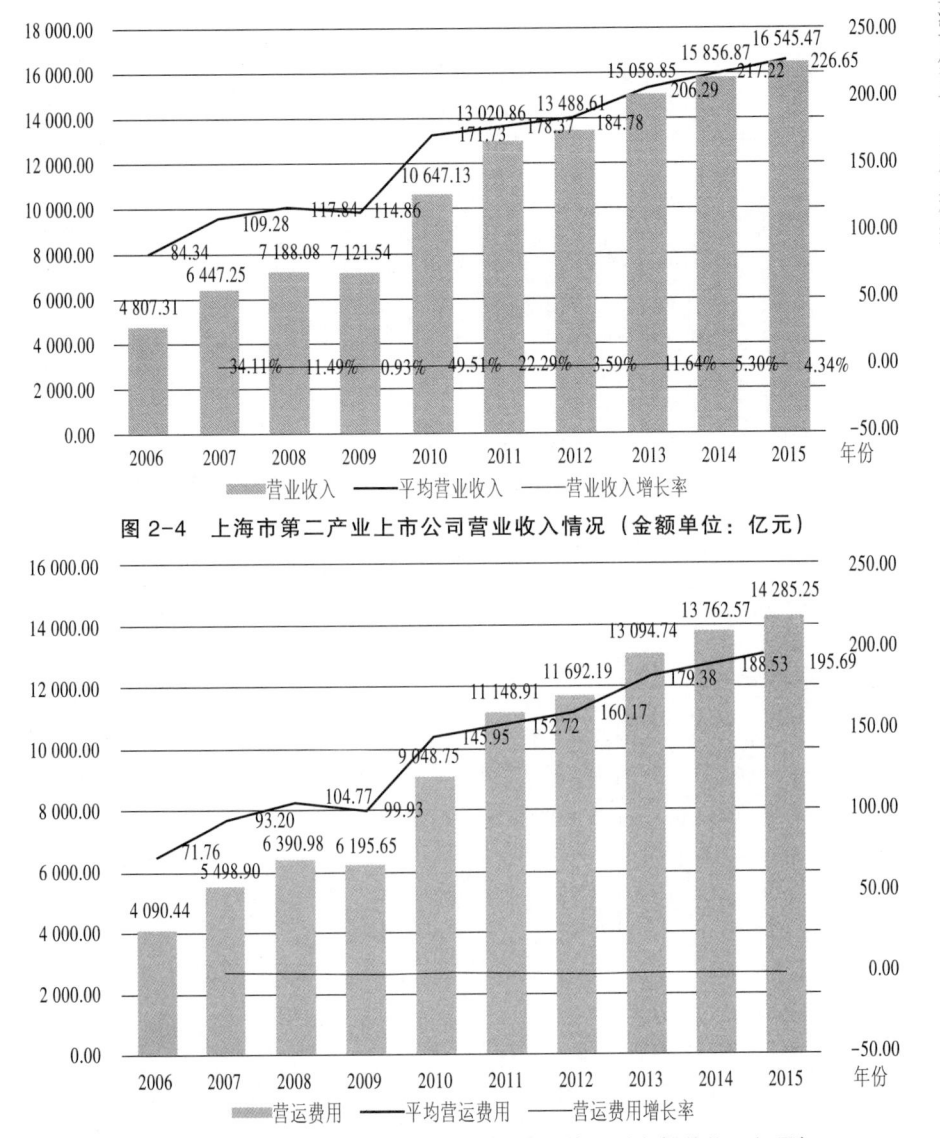

图 2-4　上海市第二产业上市公司营业收入情况（金额单位：亿元）

图 2-5　上海市第二产业上市公司营运费用情况（金额单位：亿元）

2.2.3　息税前利润稳步增长

图 2-6 显示的上海市第二产业上市公司的息税前利润总体来说是处于上升趋势的，2006—2015 年平均息税前利润为 741.79 亿元。2006 年行业息税前利润为 436.89 亿元，2007 年增加到 580.84 亿元，虽然在 2008 年息税前利润有较大幅度下降，但是在 2008 年以后的几年里一直处于稳步增长的态势，到 2015 年达到行业最大值 1 081.57 亿元，年平均增长率为 10.6%，增幅很大，发展前景较好。

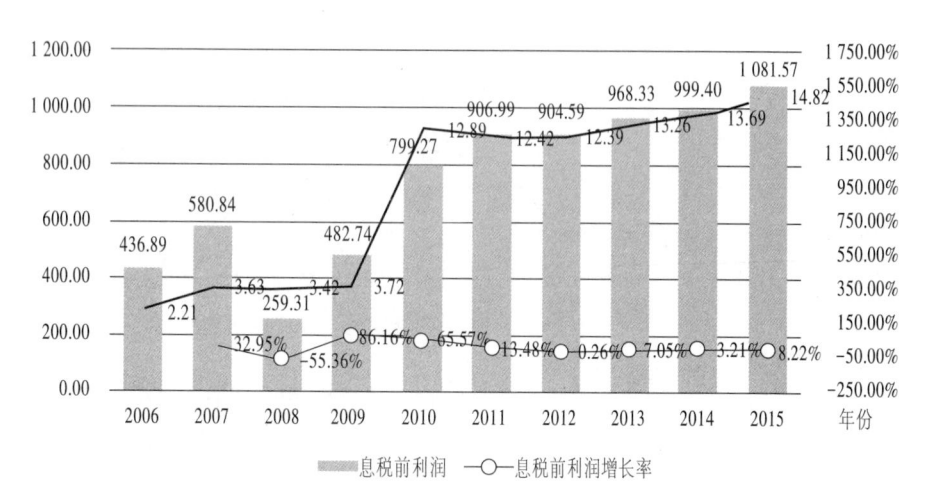

图 2-6　上海地区第二产业上市公司息税前利润情况（金额单位：亿元）

2.2.4　利息费用增幅较大

图 2-7 显示的上海市第二产业上市公司的利息费用是存在波动性的，2006—2015 年的平均利息费用为 60.76 亿元，并且增幅越来越大。2006 年行业利息费用为 37.31 亿元，到 2015 年达到 118.3 亿元，年平均增长率为 13.68%。出现这样的情况是由于上海市第二产业上市公司汇率的波动使利息支出增加，汇兑损益增加，金融机构手续费或现金折扣增加，这些都会直接影响到行业的利润，对利润产生削减作用。

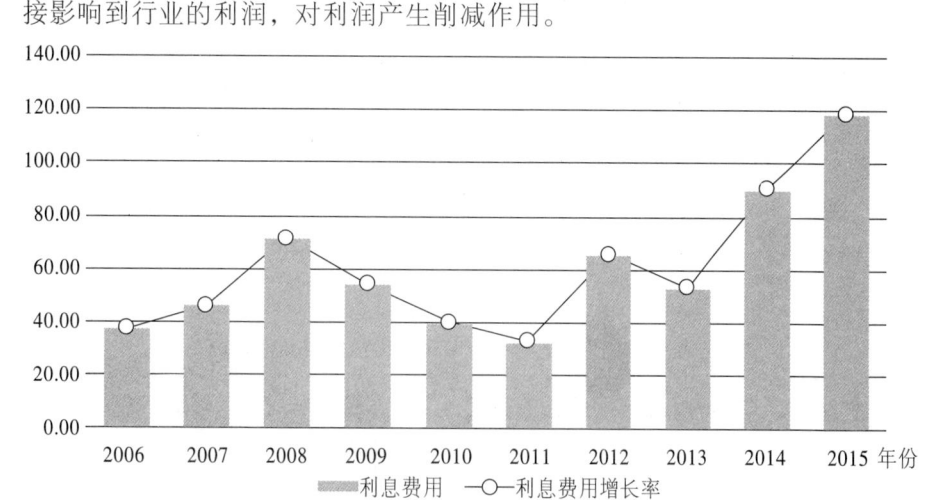

图 2-7　上海市第二产业上市公司利息费用（单位：亿元）

2.2.5　所得税呈上升趋势

图 2-8 显示出上海市第二产业上市公司的上缴税额波动很大，尤其是 2008 年和 2009 年，其余年份总体上来说是处于上升趋势的。年平均上缴税额为 118.12 亿元，2006 年行业上缴税额为 90.52 亿元，在 2007 年和 2008

年上缴的税额明显有所减少，但是 2008—2013 年一直处于增长趋势，虽然 2014 年略有下降，但到 2015 年达到行业最大值 164.82 亿元。可见，2008 年的经济危机对上海市第二产业的影响是巨大的。

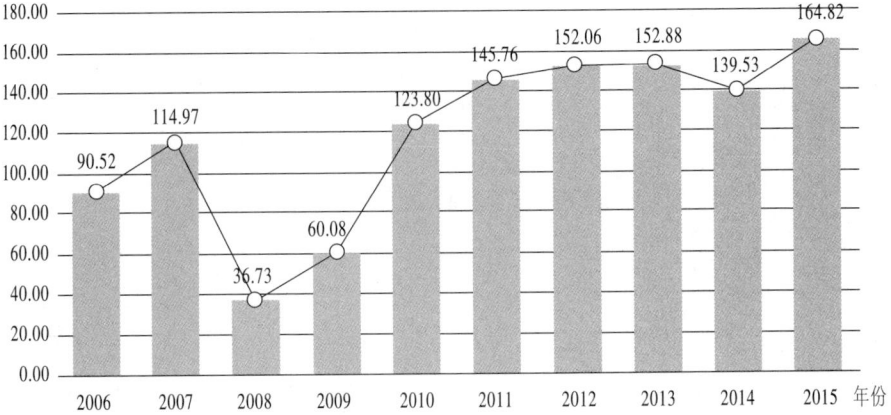

图 2-8　上海市第二产业上市公司所得税（单位：亿元）

2.2.6　净利润稳步上升

上海市第二产业上市公司 2006—2015 年的净利润见图 2-9。上海市第二产业上市公司的净利润总体上来说是比较乐观的，处于上升的水平，但是在 2008 年明显受到经济危机的影响，净利润有暴跌的现象，但之后几乎处于稳步上升的态势，10 年间的平均净利润为 563.11 亿元。2006 年净利润为 309.06 亿元，虽然在 2008 年净利润有较大幅度减少，但是在 2008 年以后的几年里一直处于增长趋势，到 2015 年达到行业最大值 798.45 亿元，年均增长率为 11.12%。

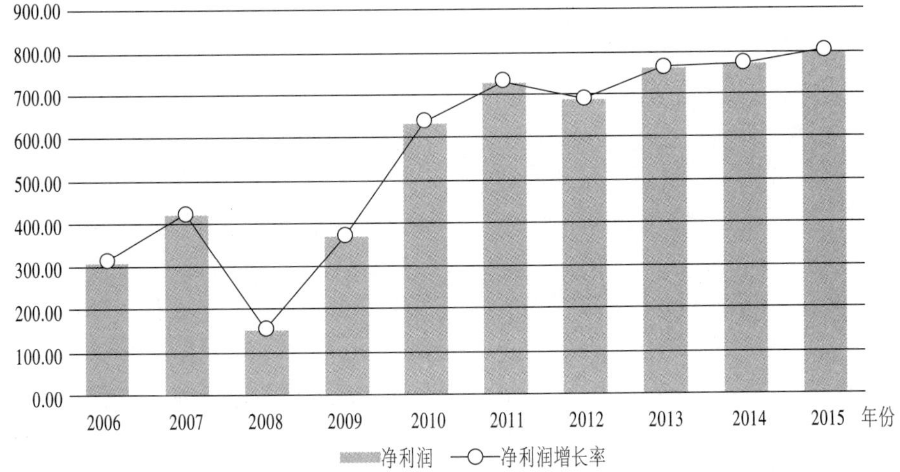

图 2-9　上海市第二产业上市公司净利润（单位：亿元）

净利润的增长不能单纯地只考虑营业收入这一单一因素。在业务经营方面，如果价格、进销成本不变，说明销售业绩增加了；在国家政策方面，说明取得了政策补贴，如返税、减税和补助等。如果取得违约收益，则可能给企业未来经营带来风险，切不可不考虑公司的长远利益。

2.3 从资产负债表看上海市第三产业

2.3.1 资产逐年增长，企业间发展不平衡

通过图 2-10 可以看出，上海市第三产业上市公司 2006—2015 年的总资产规模是在不断扩大的，总资产年均值为 9.10 万亿元，行业资产总值从 2006 年的 3.15 万亿元上升到 2015 年的 17.25 万亿元，10 年间大致呈上升趋势，共增长 14.10 万亿元，增长幅度为 447.85%，年均复合增长 20.80%。

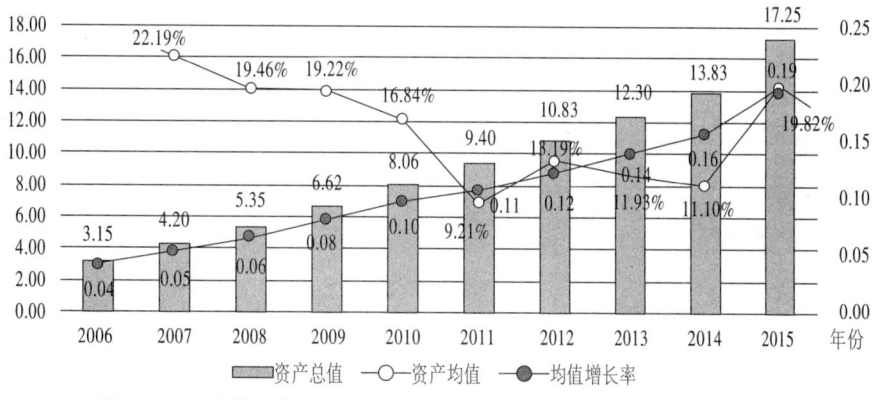

图 2-10 上海市第三产业上市公司资产情况（金额单位：万亿元）

从增长速度可以看出，上海市第三产业的资产平均水平的增长分为两个阶段：第一阶段是 2006—2014 年，增长速度放缓，从 22.19% 慢慢下降到 11.10%；虽然资产规模每年都有上升的趋势，但是增长幅度却只减未增。第二阶段是 2014—2015 年，增长速度明显加快，由 11.10% 上升到 19.82%，总资产在一年间增加了 3.42 万亿元，出现了骤增的趋势。2014—2015 年以下大型上市公司资产出现骤增的现象，因此导致整体上海市第三产业总资产上升：绿地控股增长了 5 929.87 亿元，海通证券增长了 2 238.27 亿元，国投安信增长了 1 394 亿元，国泰君安和东方证券激增千亿元资产。在以上几家企业中金融行业增加的资产居多，同时也说明金融业非常具有代表性地验证了整个上海市第三产业总资产的规模情况。

上海市第三产业上市公司是上海市资本市场健康发展的基石，也是国民经济名副其实的脊梁，截至 2015 年年末上海市第三产业上市公司共达 89 家，达到总资产 17.25 万亿元的巨大规模，同期 GDP 为 1.70 万亿元，畸高

的资产是 GDP 的 10 倍多。这一方面体现上海市第三产业总资产规模突出的巨大优势；另一方面也可以提高其持续回报能力，产业结构持续优化，转型升级效果明显，上海市第三产业有取代第二产业的趋势，成为上市公司的重要支柱产业。

从图 2-11 中可以看出，上海市第三产业的 GDP 从 2006 年的 0.55 万亿元增长到 2015 年的 1.70 万亿元，增长了 2 倍多；上海市第三产业上市公司总资产从 2006 年的 3.15 万亿元增长到 2015 年的 17.25 亿元，增长了 4.48 倍。通过上海市第三产业上市公司总资产和上海市第三产业 GDP 这一资产证券化率可以看出，上海市第三产业上市公司总资产和 GDP 的比值从 2006 年的 5.72 上升到 2015 年的 10.13，2016—2015 年一直呈现上升的趋势。

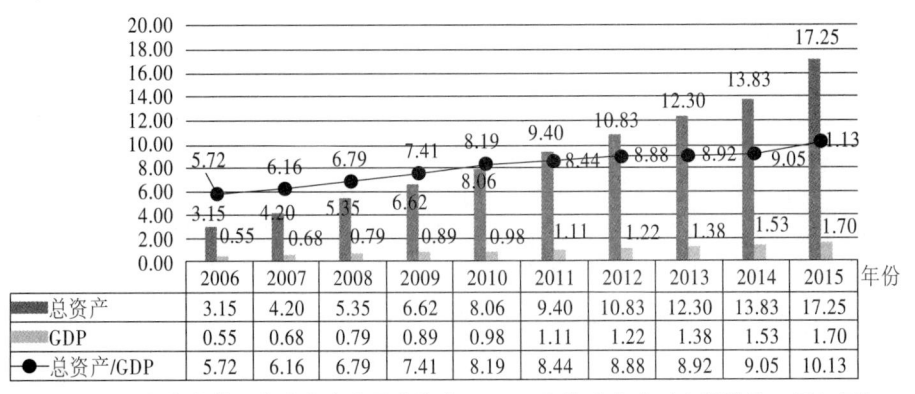

	2006	2007	2008	2009	2010	2011	2012	2013	2014	2015
总资产	3.15	4.20	5.35	6.62	8.06	9.40	10.83	12.30	13.83	17.25
GDP	0.55	0.68	0.79	0.89	0.98	1.11	1.22	1.38	1.53	1.70
总资产/GDP	5.72	6.16	6.79	7.41	8.19	8.44	8.88	8.92	9.05	10.13

图 2-11　上海市第三产业上市公司总资产、GDP 和资产化率（金额单位：万亿元）

可见上海市第三产业上市公司的资产参与市场经营活动的比例相当高，为经济增长提供了源源不断的动力，拉动了上海市第三产业经济的可持续增长。上海市第三产业上市公司是提高供给质量的主力军，是新技术、新产业的重要开拓者。伴随着这几年供给侧结构性改革的有序推进，上海市上市公司质量逐渐提高，价值创造能力也在不断增强，成为国民经济名副其实的脊梁。

从表 2-6 中对比上海市第三产业 89 家上市公司总资产的极值可以看出，上海市第三产业的总资产规模两极分化严重，2006—2015 年各年的产业总资产最大值保持在 30 000 亿元以上，交通银行 10 年间一直占据最大值的宝座，交通银行是金融业最具规模的代表企业。

而对比上海市第三产业 89 家上市公司最小值，不难看出各年的最小值均保持在个位数，与最大值有几百倍甚至于上千倍的差距，与最大值不同的是，各年的最小值企业不仅仅是同一家企业，这和有刚刚上市甚至在以后年度上市的企业资产规模较小有关。

这里计算得出的中位数是将上海市第三产业 89 家上市公司总资产从小到大排序依次排列取中间值（见图 2-12）。也就是说，在 89 家上市公司中，虽

表2-6　　　　　　　　　上海市第三产业上市公司资产统计　　　　　金额单位：亿元

年份	总值	均值	中位数	最大值	最小值	方差
2006	31 485.55	414.28	26.53	17 162.63	2.56	4 481 522.00
2007	42 005.96	531.72	28.87	21 036.26	1.28	6 658 092.00
2008	53 443.36	659.79	27.44	26 782.55	1.07	10 981 243.00
2009	66 162.44	797.14	32.45	33 091.37	0.24	16 387 187.00
2010	80 521.09	970.13	30.15	39 515.93	0.18	24 529 356.00
2011	93 986.77	1 056.03	38.74	46 111.77	0.97	31 897 719.00
2012	108 292.21	1 216.77	44.45	52 733.79	2.83	42 263 832.00
2013	122 979.43	1 381.79	52.27	59 609.37	3.26	54 875 196.00
2014	138 348.01	1 554.47	58.32	62 682.99	3.74	63 683 174.00
2015	172 556.71	1 938.84	69.8	71 553.62	4.05	85 929 943.00

然之前分析上海市第三产业上市公司总资产以及总资产均值均处于每年上升趋势，但看中位数却并非如此，从2006年的26.53亿元到2015年的69.80亿元，并不是稳步增长，而是各年里有上升也有下降的情况，可见大到行业之间，小到企业之间，资产规模并未协调一致，有大有小，各年情况也各有不同。

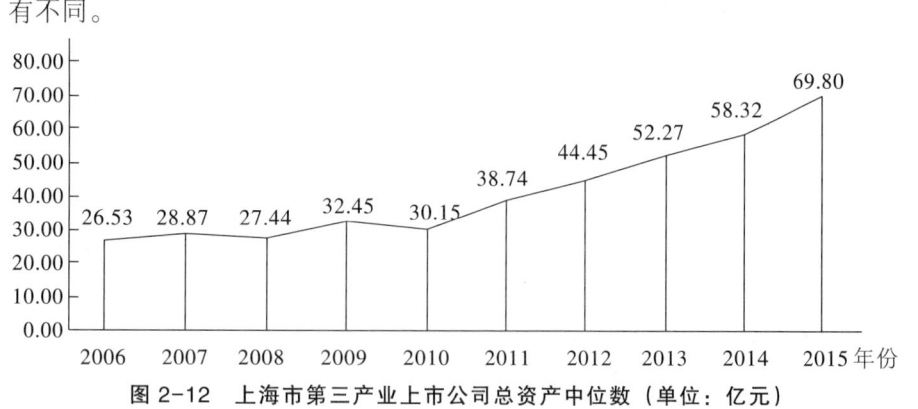

图2-12　上海市第三产业上市公司总资产中位数（单位：亿元）

通过中位数并不能非常明显地看出这一现象，那么方差这一统计指标会更有说服力：方差是衡量一组数据离散程度的度量。方差越大时，数据的波动也就越大。

从图2-13可以看出89家公司的资产的方差不断加大，说明这些公司资产的离散程度越来越高。一些资产多的公司规模一直居高不下，而一些资产很少的公司没有明显地提升。总体而言，89家公司的资产规模与行业资产平均值的偏离程度一直在加深。尤其通过图2-13可以看出，在2014—2015年出现了非常明显的偏差，可见产业中各个行业的资产规模差距甚大，容易造成产业结构失衡的现象，不利于上海市第三产业中各个行业之间协调发展。

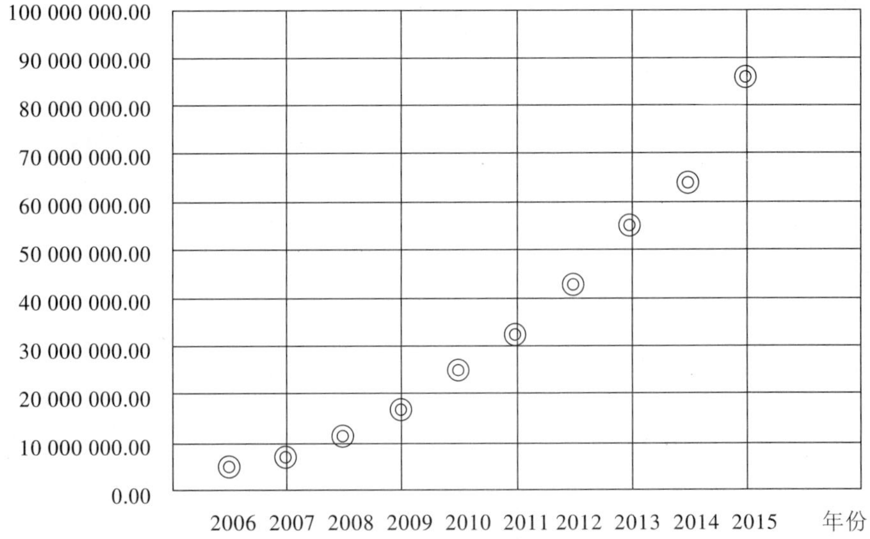

图 2-13 上海市第三产业上市公司总资产方差

2.3.2 负债不断增多，离散程度加大

由图 2-14 可以看出，上海市第三产业上市公司 2006—2015 年的负债总额不断增多，平均负债总额为 7.95 万亿元，年平均增长率为 18.77%，几何增长率为 18.45%。其负债的增长速度也是飞快的，几乎和资产总额是持平的，从 2006 年的 2.77 万亿元增长到 2015 年的 15.09 万亿元，共增长了 12.32 万亿元。

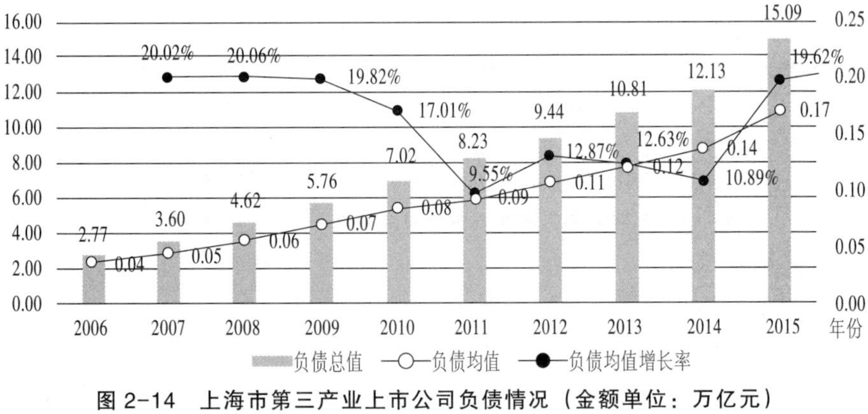

图 2-14 上海市第三产业上市公司负债情况（金额单位：万亿元）

按负债平均值增长水平把上海市第三产业的负债平均水平的增长分为三个阶段：第一阶段是 2007—2011 年，负债额均值增长率从 20.02% 下降到 9.55%，虽然每年负债额总值都呈上升状态，但综合来看，其增幅在逐年递

减；到 2011 年达到最低水平的增幅，为 9.55%。第二阶段是 2011—2014 年，负债额的增长幅度有所增加，从 9.55% 到 10.89%，增幅呈现先上升后回落的小幅变化的状态。第三阶段为 2014—2015 年，负债率出现骤增，达到 19.62%，接近 2 倍的增长幅度。

上面已经对负债总额以及均值作了对比分析，这里对表 2-7 中的中位数、极值以及方差作具体说明。从表 2-7 中我们可以看出，中位数每年都有所增加，从 2006 年的 11.58 亿元一直上升到 2015 年的 34.65 亿元。对比负债极值，我们更可以清晰地看到产业内部各个行业之间的负债总额的规模差距。负债总额的最小值 10 年间的总体水平没超过 1 亿元，而负债总额的最大值已经从 2006 年的 16 276.81 亿元上升到 2015 年的 66 172.70 亿元。

表 2-7　　　　　　上海市第三产业上市公司负债统计　　　　　金额单位：亿元

年份	总值	均值	中位数	最大值	最小值	方　差
2006	27 742.67	365.04	11.58	16 276.81	0.94	4 046 677.24
2007	36 002.92	455.73	13.09	19 748.29	0.59	5 902 679.37
2008	46 160.33	569.88	11.98	25 326.13	0.51	9 830 448.74
2009	57 570.57	693.62	12.15	31 447.12	0.12	14 728 099.87
2010	70 208.97	845.89	12.56	37 279.36	0.04	21 726 716.90
2011	82 256.29	924.23	15.65	43 383.89	0.17	28 198 785.02
2012	94 406.05	1 060.74	18.01	48 919.32	0.26	36 579 149.68
2013	108 063.98	1 214.20	23.33	55 394.53	0.37	47 691 311.12
2014	121 281.66	1 362.72	26.35	57 946.94	0.59	54 758 832.27
2015	150 882.79	1 695.31	34.65	66 172.70	0.66	73 922 853.43

从表 2-7 中可以看出上海市第三产业上市公司之间负债总额的离散程度，方差是在逐年增大的，说明上海市负债总额在公司之间的规模差距在拉大，从 2006 年的 4 046 677.24 增加到 2015 年的 73 922 853.43。

另外，对比上面分析过的总资产规模，可见负债总额的规模与其相当。企业所持有的负债是一把双刃剑，我们说一个企业乃至行业的正常运营不得不涉及负债，但负债的规模太大对企业或行业来说绝对不是一件好事。上海市第三产业 10 年间的不断增长的负债值得关注。金融业这里需要着重说明，以银行为例，负债的形成和银行有很大的关系。如上海市交通银行 2015 年的负债总额为 6.61 万亿元，行业比重最大，占整个金融行业的 88%，可见上海市第三产业的负债比例之高。因此交通银行需要通过减少应付账款的金额以及提高资金使用率等各方面的手段来尽量控制负债情况，否则资不抵债的企业倒闭的案例不在少数，更何况一个行业的发展。

2.3.3 权益不断增长，离散程度加大

上海市第三产业上市公司所有者权益情况如图 2-15 所示。上海市第三产业上市公司 2006—2015 年平均权益为 1.15 万亿元，始终保持上升趋势，从 2006 年的 0.37 万亿元经历 10 年的发展达到 2.16 万亿元，年平均增长率为 20.56%，几何增长率为 26.99%。2006—2015 年上海市第三产业上市公司仅从权益这一单方面的要素来分析，行业发展状况还是看好的。

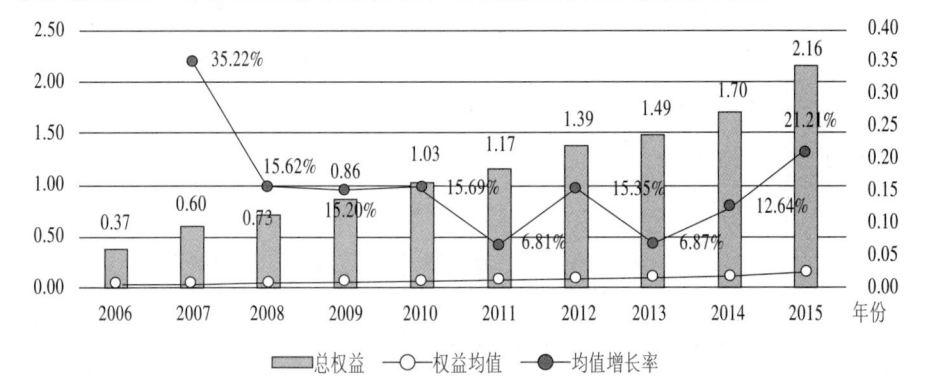

图 2-15 上海市第三产业上市公司所有者权益情况（金额单位：万亿元）

通过对权益平均增长速度的测算可以看出，其增幅是出现波动的趋势的，每年的增长幅度都是随着年限的增加上升、下降、上升、下降……所以把上海市第三产业上市公司权益的总体走势分为 4 个阶段：第一阶段是 2007—2011 年，权益增幅从 35.22% 下降到 6.81%。第二阶段是 2011—2012 年，权益增幅略有上升。第三阶段是 2012—2013 年，权益增幅从 15.35% 下降到 6.87%。第四阶段是 2013—2015 年，权益增幅有所回升，达到 21.21%。

如表 2-8 所示，上海市第三产业所有者权益总额的中位数也不断增加，增加的比例与负债总额类似，2006 年为 12.72 亿元，2015 年达到接近 2006 年 3 倍的水平，增长趋势明显。另外对比极值来看，上海市第三产业上市公司的所有者权益总额 2006—2010 年的最小值一直出现负值，并在 2008 年高达 -110.65 亿元，可见这几年来有些企业一直维持亏损运营，所享有的净资产份额出现负增长，企业经营状况非常不好。经手工摘录出现最小值为负值的企业在 2006—2010 年分别为以下公司：房地产业的三湘印象公司（-10.71 亿元）、房地产业的大名城公司（-12.78 亿元）、交通运输业的东方航空公司（-110.65 亿元）、房地产业的三湘印象公司（-10.30 亿元）、房地产业的三湘印象公司（-10.25 亿元）。可以看出，5 年间所有者权益出现负值的企业有 3 年是同一家企业——三湘印象。该公司于 1993 年开始从事房地产开发，实行"双主业"经营模式，主营业务包括房地产开发和文化演艺两大板块。

表 2-8　　　　　　　上海市第三产业上市公司所有者权益统计　　　金额单位：亿元

年份	总值	均值	中位数	最大值	最小值	方差
2006	3 742.88	49.25	12.72	885.82	-10.71	18 978.17
2007	6 003.04	75.99	15.23	1 287.97	-12.78	39 300.92
2008	7 283.02	89.91	15.17	2 089.97	-110.65	85 053.04
2009	8 591.87	103.52	16.54	2 088.45	-10.30	95 978.92
2010	10 312.12	124.24	19.11	2 236.57	-10.25	134 676.00
2011	11 730.48	131.80	20.89	2 727.88	0.80	160 381.00
2012	13 886.17	156.02	22.77	3 814.47	1.82	253 959.00
2013	14 915.45	167.59	24.17	4 214.84	1.94	305 274.00
2014	17 066.35	191.76	26.71	4 736.05	1.35	393 102.00
2015	21 673.92	243.53	35.80	5 380.92	3.09	519 235.00

2010 年以前受房地产政策以及国际经济普遍不景气的影响，三湘印象股票一直暴跌，因此不难理解所有者权益出现负值的原因所在了。

2.4　从利润表看上海市第三产业

2.4.1　金融业为营业收入支柱

图 2-16 中显示的上海市第三产业 89 家上市公司的营业收入是处于不断上升趋势的，10 年间平均营业收入为 1.02 万亿元。2006 年行业营业收入为 0.45 万亿元，在随后的几年里一直处于稳步增长的态势，到 2015 年达到行业最大值 1.82 万亿元，共增长了 1.37 万亿元，年平均增长率为 15.23%，年平均几何增长率为 14.87%，可见 10 年间的增长势态之强。

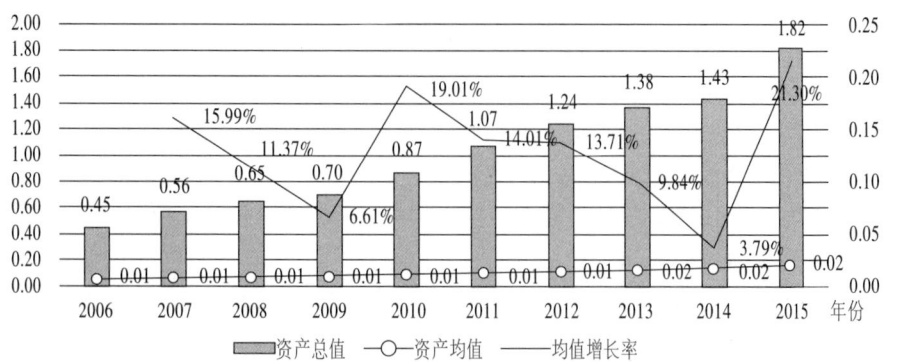

图 2-16　上海市第三产业上市公司营业收入情况（金额单位：万亿元）

上海市第三产业 2015 年排名前三大行业分别为：金融业，创下营业收入 0.66 万亿元；信息传输、软件和信息技术服务业为 0.32 万亿元；批发和零售业为 0.29 万亿元。可以看出这三大行业支撑上海营业运转。不断增加的营业收入说明上海市第三产业生存和发展的先决条件还是比较稳固的，行业发展前景很好。

2.4.2　营运费用呈上升趋势

图 2-17 中显示的上海市第三产业上市公司的营业费用也是处于不断上升趋势的，10 年间的年平均营运费用额为 0.16 万亿元。2006 年行业营业收入为 0.08 万亿元，在随后的几年里一直处于稳步增长的态势，到 2015 年达到行业最大值 0.28 万亿元，年平均增长率为 14.21%，几何增长率为 14.01%。

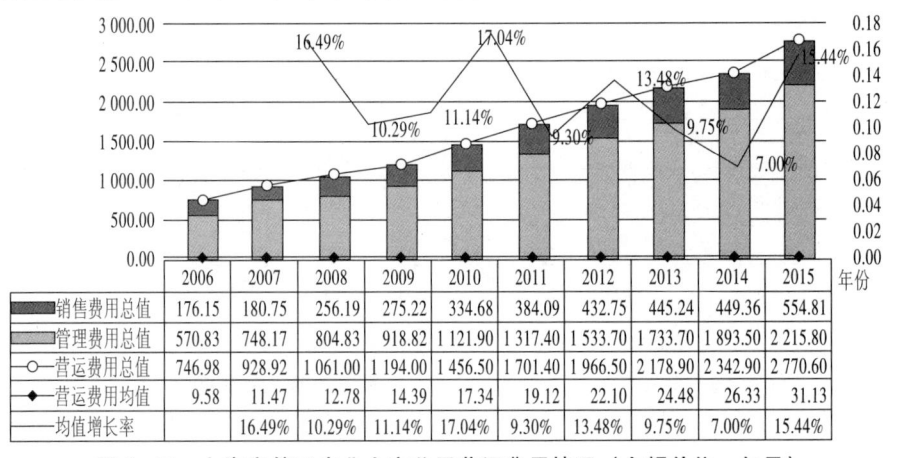

	2006	2007	2008	2009	2010	2011	2012	2013	2014	2015
销售费用总值	176.15	180.75	256.19	275.22	334.68	384.09	432.75	445.24	449.36	554.81
管理费用总值	570.83	748.17	804.83	918.82	1 121.90	1 317.40	1 533.70	1 733.70	1 893.50	2 215.80
营运费用总值	746.98	928.92	1 061.00	1 194.00	1 456.50	1 701.40	1 966.50	2 178.90	2 342.90	2 770.60
营运费用均值	9.58	11.47	12.78	14.39	17.34	19.12	22.10	24.48	26.33	31.13
均值增长率		16.49%	10.29%	11.14%	17.04%	9.30%	13.48%	9.75%	7.00%	15.44%

图 2-17　上海市第三产业上市公司营运费用情况（金额单位：亿元）

2.4.3　息税前利润呈上升趋势

图 2-18 中显示的上海市第三产业上市公司的息税前利润总体上处于上升趋势，10 年间平均息税前利润为 0.17 万亿元。2006 年行业营业收入为 0.05 万亿元，虽然在 2007—2008 年息税前利润降低了一些，但是在 2008 年以后的几年里一直处于稳步增长的态势，到 2015 年达到行业最大值 0.34 万亿元，年平均增长率为 26.57%，几何增长率为 21.41%，增幅很大。

2.4.4　利息费用增幅较大

图 2-19 中显示的上海市第三产业上市公司的利息费用是存在波动性的，2006—2012 年的平均利息费用额为 0.01 万亿元，后来利息费用处于猛增的趋势，并且增幅越来越大；2007 年行业利息费用最低为 0.003 万亿元；到 2015 年达到 0.03 万亿元，是 2007 年的 5 倍，年平均增长率为 28.54%，几何增长率为 19.78%。

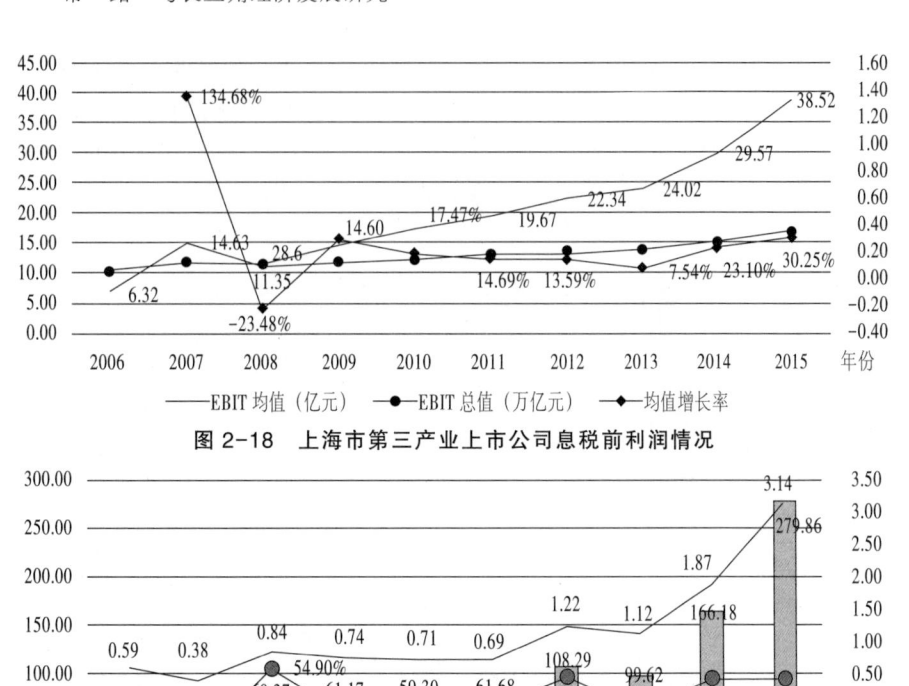

图 2-18　上海市第三产业上市公司息税前利润情况

图 2-19　上海市第三产业上市公司利息费用情况（金额单位：亿元）

上海市第三产业上市公司利息费用的增幅出现波动性，利息费用各年都有上升和下降情况出现。利息费用的减少某种程度上对产业来说是好事，因为直接影响损益的利息费用减少，会带来产业净利润的上涨。此外，利息费用的增加也未必是不利的，这可能和银行贷款的增加额有关。随着上海市第三产业近年来的发展，方方面面的投资也在不断增加，由此形成的融资渠道多样化，从而产生的利息费用也增多。

2.4.5　上缴税额呈上升趋势

图 2-20 中显示的上海市第三产业上市公司的上缴税额总体上来说是处于上升态势的。2006 年行业上缴税额为 138.29 亿元，虽然在 2007—2008 年过渡的这一年里，上缴的税额有所减少，但是在 2008 年以后的几年里一直处于增长态势，到 2015 年达到行业最大值 739.73 亿元。

从增长率数据可把其分为 3 个阶段：第一阶段为 2006—2007 年，增长幅度很大，超过一半的增长。第二阶段为 2007—2008 年，又出现了下降的趋势，负增长达-73.58%。第三阶段为 2008—2015 年，上缴税额一直处于增速上涨的趋势。

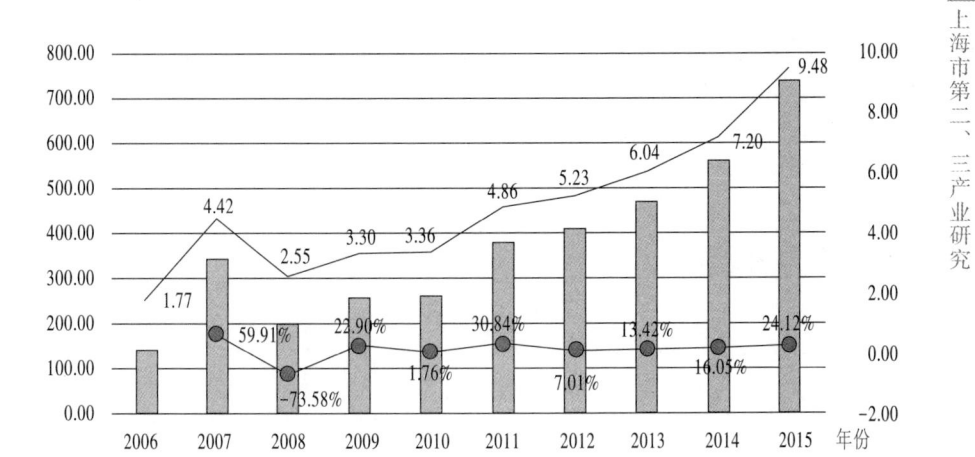

图 2-20　上海市第三产业上市公司上缴税额情况（金额单位：亿元）

税收增长的原因是多方面的，结合上海市第三产业各个上市公司报表附注，可知大部分企业的退税大幅减少，免税收入也减少，而"未确认可抵扣亏损和可抵扣暂时性差异的纳税影响"金额却大幅增加，因此导致上缴税额逐年增长。

2.4.6　净利润稳步上升

上海市第三产业上市公司净利润情况如图 2-21 所示。

图 2-21　上海市第三产业上市公司净利润情况（金额单位：亿元）

上海市第三产业上市公司的净利润这一指标总体上来说是比较乐观的，处于上升的水平，2006 年为 308.48 亿元，虽然在 2007—2008 年的过渡期间上缴的税额有所减少，但是在 2008 年以后的几年里一直处于增长态势，到2015 年达到行业最大值 2 408.67 亿元。

净利润均值增长率和上缴税额类似，也大致分为 3 个阶段：第一阶段为2007—2008 年，净利润有所下降，因此其平均增长速度出现负值。第二阶段为 2008—2009 年，净利润增加，增幅也有所回升。第三阶段为 2008—2015 年，净利润的增幅趋于平稳。

净利润增长趋势和上缴税额、息税前利润的趋势大致都相同。由此可以看出，企业所缴税款的逐年增多并不意味着净利润就减少，整个上海市第三产业的营业收入也在增多，从而出现了如图 2-21 所示的趋势，由此得出当今的上海市第三产正在蓬勃发展的结论。

2.5 本章小结

本章根据上海市第二、三产业上市公司的资产负债表、利润表分析了上海市第二、三产业的经济状况。整体来看，资产化率第二产业呈下降态势，以制造业为支柱行业；第三产业呈上升趋势，以金融业为支柱行业，第三产业上市公司在地区经济发展中作用越来越大。上海市第三产业尤其是金融行业未来将为上海市经济发展贡献更大的力量。

第 3 章　江苏省经济发展研究

1993 年 7 月 26 日，无锡市太极实业股份有限公司作为江苏省首家上市公司在上海证券交易所挂牌交易，标志着江苏省开始依托上市公司筹集资本，促进经济发展。本章旨在通过分析江苏省上市公司 2006—2015 年的财务状况，揭示江苏省经济发展的现状和存在的问题，助力国家"一带一路"建设和长江经济带发展战略的顺利实施。

本章选取的 133 家江苏省上市公司均为在上海证券交易所、深圳证券交易所 A 股主板上市的公司，根据证监会行业分类，分布于 14 个行业，其中制造业 86 家，占选取样本 64.6%；批发和零售业 11 家，占选取样本 8%；房地产业 6 家，占选取样本 4.5%；金融业 6 家，占选取样本 4.5%；交通运输、仓储和邮政业 4 家，占选取样本 3%；电力、热力、燃气及水生产和供应业 3 家，占选取样本 2%；建筑业 3 家，占选取样本 2%；科学研究和技术服务业 2 家，占选取样本 1.5%；文化、体育和娱乐业 2 家，占选取样本 1.5%；信息传输、软件和信息技术服务业 2 家，占选取样本 1.5%；租赁和商务服务业 2 家，占选取样本 1.5%；水利、环境和公共设施管理业 1 家，占选取样本 0.75%；住宿和餐饮业 1 家，占选取样本 0.75%；综合类 4 家，占选取样本 3%。

根据《国民经济行业分类（GB/T 4754-2011）》规定，并结合选取江苏省上市公司主营业务的不同，可以将江苏省上市公司分为江苏省第二产业上市公司和第三产业上市公司。由于选取的江苏省 133 家上市公司没有从事农业、林业、牧业、渔业，因此江苏省上市公司按三次产业主要分为第二产业上市公司和第三产业上市公司。

2015 年，江苏省上市公司数量三次产业比重是 0∶69.12∶30.88，而在

GDP 构成中，三次产业比重为 5.7∶45.7∶48.6，可见，上市公司数量三次产业比与 GDP 构成中的三次产业比存在极大的偏差。在 GDP 构成中，2015年江苏省第一产业增加值为 3 988 亿元，比重为 5.7%，第一产业上市公司数量为 0；江苏省第二产业增加值为 32 043.6 亿元，比重为 45.7%，第二产业上市公司为 92 家，占比 69.12%；江苏省第三产业增加值为 34 084.8 亿元，比重为 48.6%，第三产业上市公司为 41 家，占比 30.88%。江苏省上市公司主要以第二产业为主。

3.1 从资本负债表看江苏省经济发展状况

3.1.1 资产规模不断增长，金融业居主导地位

江苏省上市公司的规模和发展状况与江苏省的经济发展有着紧密的关系。上市公司拥有的资产规模将直接决定其所在地区的经济发展状况。

江苏省上市公司总资产、平均总资产及平均总资产增长率如图 3-1 所示。

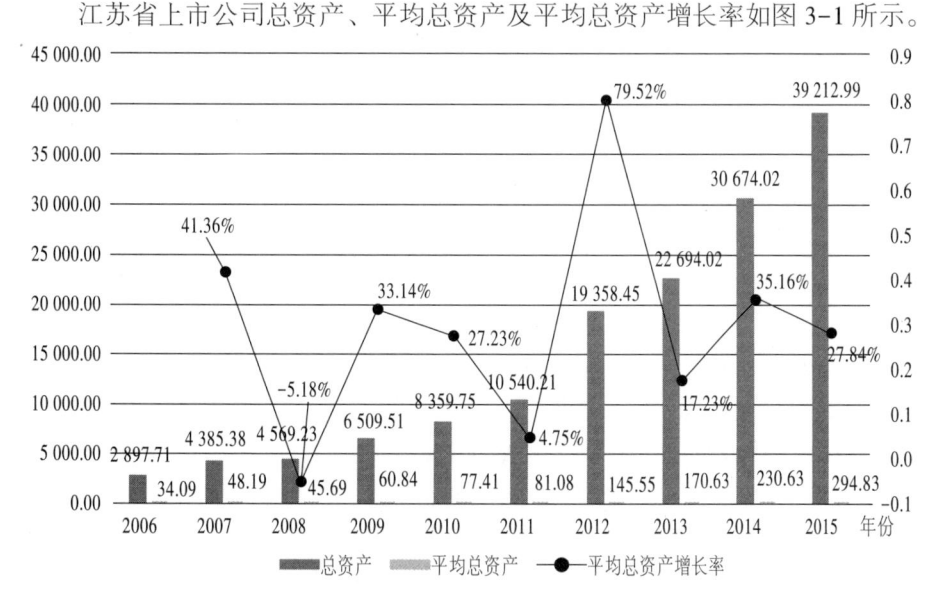

图 3-1 江苏省上市公司总资产情况（金额单位：亿元）

总体来说，江苏省 133 家上市公司在 2006—2015 年规模不断扩大，总资产从 2006 年的 2 897.71 亿元上升到 2015 年的 39 212.99 亿元，共增长了36 315.28 亿元，增长了 11.53 倍，年均复合增长率为 33.56%。江苏省上市公司的平均总资产从 2006 年的 34.09 亿元逐年递增到 2015 年的 294.83 亿元，增长了 7.65 倍，年均复合增长率为 27.09%。由图 3-1 可以看出，江苏省上市公司总资产增长势头非常明显，但平均总资产增长率波动巨大，成"锯齿状"，最低值为 2008 年的-5.18%，说明全球金融危机对江苏省上市公司的冲击较大；平均总资产增长率于 2012 年达到高点 79.52%，主要是由于

所选取的江苏省上市公司中的部分企业从 2012 年开始有数据可查，其中值得注意的是江苏银行和无锡银行，2012 年其总资产分别为 6 503.29 亿元、729.73 亿元，占当年江苏省上市公司总资产近 37% 的份额。江苏省上市公司平均总资产增长率分别于 2009 年、2012 年、2014 年呈现上升趋势，其余各年均呈现下降趋势，除 2008 年的最低值和 2012 年的最高值外，其余各年的增长率大致分布在 20%～40%。

具体到个别样本中，由表 3-1 提供的最大值与最小值信息可以看到，江苏省上市公司的总资产规模差别非常大。2006—2011 年，除 2007 年外，南京银行总资产稳居江苏省上市公司第一位，每年都约占当年江苏省上市公司总资产总值的 1/3。2012—2015 年，江苏银行稳居第一把交椅，2015 年总资产占到当年江苏省上市公司总资产的 32.9%。从上市公司总资产最小值来看，各年最小值均在 1 亿～2 亿元。2006 年，南京银行作为当年总资产规模最大的江苏省上市公司，总资产为 579.67 亿元，同年最小值公司视觉中国仅有 3.27 亿元，差距明显；到 2015 年，江苏银行总资产已达到 12 903.33 亿元，而宏盛股份仅有 2.97 亿元，行业最大值与最小值持续保持极大的差距，10 年间无一例外。

表 3-1　　　　　　　　江苏省上市公司总资产统计　　　　　　　金额单位：亿元

年份	总资产	平均总资产	中位数	最大值公司	最大值	最小值公司	最小值	标准差	方差
2006	2 897.71	34.09	19.52	南京银行	579.67	视觉中国	3.27	67.69	4 582.56
2007	4 385.38	48.19	22.92	华泰证券	778.67	视觉中国	2.02	114.50	13 109.96
2008	4 569.23	45.69	23.11	南京银行	937.06	维格娜丝	1.15	108.38	11 746.29
2009	6 509.51	60.84	26.08	南京银行	1 495.66	视觉中国	1.40	172.87	29 884.31
2010	8 359.75	77.41	32.60	南京银行	2 214.93	视觉中国	1.32	240.29	57 739.55
2011	10 540.21	81.08	31.76	南京银行	2 817.92	视觉中国	1.42	265.64	70 565.98
2012	19 358.45	145.55	35.34	江苏银行	6 503.29	视觉中国	1.95	640.63	410 406.84
2013	22 694.02	170.63	35.90	江苏银行	7 636.52	中国天楹	0.10	765.07	585 335.54
2014	30 674.02	230.63	39.92	江苏银行	10 383.09	宏盛股份	2.97	1 050.17	1 102 860.69
2015	39 212.99	294.83	42.43	江苏银行	12 903.33	宏盛股份	2.97	1 365.95	1 865 816.43

通过对比江苏省上市公司各年中位数与平均总资产可以看出，中位数与平均总资产差距也较大。中位数是根据选取的江苏省上市公司总资产规模从小到大排列去中间值，即近一半的江苏省上市公司总资产低于中位数，同理，近一半上市公司总资产高于中位数。通过比对各年上市公司总资产的中位数与平均总资产，可以看出各年平均总资产明显高于中位数。以 2015 年为例，平均总资产达到 294.83 亿元，但是有 50% 的企业的总资产都是低于

42.43 亿元的，6 家金融业上市公司当年总资产份额占到 72.7%，而 86 家制造业上市公司总资产相加仅为 5 358.28 亿元，不及江苏银行一半的资产。可见，江苏省金融业上市公司拉动整个江苏省的资产平均水平，诸如江苏银行、南京银行、华泰证券。通过分析江苏省上市公司的总资产方差，发现方差 10 年间不断增大，数据波动也越来越大，样本离散程度不断增大，说明江苏省上市公司发展不均衡，资产规模大的上市公司居高不下，资产规模小的上市公司发展吃力。

如图 3-2 所示，江苏省第二、三产业上市公司的总资产呈现连年增长的态势。江苏省第二产业上市公司总资产从 2006 年的 1 382.51 亿元增加到 2015 年的 6 499.87 亿元，增长了 3.70 倍，年均复合增长率为 18.76%；第三产业上市公司总资产从 2006 年 1 515.20 亿元增长到 2015 年的 32 713.1 亿元，增长了 20.60 倍，年均复合增长率为 40.46%。从上市公司的数量来看，江苏省第二产业上市公司居多，占到 92 家，而江苏省第三产业上市公司为 41 家，比第二产业上市公司一半还要少。但从各产业上市公司对总资产的贡献度来看，众多的第二产业上市公司的总资产规模难以与第三产业上市公司相抗衡。从图 3-2 中可见，2006 年第二产业上市公司总资产和第三产业上市公司总资产仅相差 132.69 亿元，第二、第三产业上市公司总资产分别占江苏省上市公司总资产的比值仅相差 5%。但接下来几年，无论是总资产的差值还是各产业上市公司的总资产占比差值，都逐渐拉开了差距。到 2015 年，第二、第三产业上市公司总资产相差了 26 213.23 亿元，比重相差了 66.84%，可见第三产业上市公司的总资产规模增长势头猛烈，传统的制造业上市公司发展较缓慢。

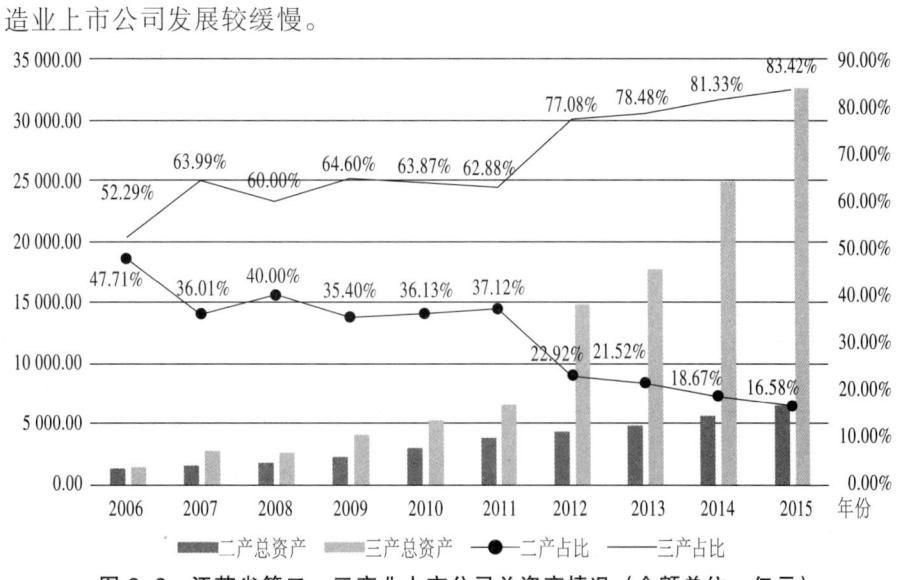

图 3-2 江苏省第二、三产业上市公司总资产情况（金额单位：亿元）

如图 3-3 所示，江苏省第二产业上市公司总资产增速在 2006—2015 年期间呈现波浪状。第一个波峰出现在 2010 年，达到 31.06%；第二个波峰出现在 2014 年，达到 17.26%。两个波谷主要出现在 2007 年和 2013 年，分别达到 14.23% 和 10.09%，其余各年都处在从波谷到波峰、从波峰到波谷的趋势。从图 3-3 中可以看出，2008—2011 年可谓江苏省第二产业上市公司发展的黄金阶段，资产规模逐年呈现大比例上涨，从 15.73% 增至 31.06%，说明在此期间，第二产业上市公司发展势头强烈，公司管理层加强对公司的管理，使公司尽快摆脱金融危机。江苏省第二产业上市公司总资产增速第一个波峰高于第二个波峰，即从 2012 年开始，增速开始放缓，从 10.09% 到 17.26%，增速明显比 2012 年之前各年放缓。从图 3-3 中可以看出，江苏省第三产业上市公司增速与江苏省上市公司平均总资产增长率相似，波动巨大，成锯齿状，最低值为 2008 年的 -2.30%，呈现负增长，说明全球金融危机对江苏省第三上市公司冲击较大，江苏省第三产业上市公司的增速于 2012 年达到高点 125.12%，总资产规模翻了 1 倍还要多。各年出现的拐点，根据可查询到的金融业上市公司数据，华泰证券、东吴证券的数据从 2007 年开始选取，当年总资产比上年增加了 85.2%；江苏银行、无锡银行的数据从 2012 年开始选取，当年总资产比上年增加了 125.12%。除 2008 年、2010 年、2011 年以外，其余各年江苏省第三产业上市公司的增速均跑赢了江苏省第二产业上市公司的增速；2008 年，出现了负增长，说明金融危机对第三产业的冲击较大；2010 年和 2011 年，第二、三产业上市公司的增速仅差 5%，但考虑到第二、三产业上市公司的总资产规模，总体上来说，第三产业上市公司的发展还是要远远地好于第二产业上市公司。而对于江苏省上市公司来说，尽管第二产业上市公司数量有第三产业上市公司的 2 倍多，对江苏省的经济起到支撑作用的还应属第三产业上市公司。

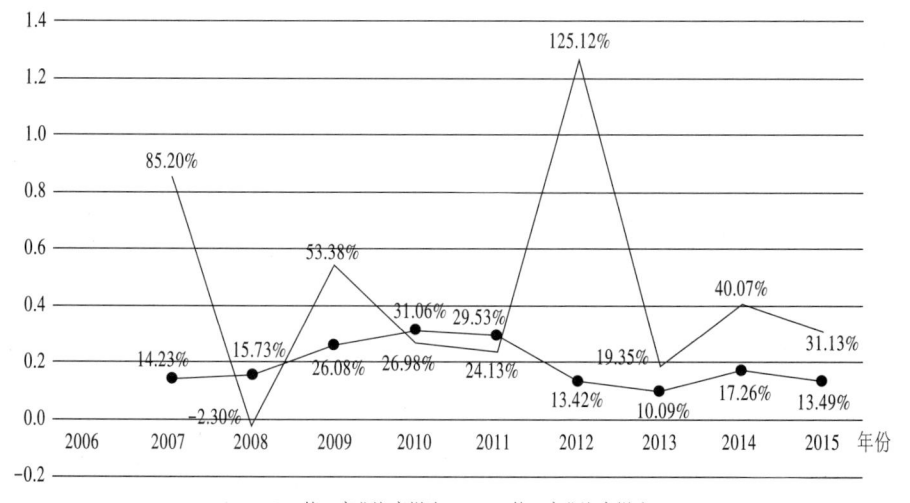

图 3-3　江苏省第二、三产业上市公司总资产增速

如图 3-4 所示，2006—2015 年，江苏省地区生产总值与江苏省上市公司总资产都呈现逐年上升的趋势。江苏省地区生产总值从 2006 年的 2.174 万亿元增长到 2015 年的 7.012 万亿元，增长了 2.23 倍，年均复合增长率为 13.91%；江苏省上市公司总资产从 2006 年的 0.290 万亿元增长到 2015 年的 3.921 万亿元，年均复合增长率为 33.55%。从数据上来看，江苏省上市公司总资产增速远超过同期地区生产总值增速，表明江苏省上市公司的经济发展速度要快于江苏省的经济发展速度。从图 3-4 中可以看出，江苏省上市公司总资产占江苏省地区生产总值的比重逐年增加，即资产化率逐年增加，从 2006 年的 13.33% 到 2015 年的 55.92%；2006—2011 年的比重偏低，比重增长幅度不大，分别是 13.33%、16.85%、14.75%、18.89%、20.18%；从 2012 年开始每年均以接近 10% 的比率增长，从 2011 年的 21.46% 增至 2015 年的 55.92%。江苏省政府于"十二五"期间，制定"十二五"战略性新兴产业发展规划和十大产业推进方案，设立专项资金和创业投资引导基金，促进新兴产业加快发展，启动现代服务业"十百千"行动计划，实施"万企升级"行动、"百项千亿"技改工程和企业信息化工程，促使传统产业竞争力进一步提高，使江苏省上市公司的资产参与市场经营活动的比例逐年增加，为江苏省经济增长提供动力支持，推动经济可持续增长。

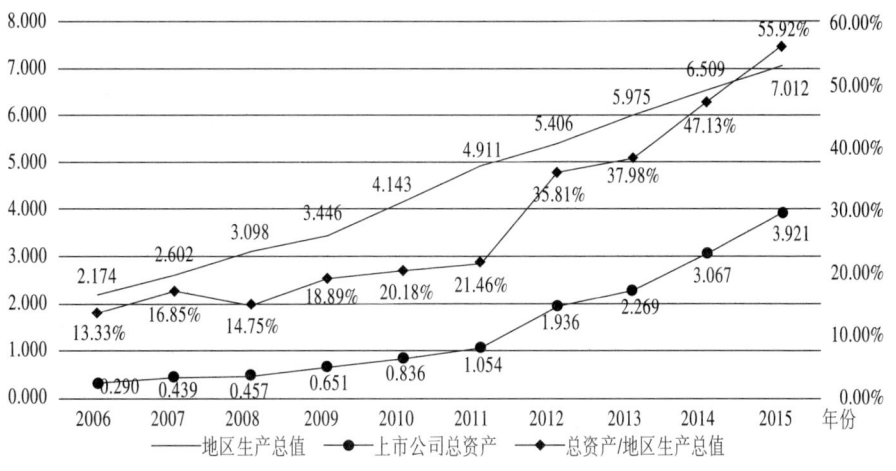

图 3-4　江苏省地区生产总值、上市公司总资产及资产化率（金额单位：万亿元）

江苏省主要上市公司的总资产情况如表 3-2 所示，。

通过对江苏省 133 家上市公司总资产规模进行分析，可以看出，2012—2015 年稳居前三甲的分别是江苏银行、南京银行、华泰证券；第 4、5 名的争夺主要来自无锡银行和常熟银行，除 2012 年常熟银行位于第 4 位、无锡银行位于第 5 位，其余各年无锡银行均位居第 4 位，常熟银行位居第 5 位，而东吴证券在 2014 年和 2015 年均位居总资产榜单第 7 的位置。值得关注的是，2012—2015 年总资产位居第 6 位的企业是来自建筑业的中南建设，其资产规模也不容小觑。

表 3-2　　　　　江苏省主要上市公司 2012—2015 年总资产情况　　　单位：亿元

股票代码	公司简称	2012年	2013年	2014年	2015年
600919	江苏银行	6 503.29	7 636.52	10 383.09	12 903.33
601009	南京银行	3 437.92	4 340.57	5 731.50	8 050.20
601688	华泰证券	792.71	982.48	2 772.26	4 526.15
601128	常熟银行	741.51	844.13	1 019.70	1 085.04
600908	无锡银行	729.73	837.66	1 044.63	1 154.91
000961	中南建设	478.38	651.12	842.80	962.26
601555	东吴证券	157.70	188.44	574.61	805.89

从图 3-5 中可以看出，6 家江苏省金融业上市公司总资产占比呈现上升趋势，中间有些许波动，最小值为 2006 年的 20.00%，最大值为 2015 年的 72.75%。所选取的上市公司年份数据均来自网易财经，南京银行的数据选自 2006 年之后，华泰证券、东吴证券的数据选自 2007 年以后，常熟银行的数据选自 2011 年以后，江苏银行、无锡银行的数据选自 2012 年以后。因此不难分析出，2007 年较 2006 年增长近 18 个百分点，2012 年较 2011 年增长近 20 个百分点，2008 年的拐点主要是受到金融危机影响。江苏省金融业上市公司总资产占比 2006—2011 年主要保持在 20%～50%；随着 2012 年江苏银行、无锡银行的加入，其后各年保持在 60%～80%，可以看出金融业上市公司对江苏省经济发展起到极大的作用；2015 年江苏省上市公司总资产占比为 72.75%，6 家金融业上市公司支撑了江苏省上市公司，庞大的资产规模在市场中起到主导作用，极大地发挥企业的潜力。

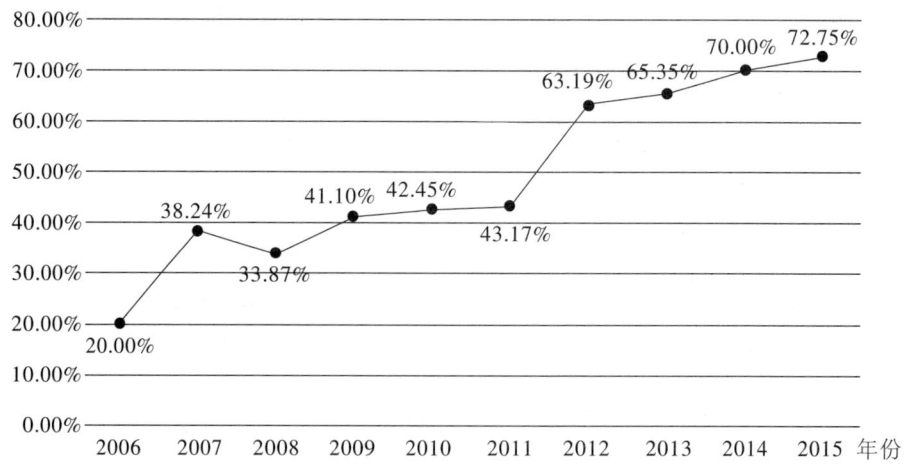

图 3-5　江苏省金融业上市公司总资产占比

3.1.2 负债不断提高，金融业占比极高

从图 3-6 可以看出，江苏省上市公司负债总额呈现逐年上升趋势，最少为 2006 年，仅为 1 903.08 亿元；最高为 2015 年，为 32 436.26 亿元，共增长 16 倍，年均复合增长率为 37.03%。江苏省上市公司这 10 年间的平均负债总额也从 2006 年的 22.39 亿元逐年递增到 2015 年的 243.88 亿元，增长了 9.89 倍，年均复合增长率为 30.38%。

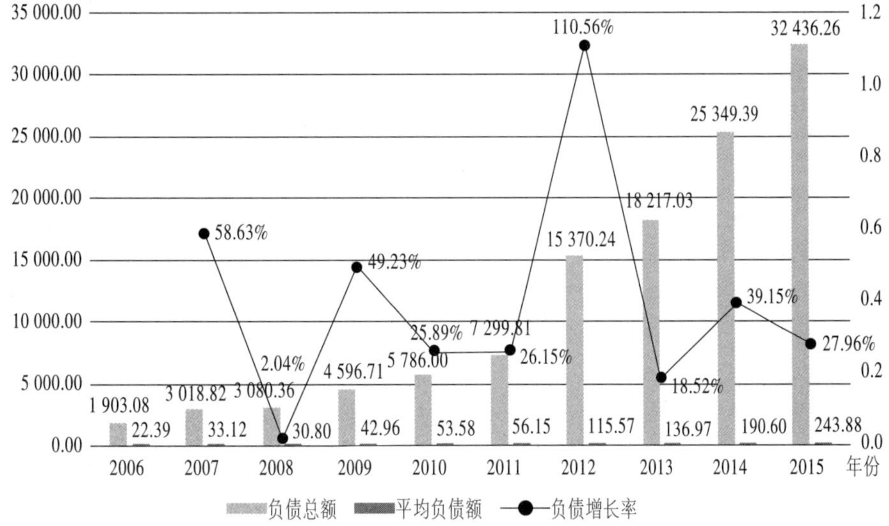

图 3-6 江苏省上市公司负债情况（金额单位：亿元）

从图 3-6 中可以看出，江苏省上市公司负债增长率与江苏省上市公司总资产增长率的历年走势相似，呈锯齿状：最低为 2008 年，负债增长率为 2.04%；最高为 2012 年，负债增长率为 110.56%。2012 年出现暴涨的原因和总资产情况相近，主要是江苏省上市公司中部分企业于 2012 年上市，江苏银行 2012 年负债额为 6 160.98 亿元，无锡银行 2012 年负债额为 555.69 亿元，两家银行 2012 年负债总额达到 6 716.67 亿元，相当于 2011 年江苏省上市公司负债总额的 92%。由此，2012 年负债总额翻倍增长，负债增长率达到了 110.56%。负债增长率分别在 2008 年、2010 年、2013 年、2015 年呈现下降趋势，其余各年均较前一年升高，保持在 18%～59%。

江苏省上市公司负债结构如图 3-7 所示。

一般而言，负债结构应该均衡地安排长、短期负债，保持合理比例，满足企业不同时期、不同用途的资金需求，应特别避免偿债期间过于集中，影响资金的正常周转。过高的短期负债水平会加大企业的信用风险和流动性风险，使资金周转出现困难。从图 3-7 中可以看出，江苏省上市公司长期负债占负债总额的比重偏低，基本在 6%~15%，而短期负债比重偏高，基本在 85% 以上，在 2012 年达到了 93.81%。可见，江苏省上市公司大部分债务以

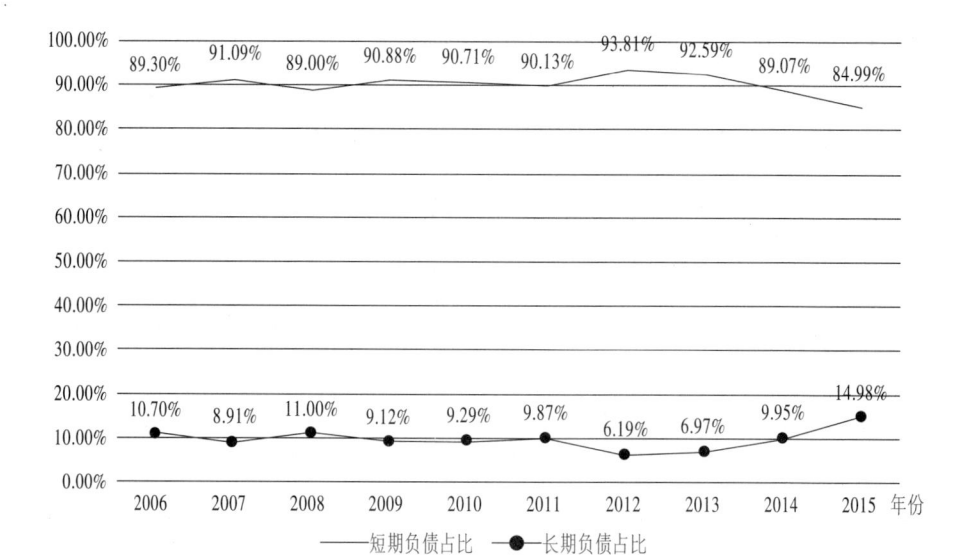

图 3-7　江苏省上市公司长期负债和短期负债占比

短期负债的形式存在，这将会给江苏省上市公司带来极大的偿债压力，影响企业的正常运转。短、长期债务不平均，短期债务过多，将极有可能为企业带来金融风险。长期债务融资也具有很多好处：长期债务的利息可以为企业税前抵扣，有减免税收的作用；对于长期债务来说，企业在短期内不会面临流动性不足而带来的企业经营危险，会使偿债压力降低；长期负债借入的资金使用期限较长，安排、投放、使用都较为方便，企业可以将其用于固定资产的购置与更新，扩大企业经营规模，提高企业竞争力。因此，江苏省上市公司在债务方面可以多考虑长期负债，改善负债结构，避免金融风险。

　　具体到个别样本中，由表 3-3 中提供的最大值与最小值的信息可以看到，江苏省上市公司负债总额规模差别非常大，与江苏省上市公司的总资产情况相近。10 年间江苏省上市公司负债总额最大值一直被江苏省金融业上市公司占据。2006—2011 年，除 2007 年外，南京银行的负债总额稳居第一位，2006 年为 553.56 亿元，2008 年为 823.60 亿元，2009 年为 1 373.98 亿元，2010 年为 2 025.22 亿元，2011 年为 2 599.87 亿元；2007 年第一位的位置被华泰证券占据，其负债总额为 677.12 亿元；江苏银行于 2012—2015 年稳居负债总额第一把交椅，分别为 6 160.60 亿元、7 157.57 亿元、9 822.44 亿元、12 247.99 亿元。从数值上看，各年江苏省上市公司最大负债总额占当年总负债额的比重是非常大的。2006 年南京银行负债总额占当年江苏省上市公司负债总额的 29.09%；2007 年华泰证券负债总额占当年江苏省上市公司负债总额的 22.43%；2007—2011 年南京银行负债总额分别占当年江苏省上市公司负债总额的 26.74%、29.89%、35%、35.62%；2012—2015 年江苏银行负债总额占当年江苏省上市公司负债总额的 40.08%、39.29%、

38.75%、37.76%。从上市公司负债总额最小值来看，各年最小值均在0.02亿元～0.65亿元之间，其中值得注意的是视觉中国，10年报告期内有6年负债总额位居江苏省上市公司末位。江苏省上市公司各年最大值与最小值保持极大的差距，10年间无一例外。

表3-3　　　　　2006—2015年江苏省上市公司负债总额统计　　　金额单位：亿元

年份	总负债额	平均负债额	中位数	最大值公司	最大值	最小值公司	最小值	标准差	方　差
2006	1 903.08	22.39	12.01	南京银行	553.56	视觉中国	0.37	60.73	3 687.89
2007	3 018.82	33.12	11.79	华泰证券	677.12	视觉中国	0.36	98.27	9 656.47
2008	3 080.36	30.80	12.47	南京银行	823.60	林海股份	0.33	92.56	8 568.06
2009	4 596.71	42.96	14.74	南京银行	1 373.98	视觉中国	0.12	155.13	24 064.18
2010	5 786.80	53.58	17.68	南京银行	2 025.22	视觉中国	0.03	209.97	44 089.35
2011	7 299.81	56.15	16.65	南京银行	2 599.87	视觉中国	0.03	239.12	57 178.01
2012	15 370.24	115.57	17.40	江苏银行	6 160.60	视觉中国	0.39	603.21	363 864.31
2013	18 217.03	136.97	16.16	江苏银行	7 157.57	中国天楹	0.02	716.32	513 114.86
2014	25 349.39	190.60	16.69	江苏银行	9 822.44	江南高纤	0.65	989.75	979 600.98
2015	32 436.26	243.88	18.22	江苏银行	12 247.99	宏盛股份	0.58	1 281.09	1 641 195.96

通过对比江苏省上市公司负债总额各年中位数与平均负债额可以看出，中位数与平均负债额的差距较大。各年平均负债额明显高于中位数。以2015年为例，平均负债额达到243.88亿元，但是有50%的企业的总负债额都是低于18.22亿元的，6家金融业上市公司当年负债总额的份额为80.79%。通过分析江苏省上市公司负债额的方差，10年间不断增大，数据波动大，样本离散程度不断增大，说明江苏省上市公司发展不均衡，负债规模大的上市公司居高不下，负债规模小的上市公司发展吃力。

如图3-8所示，江苏省第二、第三产业上市公司负债总额呈现连年增长的态势。第二产业上市公司负债总额增长较缓慢，第三产业上市公司负债总额增长迅速。江苏省第二产业上市公司负债总额从2006年的801.46亿元增加到2015年的3 660.48亿元，增长了3.57倍，年均复合增长率为18.38%，增长倍数和年均复合增长率与第二产业上市公司的总资产情况相近；第三产业上市公司负债总额从2006年的1 101.63亿元增长到2015年的28 775.78亿元，增长了25.12倍，年均复合增长率为43.69%。从图3-8中可以看出，江苏省第三产业上市公司负债总额高于第二产业上市公司，并且差距逐年增大，从相差最小的 2006 年 300.17 亿元，增长至 2015 年 25 115.30 亿元。从各产业上市公司对负债总额的贡献度来看，第二产业、第三产业上市公司负债总额贡献度与总资产贡献度相似。众多的第二产业上市公司负债规模难以与第三产业上市公司相抗衡。从图 3-8 中可见，2006 年第二、三产业上市公司总资产占江苏省上市公司负债总额的比例差值仅为 15.78%，但接下来几年，无论负债总额的差值还是各产业上市公司负债总额占比差值都逐渐拉开了差距，到 2015 年，第二、三产业上市公司总资产数值上的比例差值为 77.42%。可见，第三产业上市公司的负债总额增长势头猛烈。而在第三产业中，金融业上市公司负债规模较大，银行靠吸收存款获得高负债，而传统的制造业上市公司仅能通过向银行贷款的途径进行融资，说明江苏省银行存款相对过多，贷款较少，应大力向第二产业上市公司贷款，使第二产业上市公司扩大规模，提升竞争力。

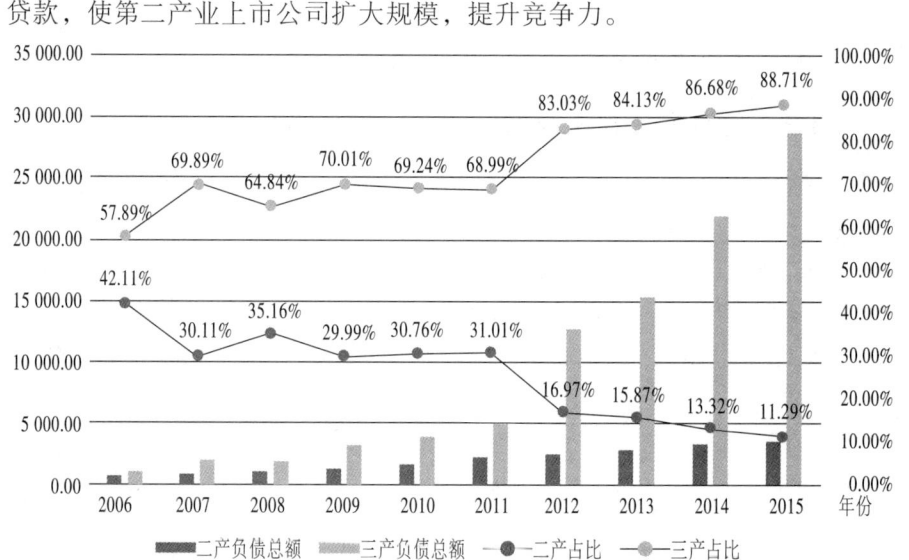

图 3-8　江苏省第二、三产业上市公司负债总额情况（金额单位：亿元）

金融业上市公司不同于一般企业，商业银行是靠吸收存款、发放贷款而获取利差的金融营利机构，这注定了存款是其资本中最大的一部分，而吸收的存款属于负债。从图 3-9 中可以看出，6 家江苏省金融业上市公司负债总额占比与图 3-5 中 6 家江苏省金融业上市公司总资产占比相近，均呈现上升趋势，中间有些许波动，最小值为 2006 年的 29.09%，2007 年增长到 48.36%，2008 年有所回落，降至 42.34%，随后逐年上升；最大值为 2015 年的 80.79%。金融业上市公司负债增加，说明银行吸收的存款增加，可用于发放贷款的资金也增加。金融业上市公司应为需要依靠债务融资的企业提供资金支持，进而提升企业核心竞争力。但过多的负债集中在少数企业中，将会导致政府货币政策低效，政府有效的政策必须逐步纠正银行、证券公司配置资金的低效，将资金配置到能够更好发挥效率的企业中去。

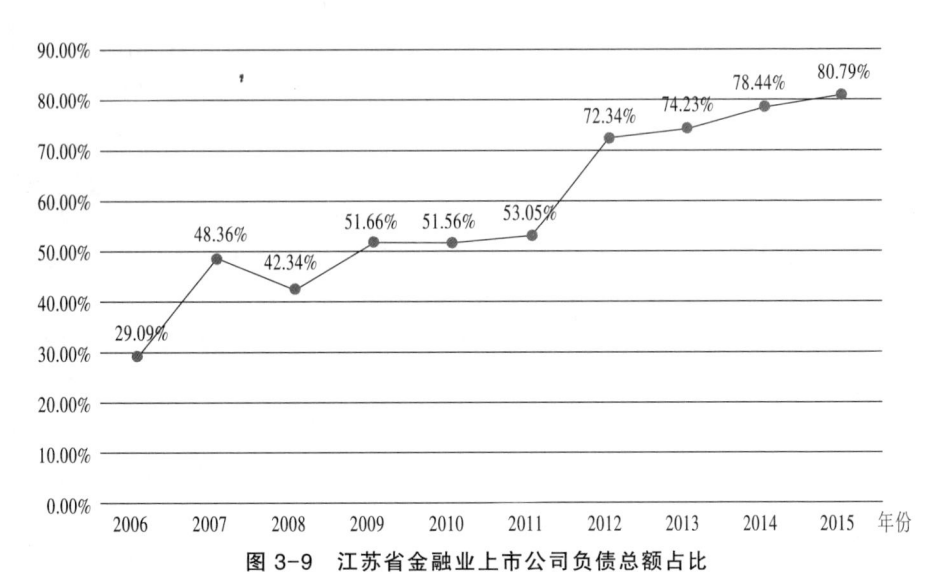

图 3-9 江苏省金融业上市公司负债总额占比

3.1.3 所有者权益不断增长，第三产业占比增加

从图 3-10 可以看出，江苏省上市公司权益呈现逐年上升的趋势，最少为 2006 年，仅为 994.62 亿元，最高为 2015 年，达到 6 776.72 亿元，共增长了 5 782.1 亿元，增长了 5.81 倍，年均复合增长率为 24.47%。江苏省上市公司 10 年间的平均权益也从 2006 年的 11.70 亿元逐年递增到了 2015 年的 50.95 亿元，增长了 39.25 亿元，增长了 3.35 倍，年均复合增长率为 17.76%。

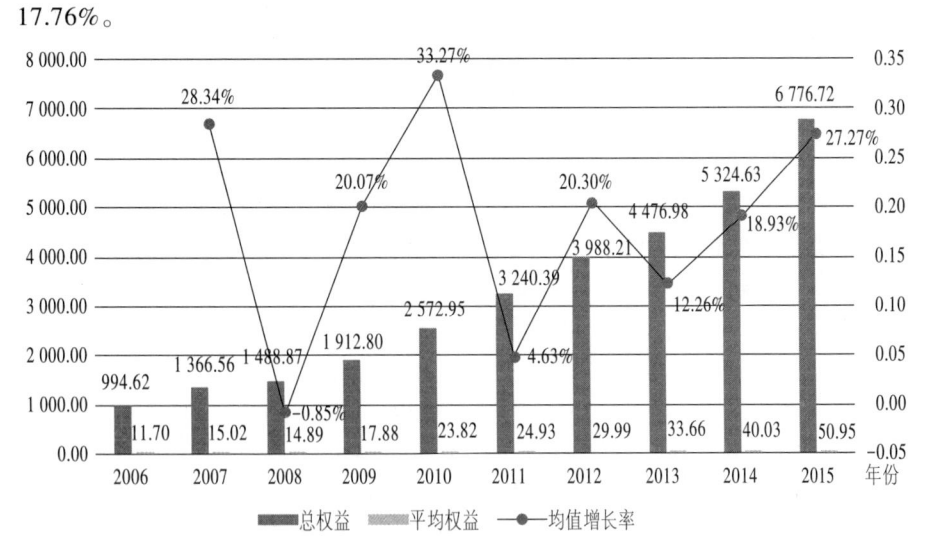

图 3-10 江苏省上市公司所有者权益情况（金额单位：亿元）

江苏省上市公司平均权益增长率变化呈现锯齿状，表现在 2007—2008 年，呈现断崖式下跌，由 28.34% 降到 -0.85%，出现负增长。这主要是受全球经济危机的影响，股市全面崩盘，股东权益大幅度缩水。从 2008 年开

始，江苏省上市公司平均权益开始大幅度上升，并于 2010 年达到历史新高 33.27%，紧接着经历大幅下降之后于 2012 年有所回暖，但紧接着又经历小幅下降，不过从 2013 年开始，江苏省上市公司平均权益呈现出上涨趋势，2015 年达到 27.27%。2008—2010 年以及 2013—2015 年，江苏省上市公司平均权益增长率都在上升，说明江苏省上市公司股东意识到负债带来的企业风险，也关注自己的权益，怕影响到自己的权益。

具体到个别样本中，由表 3-4 中提供的最大值与最小值信息可以看出，江苏省上市公司权益规模差别非常大，最大值与最小值之差较大。以 2015 年为例，华泰证券总权益达到 815.29 亿元，而最小值亚星客车仅为 1.38 亿元，相差 589.79 倍，并且历年相差都较大。报告期内，江苏省上市公司权益最小值出现负值，说明管理者经营不善。中国天楹从 2006 年开始，持续 7 年的时间位居江苏省上市公司权益的末位。由于中国天楹从 2013 年 12 月 4 日实施重大资产重组及募集配套资金事项，于 2014 年完成向天楹环保原全体股东发行股份购买资产，公司获得优质资产注入，拥有天楹环保 100% 股权，公司经营业绩与盈利能力也随之发生重大变化，导致中国天楹摆脱权益末位，取而代之的是亚星客车。2006—2009 年，交通运输行业的宁沪高速上市公司权益位居榜首，并在 2006—2015 年报告期内均未跌出前 5 名的席位。2010—2012 年以及 2015 年，华泰证券权益稳居第一位，2013 年、2014 年第一的位置被江苏银行占据。江苏省上市公司历年的平均权益在 2010 年之前是处于小幅波动当中的，从 2011 年起，平均权益逐年稳定上升，一直到 2015 年达到 50.95 亿元。通过对比平均权益与中位数，江苏省上市公司 10 年间各年的平均权益均是高于中位数的。各年平均权益均保持在权益中位数 1.5~2.5 倍之间，表明江苏省上市公司近一半的公司的权益仅保持在比平均权益一半还要少的水平；从中位数和平均值可以看出，江苏省上市公司总权益的规模很不均衡。

通过分析江苏省上市公司之间的所有者权益方差，可以看出其离散程度。从总体上来看，权益的方差小幅波动，而从 2012 年开始，方差逐年迅速增大，表明江苏省上市公司之间所有者权益的离散程度在不断扩大，并结合所有者权益的个别样本可以发现，江苏省上市公司之间发展不均衡，所有者权益的实现情况差距显著。

江苏省上市公司总权益前五大公司见表 3-5。

从主营业务和控股股东分析宁沪高速，可以看出其权益高在哪里。宁沪高速全称为江苏宁沪高速公路股份有限公司，主营业务为江苏省境内收费路桥的投资、建设、经营及管理，并发展该公路沿线的服务区配套经营（包括加油、餐饮、购物、广告及住宿等）。除沪宁高速外，宁沪高速还拥有宁常高速、镇溧高速、锡宜高速、宁连公路、锡澄高速、广靖高速、江阴大桥以及苏嘉杭等位于江苏省内的收费路桥全部或部分权益。江苏交通控股有限公

表 3-4　　　　　　　　　　江苏省上市公司所有者权益统计　　　　　　　金额单位：亿元

年　份	2006	2007	2008	2009	2010	2011	2012	2013	2014	2015
总权益	994.62	1 366.56	1 488.87	1 912.80	2 572.95	3 240.39	3 988.21	4 476.98	5 324.63	6 776.72
平均权益	11.70	15.02	14.89	17.88	23.82	24.93	29.99	33.66	40.03	50.95
中位数	8.85	6.66	9.76	10.51	13.11	14.41	16.57	18.26	19.20	22.67
最大值公司	宁沪高速	宁沪高速	宁沪高速	宁沪高速	华泰证券	华泰证券	华泰证券	江苏银行	江苏银行	华泰证券
最大值	154.93	161.38	164.08	172.07	332.40	336.15	346.38	478.95	560.65	815.29
最小值公司	中国天楹	中国天楹	中国天楹	中国天楹	中国天楹	中国天楹	中国天楹	中国天楹	亚星客车	亚星客车
最小值	-13.54	-12.21	-12.31	-12.49	-12.02	-12.24	-18.58	0.12	1.21	1.38
标准差	17.23	22.60	22.19	25.66	42.08	41.67	52.05	61.36	71.38	103.41
方差	297.00	510.73	492.49	658.50	1 770.90	1 736.13	2 709.15	3 765.54	5 095.50	10 693.30

表 3-5　　　　　　　　　　江苏省上市公司总权益前五大公司　　　　　　　　　单位：亿元

年份	2006	2007	2008	2009	2010	2011	2012	2013	2014	2015
1	宁沪高速 154.9256	宁沪高速 161.3772	宁沪高速 164.0774	宁沪高速 172.0680	华泰证券 332.3979	华泰证券 336.1538	华泰证券 346.3753	江苏银行 478.9513	江苏银行 560.6509	华泰证券 815.2877
2	南钢股份 34.9019	华泰证券 101.5504	南京银行 113.4559	华泰证券 141.3409	南京银行 189.7040	南京银行 218.0427	江苏银行 342.6887	华泰证券 363.2525	华泰证券 419.4441	江苏银行 655.3456
3	春兰股份 28.1071	南京银行 99.4246	华泰证券 99.3706	南京银行 121.6821	宁沪高速 180.2404	宁沪高速 186.0781	南京银行 248.1075	南京银行 268.5613	南京银行 327.8379	南京银行 524.1392
4	江苏阳光 26.3844	南京高科 73.0335	凤凰传媒 43.8618	江苏有线 74.3439	徐工机械 120.5576	徐工机械 151.5484	宁沪高速 191.5548	宁沪高速 200.9823	宁沪高速 209.3665	宁沪高速 211.8617
5	南京银行 26.1114	南钢股份 43.3364	南钢股份 43.6325	南京高科 66.6605	南钢股份 101.5239	南钢股份 96.9799	徐工机械 175.2301	徐工机械 197.1217	徐工机械 204.3896	徐工机械 206.0414

司作为宁沪高速的大股东，报告期间持股比例均保持在 54% 左右。江苏交通控股有限公司是江苏省人民政府于 2000 年批准成立的国有独资企业，是具有投资性质的国有资产经营单位和投资主体，也是江苏省人民政府国有资产监督管理委员会监管的省属大型企业集团。宁沪高速的权益在 10 年间逐年上涨，由 2006 年的 154.93 亿元增至 2015 年的 211.86 亿元，增长了 56.93 亿元，年均复合增长率为 3.54%。

中国天楹在重大资产重组之前为中国科健股份有限公司，简称*ST 科健，持续多年被 ST。从 2006 年财务报告可以看出，*ST 科健公司于 2006 年 12 月 31 日合并净资产为-13.54 亿元，已严重资不抵债，存在多项巨额逾期借款、对外担保。公司面临多项诉讼、部分资产和资金账户被查封或冻结，生产经营规模萎缩，正因如此，权益出现负值，管理者应加强管理。

如图 3-11 所示，江苏省第二、三产业上市公司所有者权益的情况不同于资产总额、负债总额的情况。根据会计恒等式，资产=负债+所有者权益，江苏省第二、三产业上市公司总资产和负债总额增长趋势相近，进而使权益出现不同的变化。总体来看，江苏省第二、三产业上市公司权益呈现逐年上涨的趋势，二者的增长趋势并未拉开太大的距离。江苏省第二产业上市公司权益从 2006 年的 581.05 亿元增加到 2015 年的 2 839.39 亿元，增长了 3.89 倍，年均复合增长率为 19.27%；第三产业上市公司权益从 2006 年的 413.57 亿元增长到 2015 年的 3 937.33 亿元，增长了 8.52 倍，年均复合增长率为 28.45%。不同于总资产和负债总额的情况，江苏省第二产业上市公司在 2006 年、2008 年和 2011 年的权益均高于第三产业上市公司，并且在 2007—2011 年江苏省第二、三产业上市公司权益的贡献度相差较小，绝对值均在 4% 之内，2006 年第二产业上市公司权益占比高于第三产业 16.8%；2012—2015 年，由于江苏银行、无锡银行的加入，权益占比差距增大，分别为 8.3%、10.96%、11.70%、16.20%。

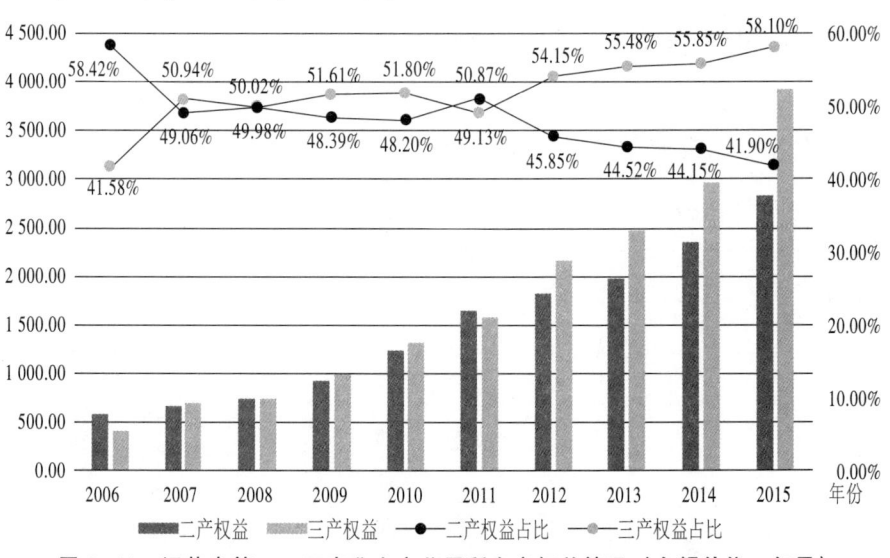

图 3-11　江苏省第二、三产业上市公司所有者权益情况（金额单位：亿元）

从图 3-12 中可以看出，江苏省金融业上市公司权益占比呈现逐年上升的趋势，从 2006 年的 2.63% 增至 2015 年的 34.23%。从数值上来看，江苏省金融业上市公司的权益占比远低于总资产、负债总额占比。以 2015 年为例，江苏省金融业上市公司的总资产占比为 72.75%，负债总额占比为

80.79%，而权益占比仅为 34.23%，不及其余二者的一半。这说明江苏省上市公司的权益主要不是来自于金融业上市公司，银行、证券公司权益较少，而是来自一些国有企业，如南钢股份、宁沪高速等。国有企业具有一定的行政性，国家出台相应的政策，都需要国有上市公司的支持，进而推动政策的开展。

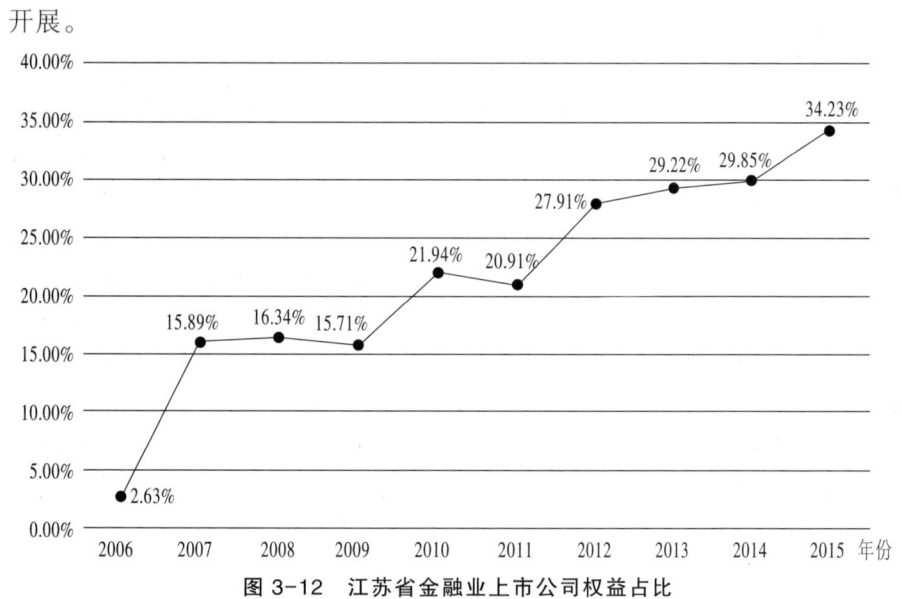

图 3-12　江苏省金融业上市公司权益占比

3.2　从利润表看江苏省经济发展状况

3.2.1　以批发零售、金融和制造业为营业收入支柱

江苏省上市公司营业收入、增长率情况如图 3-13、图 3-14 所示。

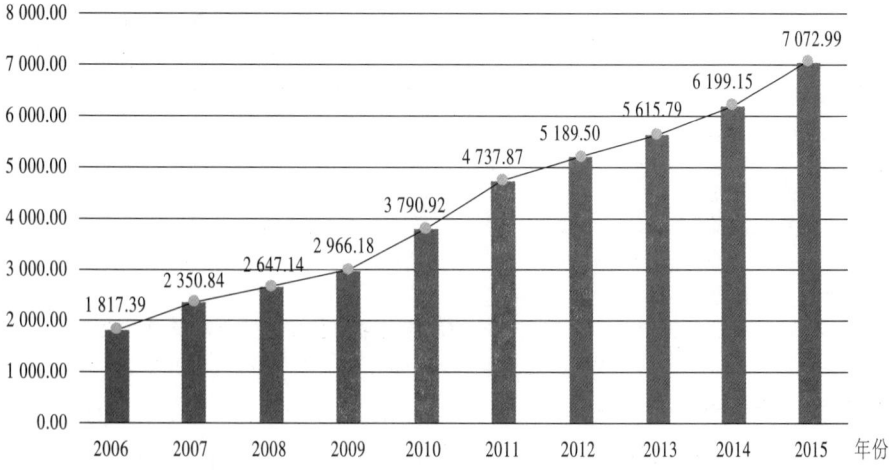

图 3-13　江苏省上市公司营业收入（单位：亿元）

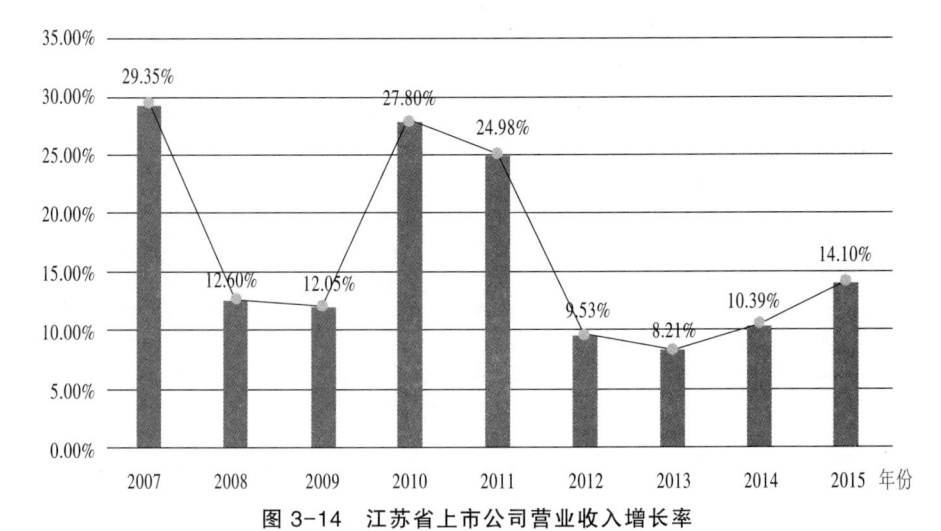

图 3-14　江苏省上市公司营业收入增长率

从图 3-13 中可以看出，江苏省上市公司营业收入呈现逐年上升的趋势，从 2006 年的 1 817.39 亿元增长到 2015 年的 7 072.99 亿元，共增长 5 255.6 亿元，增长了 2.89 倍，年均复合增长率为 16.29%。

就江苏省上市公司营业收入 10 年间的增长率而言，主要呈现"两降两升"的趋势。第一降主要发生在 2007—2009 年，先是从 2007 年的 29.35% 骤降至 2008 年的 12.60%，而后在 2009 年缓慢降至 12.05%。第二降主要发生在 2010—2013 年，先是从 2010 年的 27.80% 缓慢降至 2011 年的 24.98%，而后大幅度降至 2012 年的 9.53%，2013 年相比 2012 年减少 1.32%，达到 8.21%。第一升主要发生在 2009—2010 年，由 12.05% 上升至 27.80%。第二升主要发生在 2013—2015 年，增长率分别为 8.21%、10.39%、14.10%。

由图 3-15 中可以看出，江苏省上市公司营业收入占江苏省 GDP 的比重逐年增加，但增幅不大，由 2006 年的 8.36% 增至 2015 年的 10.09%，10 年间平均占比为 9.19%，年均复合增长率为 2.11%。可见，江苏省上市公司营业收入占 GDP 的比重不大。

江苏省主要上市公司营业收入情况见表 3-6。

通过对江苏省 133 家上市公司营业收入进行分析，2012—2015 年稳居榜首的是远大控股，即来自批发与零售业的远大产业控股股份有限公司。2015 年的营业收入位于第二名的是汇鸿集团。2015 年江苏汇鸿国际集团股份有限公司完成向汇鸿有限股东苏汇资管发行股份，以吸收合并汇鸿有限公司，江苏汇鸿国际集团股份有限公司成为存续公司，承继及承接汇鸿有限公司的所有资产、负债、权利、义务、业务、责任等，财务报表合并范围增加，导致其重组后的营业收入增加到 391.40 亿元，相比 2014 年 92.32 亿元有了质的飞跃，从而使江苏汇鸿国际集团股份有限公司的营业收入位居第二名。江苏银行在 2012 年、2013 年位居第四位，2014 年和 2015 年上升至第三

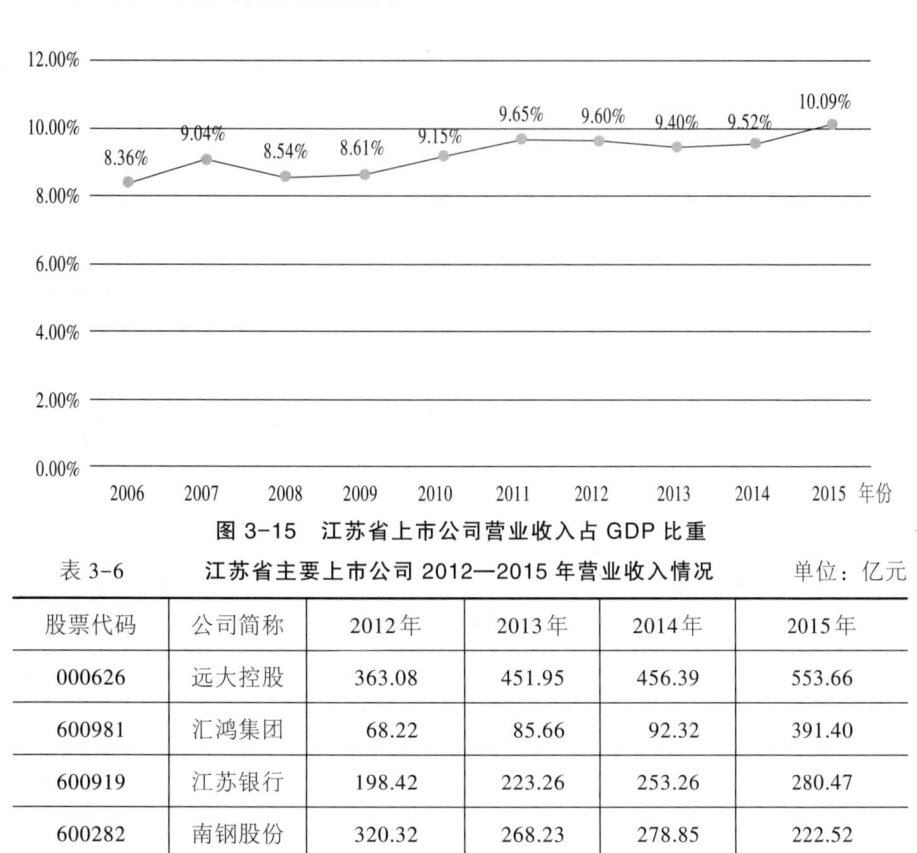

图 3-15　江苏省上市公司营业收入占 GDP 比重

表 3-6　　江苏省主要上市公司 2012—2015 年营业收入情况　　单位：亿元

股票代码	公司简称	2012年	2013年	2014年	2015年
000626	远大控股	363.08	451.95	456.39	553.66
600981	汇鸿集团	68.22	85.66	92.32	391.40
600919	江苏银行	198.42	223.26	253.26	280.47
600282	南钢股份	320.32	268.23	278.85	222.52
000425	徐工机械	321.32	269.95	233.06	166.58

位。南钢股份，即来自制造业的南京钢铁股份有限公司，2012 年、2013 年均位于第三位，2014 年达到第二位，而 2015 年却被汇鸿集团和江苏银行反超，位居第四位。同样来自制造业的代表——徐工机械，即徐工集团工程机械股份有限公司，2012 年的营业收入高达 321.32 亿元，是当年江苏银行的 1.62 倍，可是营业收入逐年下降，2013 年位居第二，2014 年跌至第四位，2015 年仅以 166.58 亿元的收入位居第五位，相比 2012 年的营业收入缩水近一半。由上可以看出江苏省制造业近年的困境以及金融服务业的飞速发展。

3.2.2　营运费用不断上升

图 3-17 中显示的江苏省上市公司的营运费用呈现不断上升趋势，10 年间的年平均营运费用额为 504.18 亿元。2006 年江苏省上市公司营运费用为 164.03 亿元，在随后的几年里一直处于稳步增长的态势，到 2015 年达到最大值 1 008.13 亿元，增长了 5.15 倍，年均复合增长率为 22.35%。江苏省上市公司 10 年间的销售费用和管理费用均是处于不断上升趋势的，销售费用从 2006 年的 81.91 亿元增至 2015 年的 635.51 亿元，增长了 6.76 倍，年均复合增长率为 25.56%；管理费用从 2006 年的 82.12 亿元增至 2015 年的

372.62 亿元，增长了 3.54 倍，年均复合增长率为 18.30%。

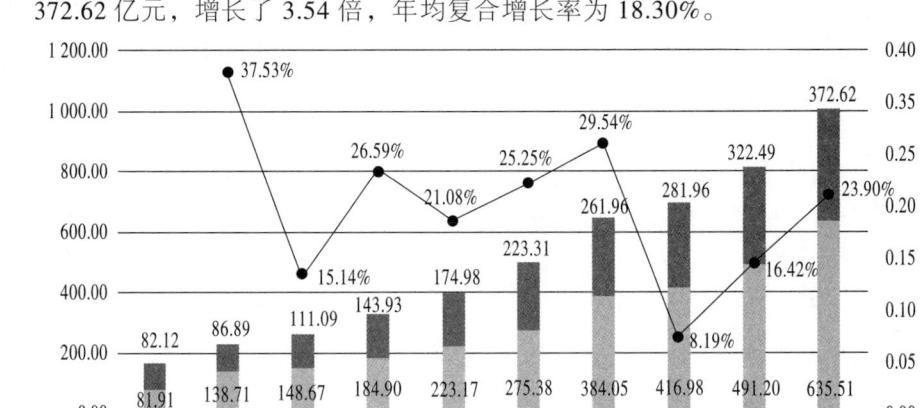

图 3-17　江苏省上市公司营运费用情况（金额单位：亿元）

通过分析图 3-17 可知，江苏省上市公司营运费用增长率呈现锯齿状，大致可以分为 3 个阶段：第一阶段是 2007—2009 年。营运费用的增长经历了第一次先下降后上升的过程，从 2007 年的 37.53% 降至 2009 年的 26.59%，2008 年的转折点为 15.14%，变化幅度较大。第二阶段是 2009—2012 年。营运费用增长率经历了先下降后上升的变化，由 2009 年的 26.59% 降至 2010 年的 21.08%，而后逐年上升，上升至 2012 年的 29.54%，达到 10 年间营运费用增长率的次高值。第三阶段为 2012—2015 年。营运费用增长率先经历了一次大幅度下降，之后又连续两年上升，分别从 2012 年的 29.45% 骤降至 2013 年的 8.19%，而后逐年上升至 2015 年的 23.90%。

通过销售费用与管理费用的对比，可以看出江苏省上市公司在 2009 年之前对销售费用和管理费用的投入基本持平，而后各年二者差距开始增加，销售费用多于管理费用。销售费用过多说明江苏省上市公司加大对维持销售体系正常运转的投入，提高市场占有率，做好售后服务，树立良好形象；但从长远的眼光来看，江苏省上市公司应合理控制销售费用、管理费用的比例，实现上市公司健康、可持续发展。

3.2.3　以金融业为净利润的主要来源

图 3-18 中显示的江苏省上市公司的净利润总体上来说也是处于上升趋势的，2006—2015 年平均净利润为 337.65 亿元。2006 年净利润为 78.09 亿元，2007 年为 176.58 亿元，虽然在 2007—2008 年净利润有所减少，但是在 2008 年以后的几年里一直处于增长态势，到 2015 年达到最大值 659.40 亿元，年均复合增长率为 26.75%。江苏省上市公司平均净利润 10 年间也总体呈现上升的趋势，但中间存在略微回落，从 2006 年的 1 亿元增至 2015 年的

5.36 亿元，增长了 4.36 倍，年均复合增长率为 20.51%。在此期间，2008 年和 2011 年的平均净利润出现了负增长，从平均值增长率数值可以看出，2008 年和 2011 年，江苏省上市公司平均净利润增长率分别为-31.80%和-10.57%。可以看出，这两年江苏省上市公司经营效益较差。通过分析图 3-18 可以看出，江苏省上市公司平均净利润增长率的变化跌宕起伏，2007 年最高值达到 112.51%，而后 2008 年出现坠崖式下跌，跌至-31.80%，而后又增至 65.49%，但持续增加的增长率没有保持住，接下来连续两年增长率下跌，2010 年降至 32.23%，2011 年降至-10.57%，紧接着各年均保持稳定的增长趋势，为 12%~23% 之间。

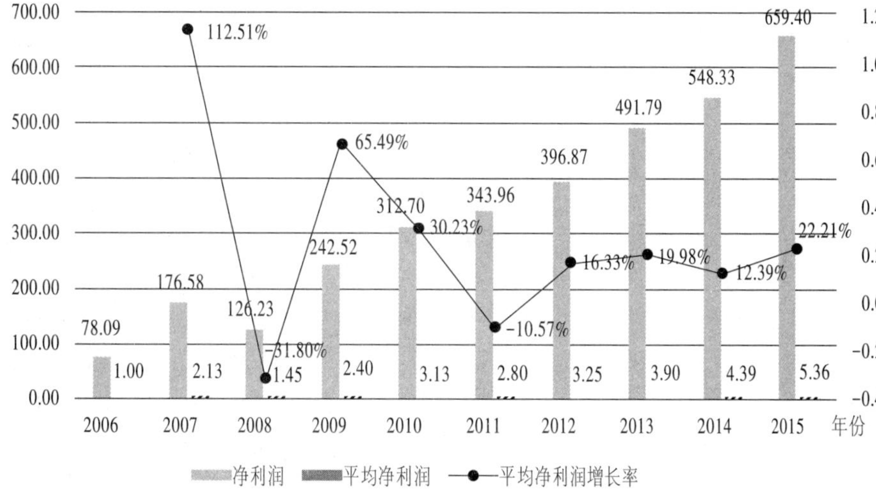

图 3-18　江苏省上市公司净利润情况（金额单位：亿元）

　　具体到个别样本中，由表 3-7 中提供的最大值与最小值信息可以看到，江苏省上市公司净利润差别较大，最大值能占到当年总净利润的 20% 左右，而最小值竟为负值，企业处于亏损状态。各年前五大最赚钱的江苏省上市公司主要是南京银行、宁沪高速、华泰证券、中材国际、徐工机械（见表 3-8），而出现亏损的企业一般出现在制造业上市公司。制造业上市公司要创新，实现转型升级，加强制造业上市公司自主研发能力，提高质量保证能力，提升核心技术掌握技巧，注重经验数据的积累。

　　金融业上市公司特殊的营业范围以及资产规模在前面已介绍，宁沪高速专注于路桥收费，净利润之高不难理解，而中材国际总资产、营业收入均未进入榜单前五，其净利润之高值得分析。中材国际的全称为中国中材国际工程股份有限公司，是一家从事新型干法水泥生产线的建设业务的企业。其主要提供的产品或服务有机械设备制造与销售、水泥生产线土建与安装和设计及技术转让等。该公司是国内外大型新型干法水泥工程建设的领军企业，在大中型新型干法水泥生产系统总承包市场占有绝对的市场份额，基本实现全球主要区域市场的布局。

表 3-7   **江苏省上市公司净利润统计**   金额单位：亿元

年 份	2006	2007	2008	2009	2010	2011	2012	2013	2014	2015
净利润	78.09	176.58	126.23	242.52	312.70	343.96	396.87	491.79	548.33	659.40
平均净利润	1.00	2.13	1.45	2.40	3.13	2.80	3.25	3.90	4.39	5.36
中位数	0.52	0.88	0.62	0.92	1.23	1.12	1.15	1.35	1.41	1.43
最大值公司	宁沪高速	华泰证券	宁沪高速	华泰证券	华泰证券	徐工机械	江苏银行	江苏银行	江苏银行	江苏银行
最大值	11.79	60.14	15.99	40.87	34.80	33.79	70.48	81.99	86.99	107.98
最小值公司	凤凰股份	华东科技	凤凰股份	保千里	春兰股份	南京医药	江苏阳光	综艺股份	海润光伏	南钢股份
最小值	-3.69	-4.45	-3.06	-2.73	-4.44	-1.83	-14.13	-8.66	-9.33	-24.33
标准差	1.64	6.73	2.69	4.95	5.72	5.22	8.12	9.09	10.41	14.61
方差	2.69	45.28	7.22	24.53	32.68	27.22	65.94	82.55	108.38	213.54
均值增长率		132.72%	-37.76%	89.30%	28.55%	-9.19%	13.22%	23.46%	11.77%	19.96%

表 3-8   **江苏省上市公司净利润前五名**

年份	2006	2007	2008	2009	2010	2011	2012	2013	2014	2015
1	宁沪高速	华泰证券	宁沪高速	华泰证券	华泰证券	徐工机械	江苏银行	江苏银行	江苏银行	华泰证券
2	南京银行	宁沪高速	南京银行	宁沪高速	徐工机械	南京银行	南京银行	南京银行	南京银行	江苏银行
3	南钢股份	南钢股份	华泰证券	徐工机械	宁沪高速	宁沪高速	徐工机械	宁沪高速	华泰证券	南京银行
4	中材国际	东吴证券	中材国际	南京银行	南京银行	华泰证券	宁沪高速	华泰证券	宁沪高速	海澜之家
5	栖霞建设	南京银行	凤凰传媒	中材国际	中材国际	中材国际	华泰证券	新城控股	海澜之家	东吴证券

3.3 从企业偿债能力看江苏省经济发展状况

3.3.1 流动比率呈下降趋势，企业间差别较大

江苏省上市公司流动比率如图 3-19 所示。

流动比率是流动资产与短期负债之比。总体来看，江苏省上市公司的流动资产小于短期负债，因此江苏省上市公司流动比率小于 1.0。在 10 年内，江苏省上市公司平均流动比率为 0.76，即江苏省上市公司平均流动资产是平均短期负债的 0.76 倍，每 1 元的短期负债只有 0.76 元的流动资产作为保障。江苏省上市公司 10 年间流动比率变化主要分为两个阶段：第一阶段为 2006—2011 年，各年均高于平均流动比率，呈现 M 形，从 2006 年的 0.82 增至 2007 年的 0.92，随后两年又降至 0.91，2010 年又增至 0.974，随后 2011 年降至 0.87。总体来看，这 6 年间江苏省上市公司流动比率维持在 0.82～0.94 之

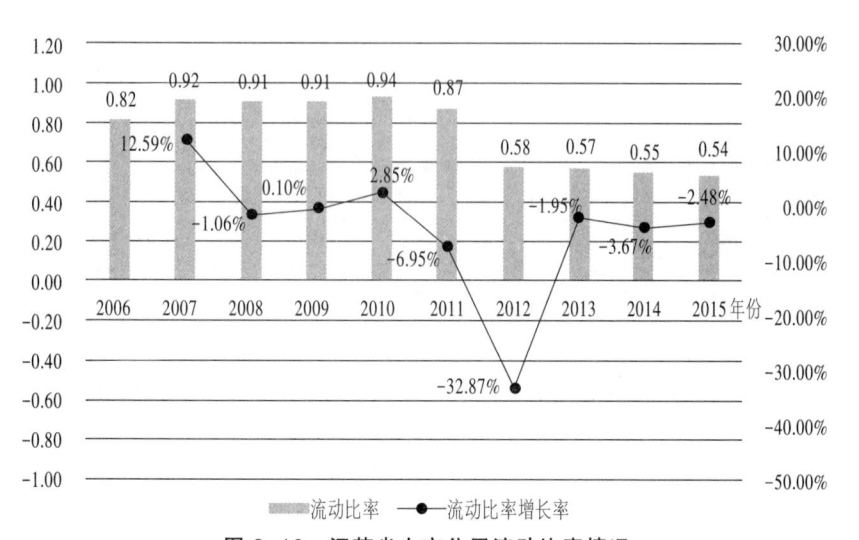

图 3-19　江苏省上市公司流动比率情况

间，变化幅度较小。第二阶段为 2011—2015 年。由于 2012 年新加入几家金融业上市公司，当年的流动比率出现坠崖式下降，从 2011 年的 0.87 降至 2012 年的 0.58，随后各年均介于 0.54～0.58 之间，低于平均流动比率。金融业上市公司的流动性较弱，特别是江苏银行和无锡银行。2012 年江苏银行的流动比率为 0.27，无锡银行的流动比率为 0.17，均低于当年江苏省上市公司流动比率的一半。此后，江苏省上市公司流动比率呈现逐年递减的趋势，从 2012 年的 0.58 逐渐降至 2015 年的 0.54。

从图 3-19 中可以看出，江苏省上市公司流动比率相对于上年的变化率呈现海鸥状。2012 年流动比率骤降，使得当年流动比率增长率达到最低值-32.87%，最高值为 2007 年的 12.59%。其余各年流动比率增长率变化幅度不大，均保持在-3%～3%，说明江苏省上市公司经营状况控制得较好。

具体到个别样本中，由表 3-9 中提供的最大值与最小值信息可以看到，江苏省上市公司流动比率差别较大，各年流动比率最大值的公司主要是恒瑞医药、四环生物、林海股份、视觉中国和江南高纤，而流动比率最小值的公司则主要是中国天楹、保千里和连云港。

3.3.2　资产负债率呈上升趋势，金融业负债率极高

江苏省上市公司负债率及金融业、制造业上市公司负债率如图 3-20 所示。

通过分析江苏省上市公司各年负债率，可以看出江苏省上市公司负债率主要在 0.66～0.83 之间，均值在 0.73 左右，其中 2015 年最高为 0.83，2014 年也接近 0.83，2006 年最低为 0.66。一般认为负债率反映了公司资产对于负债的担保能力，负债率最高标准为 0.5；若比率大于 0.5，表明每 1 元负债的自有资金不足 1 元钱，债权人的风险较大。可以看出，江苏省上市公司各年平均 1 元的总资产中有 0.73 元来自债务所得。

表 3-9 　　　　　　　　　　江苏省上市公司流动比率统计

年份	2006	2007	2008	2009	2010	2011	2012	2013	2014	2015
流动比率	0.82	0.92	0.91	0.91	0.94	0.87	0.58	0.57	0.55	0.54
中位数	1.15	1.13	1.10	1.21	1.30	1.33	1.33	1.41	1.58	1.66
最大值	6.17	10.06	10.12	10.16	36.80	44.55	14.01	11.05	20.14	18.09
最大值公司	恒瑞医药	四环生物	林海股份	四环生物	视觉中国	视觉中国	江南高纤	江南高纤	江南高纤	江南高纤
最小值	0.10	0.02	0.02	0.05	0.05	0.26	0.11	0.42	0.30	0.39
最小值公司	中国天楹	中国天楹	中国天楹	中国天楹	中国天楹	中国天楹	中国天楹	保千里	连云港	连云港
标准差	1.16	1.35	1.35	1.62	3.67	4.29	2.04	1.87	2.56	2.34
方差	1.34	1.83	1.81	2.63	13.48	18.41	4.15	3.51	6.53	5.48

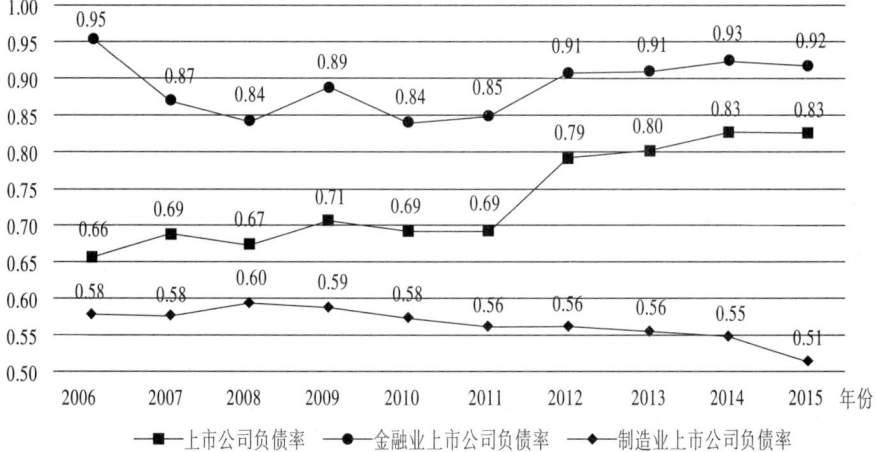

图 3-20　2006—2015 年江苏省上市公司负债率及金融业、制造业上市公司负债率

商业银行、证券公司的经营方式为负债经营，所以其资产负债率都处于较高水平。从图 3-20 中可以看出，江苏省金融业上市公司负债率明显高于江苏省上市公司平均水平，各年均在 0.84（含）以上，2006 年达到最高点 0.95，最低点为 2008 年和 2010 年的 0.84。江苏省制造业上市公司负债率各年均低于江苏省上市公司平均水平，主要集中在 0.50～0.60 之间，各年变化趋势不大，大致呈现连年下降的趋势，2008 年为最大值 0.60，最小值为 2015 年的 0.51，10 年间制造业上市公司平均负债率为 0.57，可见各年制造业上市公司总资产的 57% 来自负债。

商业银行的负债主要来源于存款，证券公司的负债来源于同业市场拆借、债券回购、自营股票质押贷款等。资产负债率较高的主要原因是商业银行的主要业务来自居民和企业的存款，存款余额增长较快，贷款余额增长较慢。而根据会计恒等式，资产=负债+所有者权益，存款在资产负债表中属于负债一方，贷款属于资产一方，存款增长过快，导致总负债增长速度快于总资产增长速度，使资产负债率升高。另外，商业银行存款差的不断扩大导致商业银行资产负债表中负债一方增长过快，而资产一方增长速度较低，也会造成资产负债率上升。而对于制造业企业来说，50%～60%的总资产来自负债，制造业上市公司融资的渠道主要是债务融资，从而降低企业的综合成本，提高企业价值。

具体到个别样本中，由表3-10中提供的最大值与最小值信息可以看到，江苏省上市公司资产负债率也差别较大，各年资产负债率最大值公司除银行业南京银行和江苏银行外，主要是中国天楹和华东科技；资产负债率最小值公司则主要是林海股份、四环生物、视觉中国和石英股份等。

表 3-10　　　　　　　　　**江苏省上市公司资产负债率统计**

年　份	2006	2007	2008	2009	2010	2011	2012	2013	2014	2015
资产负债率	0.66	0.69	0.67	0.71	0.69	0.69	0.79	0.80	0.83	0.83
中位数	0.57	0.58	0.58	0.57	0.56	0.56	0.56	0.54	0.48	0.46
最大值	3.90	3.57	3.30	3.27	3.02	2.92	7.03	0.94	0.96	0.95
最大值公司	中国天楹	中国天楹	中国天楹	中国天楹	中国天楹	中国天楹	中国天楹	南京银行	华东科技	江苏银行
最小值	0.11	0.06	0.06	0.05	0.02	0.02	0.05	-0.19	0.06	0.05
最小值公司	林海股份	四环生物	林海股份	四环生物	视觉中国	视觉中国	石英股份	中国天楹	石英股份	石英股份
标准差	0.41	0.37	0.34	0.34	0.32	0.30	0.60	0.23	0.23	0.22
方差	0.17	0.14	0.12	0.12	0.10	0.09	0.37	0.05	0.05	0.05

3.3.3　产权比率逐年增加，企业间差别较大

由图3-21可以看出，江苏省上市公司产权比率呈现逐年增加的趋势，由2006年的1.91增至2015年的4.79，增长1.51倍，年均复合增长率为10.76%。从数值上分析，江苏省上市公司产权比率主要分为两个阶段：第一阶段为2006—2011年。在此期间，产权比率增长较慢，中间存在波动，但波动幅度不大，产权比率均保持在1.91～2.40之间，说明在此期间江苏省上市公司债务资本与权益资本保持在稳定的水平。第二阶段是2011—2015年。2011年之后各年产权比率均上涨，2012年增幅最大，由2.25增至3.85，增长了71.11%，其余各年均呈现不同幅度的上涨态势。通过对比江苏省金融业上市公司产权比率和制造业上市公司产权比率可以看出，金融业上市公司产权比率远高于江苏省上市公司产权比率，制造业上市公司产权比率低于江苏省上市公司产权比率。根据不同行业主营业务不同以及融资方式不同，其产权比率也存在巨大的差别。金融业上市公司产权比率波动巨大，主要是选取的金融业上市公司各年数量不同，导致不同程度上的变化。而制

造业上市公司产权比率趋于稳定，不过总体呈现下降的趋势，2008 年产权比率达到最大值 1.47，此后逐年下降，最终降至 2015 年的 1.06。制造业上市公司融资渠道主要是银行贷款，通过数值可以看出，2008 年制造业上市公司向银行贷款偏多，从而导致负债偏多。此后各年，制造业上市公司意识到企业的风险不能过大，一旦过大将带来重大经营风险，所以，试图从高风险、高回报率的财务结构向较为保守的财务结构过渡，逐渐增大所有者权益比例。

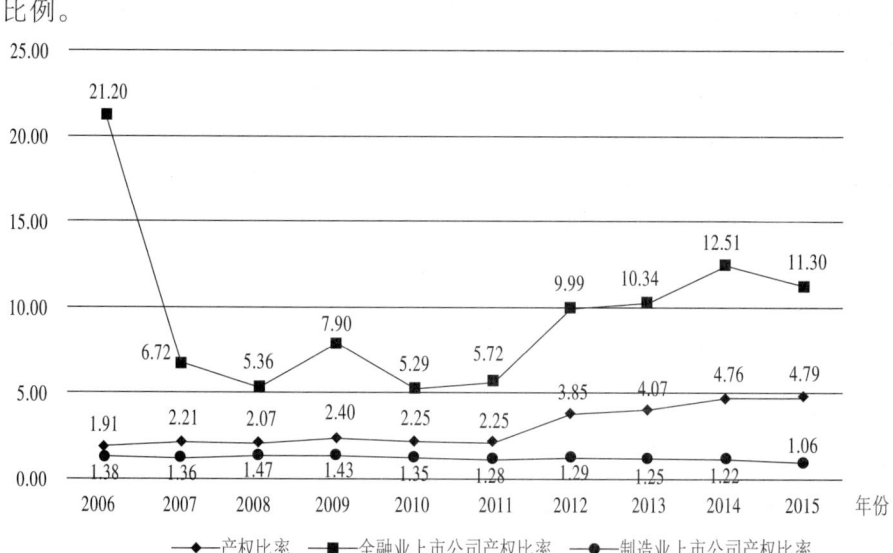

图 3-21 江苏省上市公司产权比率情况

具体到个别样本中，由表 3-11 提供的最大值与最小值信息可以看到，江苏省上市公司产权比率也差别较大，情况类似于资产负债率的情况，各年产权比率最大值公司除金融业的南京银行、江苏银行和东吴证券外，主要是中材国际、南纺股份和华东科技；产权比率最小值公司则主要是中国天楹、保千里和石英股份。

表 3-11   江苏省上市公司产权比率统计

年份	2006	2007	2008	2009	2010	2011	2012	2013	2014	2015
产权比率	1.91	2.21	2.07	2.40	2.25	2.25	3.85	4.07	4.76	4.79
中位数	1.27	1.34	1.36	1.33	1.28	1.26	1.20	1.17	0.92	0.84
最大值	21.20	7.51	10.88	11.29	10.68	16.93	18.05	15.16	26.55	18.69
最大值公司	南京银行	东吴证券	中材国际	南京银行	南京银行	南纺股份	江苏银行	南京银行	华东科技	江苏银行
最小值	-1.34	-1.39	-1.44	-1.44	-1.50	-1.52	-37.05	-0.16	0.07	0.05
最小值公司	中国天楹	中国天楹	中国天楹	中国天楹	中国天楹	中国天楹	保千里	中国天楹	石英股份	石英股份
标准差	2.73	1.62	2.01	1.85	1.76	2.36	4.30	2.59	3.74	3.10
方差	7.52	2.65	4.09	3.46	3.11	5.63	18.65	6.77	14.13	9.67

3.4 从营运能力看江苏省经济发展状况

从图 3-22 中可以看出，2006—2015 年总资产周转率呈现逐年下降的趋势，2008 年从上一年的 0.54 次增至 0.58 次，之后逐年下降，2012 年下降幅度最大，从上一年的 0.45 次降至 0.27 次，下降幅度达到 40%。总的来说，尽管江苏省上市公司营业收入与总资产均逐年上涨，但总资产利用效率偏低，2015 年总资产周转率达到 0.18 次，近 80% 的总资产闲置率，最高的总资产周转率为 2006 年的 0.63 次，也是近 40% 的总资产闲置率。总的来说，江苏省上市公司资产管理利用效率低下。从图 3-22 中可以看出，2006—2008 年固定资产周转率逐年上升，说明这个期间企业能够更好地运用固定资产；从 2008 年开始，逐年开始下降，特别是 2012 年降至 0.45 次，相比上一年的 0.90 次，下降 50%；2015 年降至 0.28 次。同样，尽管江苏省上市公司营业收入与固定资产逐年上涨，但固定资产利用效率较低，说明江苏省上市公司的固定资产利用率较低。

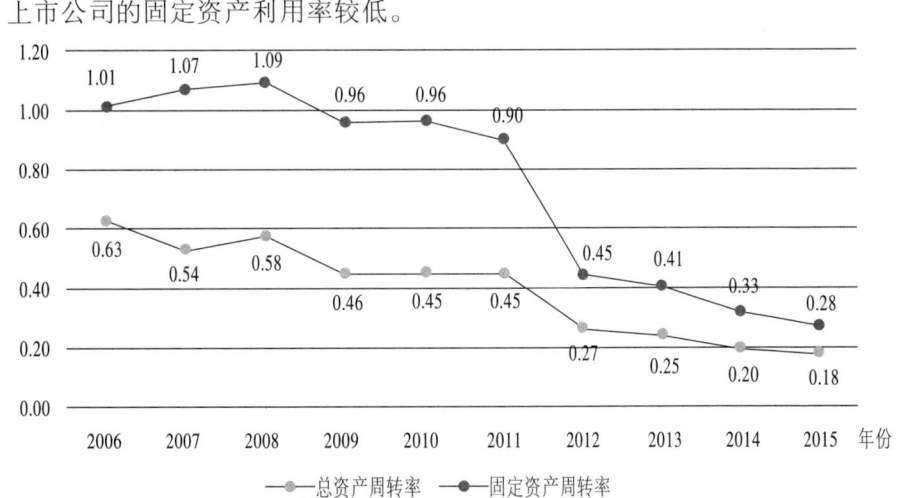

图 3-22　江苏省上市公司总资产周转率与固定资产周转率（单位：次）

具体到个别样本中，由表 3-12 和表 3-13 提供的最大值与最小值信息可以看到，江苏省上市公司的总资产周转率和固定资产周转率在不同公司间均差别较大，总资产周转率和固定资产周转率最大值公司 10 年间始终为远大控股，总资产周转率最小值公司为南京银行、中国天楹、视觉中国、无锡银行。固定资产周转率最小值公司为宁沪高速、视觉中国、万林股份、国旅联合。

表 3-12　　　　　　　　　　江苏省上市公司总资产周转率统计

年 份	2006	2007	2008	2009	2010	2011	2012	2013	2014	2015
总资产周转率（次）	0.627	0.536	0.579	0.456	0.453	0.450	0.268	0.247	0.202	0.180
中位数（次）	0.713	0.693	0.692	0.661	0.700	0.758	0.712	0.715	0.653	0.578
最大值（次）	4.962	5.565	7.648	5.739	6.644	7.101	7.251	8.501	6.710	6.655
最大值公司	远大控股	远大控股	远大控股	远大控股	远大控股	远大控股	远大控股	远大控股	远大控股	远大控股
最小值（次）	0.028	0.022	0.016	0.010	0.001	0.009	0.029	0.026	0.024	0.022
最小值公司	南京银行	中国天楹	中国天楹	中国天楹	视觉中国	中国天楹	南京银行	无锡银行	无锡银行	无锡银行
标准差	0.689	0.712	0.891	0.716	0.757	0.724	0.706	0.798	0.661	0.656
方 差	0.475	0.507	0.793	0.513	0.573	0.525	0.498	0.636	0.437	0.431

表 3-13　　　　　　　　　　江苏省上市公司固定资产周转率统计

年 份	2006	2007	2008	2009	2010	2011	2012	2013	2014	2015
固定资产周转率（次）	1.79	2.11	2.77	2.70	2.63	2.84	2.74	2.60	2.43	2.42
中位数（次）	2.64	2.98	3.65	3.27	3.53	3.83	3.83	3.97	3.96	3.46
最大值（次）	189.06	213.52	256.05	197.21	305.11	403.72	439.38	5959.16	625.75	809.56
最大值公司	远大控股	远大控股	远大控股	远大控股	远大控股	远大控股	远大控股	中国天楹	远大控股	远大控股
最小值（次）	0.18	0.24	0.23	0.07	0.01	0.33	0.39	0.27	0.21	0.22
最小值公司	宁沪高速	宁沪高速	视觉中国	视觉中国	视觉中国	万林股份	国旅联合	国旅联合	国旅联合	国旅联合
标准差	21.95	23.54	25.77	20.04	31.17	36.29	45.12	518.27	56.67	72.73
方 差	481.60	554.26	663.94	401.59	971.48	1 316.64	2 035.72	268 602.37	3 211.52	5 290.13

3.5　从盈利能力看江苏省经济发展状况

3.5.1　总资产报酬率偏低，企业间差别较大

从图 3-23 中可以看出，江苏省上市公司总资产报酬率（ROA）10 年间介于 1.5%～4.5%，平均值保持在 2.79%。2006—2015 年，江苏省上市公司 ROA 图形与权益报酬率的图形比较相似：在 2006—2009 年波动较大，呈现反转的 N 形趋势，即从 2006 年 ROA 的 2.69% 增至 2007 年的 4.03%，又降至 2008 年的 2.76%，而后增至 2009 年的 3.73%；2010—2015 年，总体呈现反转的 N 形，即从 2010 年的 3.74% 降至 2012 年的 2.05%，之后一年增加到 2.17%，而后又逐年降至 1.68%。

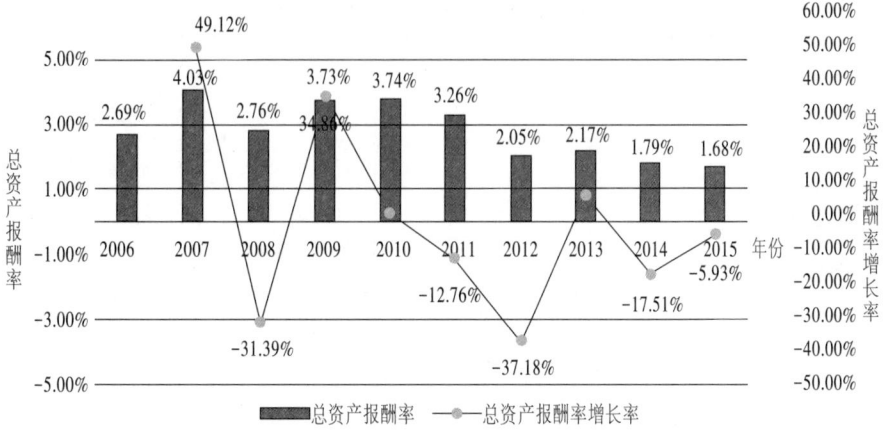

图 3-23 江苏省上市公司总资产报酬率情况

从图 3-23 中可以看出，总资产报酬率相对于上年的变化率呈现逐年正负交替的现象，三上三下的局面足以说明江苏省上市公司总资产报酬率增长率的波动状态和跳跃式的发展特性。2012 年总资产报酬率增长率最低，为-37.18%，主要是由于江苏银行、无锡银行等上市公司庞大的资产规模，增大了当年总资产报酬率的分母，而分子相对于总资产来说又太小，导致 2012 年江苏省上市公司总资产报酬率大幅度缩水。具体来看，江苏银行 2012 年的总资产报酬率仅为 1.08%，无锡银行总资产报酬率为 1.22%，都远低于当年总资产报酬率的平均值 2.05%。2008 年总资产周转率增长率次低，为-31.39%，2007—2008 年江苏省上市公司总资产保持增长，而同期净利润却大幅度下降，因此导致 2008 年增长率出现-31.39%。

具体到个别样本中，由表 3-14 提供的最大值与最小值信息可以看到，江苏省上市公司的总资产报酬率在不同公司间差别较大，总资产报酬率最大值公司 10 年间分布不均，出现了包括恒瑞医药、中核科技、恒立液压、维格娜丝、今世缘、中国天楹、亚邦股份和多伦科技等 8 家公司；最小值企业的总资产报酬率则均因收益为负而产生负值，可见一些公司在获利能力方面仍有很大提升空间。

3.5.2 权益报酬率有下降趋势，企业间差别较大

从图 3-24 中可以看出，江苏省上市公司权益报酬率 10 年间介于 7%~13%，平均值保持在 10.56%。江苏省上市公司权益报酬率在 2006—2009 年波动较大，呈现反转的 N 形趋势，即从 2006 年的 7.85% 增至 2007 年的 12.92%，又降至 2008 年的 8.48%，而后增至 2009 年的 12.68%。2009—2015 年，ROE 基本与 ROE 平均值相差无几，总体呈现反转 N 形，即从 2009 年的 12.68% 降至 2012 年的 9.95%，之后一年增加到 10.98%，而后又逐年降至 9.73%。

表 3-14　　　　　　　　江苏省上市公司总资产报酬率统计

年　份	2006	2007	2008	2009	2010	2011	2012	2013	2014	2015
总资产报酬率	2.69%	4.03%	2.76%	3.73%	3.74%	3.26%	2.05%	2.17%	1.79%	1.68%
中位数	2.49%	3.66%	2.71%	4.09%	4.41%	4.23%	3.83%	4.36%	3.45%	3.71%
最大值	14.91%	34.31%	42.70%	41.28%	35.47%	30.79%	25.72%	710.89%	22.51%	22.80%
最大值公司	恒瑞医药	中核科技	恒立液压	恒立液压	恒立液压	维格娜丝	今世缘	中国天楹	亚邦股份	多伦科技
最小值	-16.59%	-47.99%	-18.39%	-11.77%	-17.50%	-5.70%	-134.70%	-15.11%	-18.57%	-23.50%
最小值公司	凤凰股份	视觉中国	视觉中国	亚星客车	春兰股份	国旅联合	中国天楹	综艺股份	国旅联合	常林股份
标准差	4.599%	9.842%	7.381%	6.826%	7.005%	6.258%	13.987%	61.446%	6.019%	5.854%
方差	0.211%	0.969%	0.545%	0.466%	0.491%	0.392%	1.956%	37.757%	0.362%	0.343%

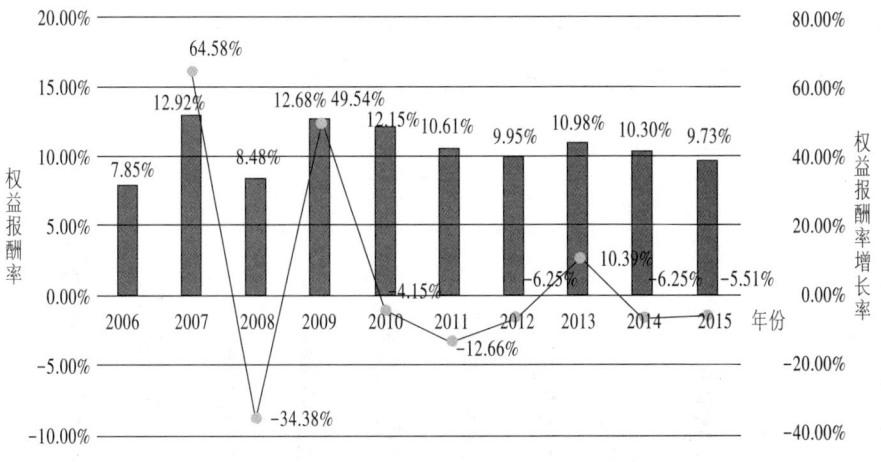

图 3-24　江苏省上市公司权益报酬率情况

从图 3-24 中可以看出，权益报酬率相对于上年的变化率呈现逐年正负交替的现象，尤其是 2008 年，无论是当年的权益报酬率还是相对于上年的权益报酬率增长率都达到了 10 年来的最低水平。2007 年以及 2009 年的权益报酬率增长率分别达到 64.58% 及 49.54%，说明这两年江苏省上市公司经营效益较好，使权益报酬率起死回生。而后 6 年，ROE 增长缓慢，有时还出现负增长。

具体到个别样本中，由表 3-15 提供的最大值与最小值信息可以看到，江苏省上市公司的权益报酬率在不同公司间差别较大，权益报酬率最大值公司 10 年间分布也不均，出现了包括文峰股份、中航高科、恒立液压、怡球资源、康尼机电、今世缘和多伦科技等 7 家公司；最小值企业的权益报酬率也均因收益为负而产生负值，可见一些公司在获利能力方面确有很大提升空间，如亚星客车和常林股份。

表 3-15　　　　　　　　　　江苏省上市公司权益报酬率统计

年　份	2006	2007	2008	2009	2010	2011	2012	2013	2014	2015
权益报酬率	7.85%	12.92%	8.48%	12.68%	12.15%	10.61%	9.95%	10.98%	10.30%	9.73%
中位数	5.11%	7.83%	6.53%	10.37%	9.97%	9.50%	8.31%	8.95%	8.72%	7.58%
最大值	45.15%	104.12%	53.86%	70.23%	57.74%	46.43%	43.67%	57.20%	73.37%	57.55%
最大值公司	文峰股份	中航高科	恒立液压	怡球资源	恒立液压	康尼机电	今世缘	多伦科技	多伦科技	多伦科技
最小值	-125.91%	-69.37%	-91.83%	-37.05%	-50.68%	-49.45%	-467.60%	-24.19%	-123.11%	-36.94%
最小值公司	中航高科	华东科技	海润光伏	亚星客车	保千里	南纺股份	保千里	综艺股份	亚星客车	常林股份
标准差	17.96%	23.39%	18.36%	16.93%	14.75%	13.48%	43.57%	11.86%	17.02%	11.23%
方差	3.22%	5.47%	3.37%	2.87%	2.17%	1.82%	18.98%	1.41%	2.90%	1.26%

3.5.3　每股收益有上升趋势，仍有提升空间

江苏省上市公司每股收益如图 3-25 所示。

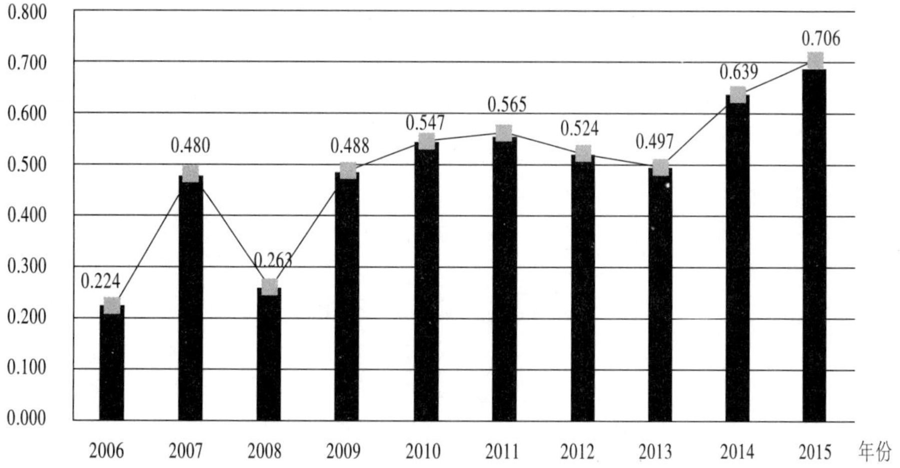

图 3-25　江苏省上市公司每股收益情况（单位：元）

2006—2015 年江苏省上市公司每股收益变化幅度很大，呈现先上升后下降又上升的趋势，2015 年为最大值 0.706 元，2006 年为最小值 0.224 元、2008 年为次小值 0.263，可以说 2006 年和 2008 年江苏省上市公司每股收益情况不是很好。江苏省上市公司各年每股收益在 0.224~0.706 元之间波动，平均每股收益 0.493 元，2006 年最小值为 0.224 元，2015 年最大值为 0.706元，增长了 2.15 倍，年均复合增长率为 13.60%，可见其增长趋势的幅度之大。江苏省上市公司每股收益在 2007—2008 年、2011—2013 年有明显的下降趋势，主要因为这期间的总资产报酬率都是呈负增长，权益报酬率也同样

是负增长，营业利润也不平稳。2009—2011 年以及 2013—2015 年，江苏省上市公司及时调整经营策略，改善公司的财务状况，从而导致每股收益上升。抓紧盈利，满足股东和债权人的利益，才能更长久地发展。

具体到个别样本中，由表 3-16 提供的最大值信息可以看到，江苏省上市公司的每股收益最大值差别不大，平均在 2 元左右，低于上海市上市公司每股收益最大值公司水平，可见江苏省上市公司的每股收益指标仍有提升空间。

表 3-16　　　　　　江苏省上市公司每股收益统计　　　　　　金额单位：元

年份	2006	2007	2008	2009	2010	2011	2012	2013	2014	2015
每股收益	0.224	0.480	0.263	0.488	0.547	0.565	0.524	0.497	0.639	0.706
中位数	0.150	0.205	0.153	0.260	0.318	0.317	0.289	0.354	0.328	0.310
最大值	1.450	1.510	1.860	2.010	3.220	2.330	1.830	5.990	2.677	2.210
最大值公司	中材国际	中材国际	中材国际	徐工机械	徐工机械	中衡设计	中衡设计	中国天楹	亚邦股份	南京银行
最小值	-0.553	-1.374	-0.660	-0.470	-0.633	-0.450	-3.370	-0.610	-0.801	-0.820
最小值公司	凤凰股份	华东科技	海润光伏	国睿科技	春兰股份	南纺股份	中国天楹	综艺股份	海润光伏	常林股份
标准差	0.285	0.403	0.366	0.411	0.495	0.450	0.546	0.670	0.539	0.494
方差	0.081	0.162	0.134	0.169	0.245	0.203	0.298	0.449	0.291	0.244

3.6　从成长能力看江苏省经济发展状况

3.6.1　总资产增长率高于 GDP 增长率

通过计算江苏省每年地区生产总值增长率与上市公司总资产增长率，可以更好地分析二者之间的关系。如图 3-26 所示，江苏省地区生产总值增长率呈现下降—短暂上升—下降的趋势：2007—2009 年的增长率由 19.67% 降至 11.22%；2010 年增至 20.22%，主要是受到 2008 年全球经济危机冲击；2010 年以后增长率开始逐年下降，2011—2015 年分别为 18.55%、10.08%、10.54%、8.93%、7.73%，可以看出江苏省经济下行的压力增大。江苏省上市公司总资产增长率变化幅度巨大，2008 年触及低点 4.19%，说明全球经济危机对资本市场冲击巨大。除了 2008 年受到全球经济危机的冲击，上市公司总资产增长率低于地区生产总值增长率，其余各年均高于同期地区生产总值增长率。2012 年江苏省上市公司总资产增长率达到 83.66%，即从 2011

年的 10 540 亿元总资产到 2012 年的 19 360 亿元，主要是由于所选取的江苏省上市公司中部分企业于 2012 年上市，即从 2012 年开始有数据可查。其中值得注意的是江苏银行和无锡银行，两家具有地域特色的银行分别为 2012 年江苏省上市公司总资产贡献了 6 500 亿元和 600 亿元，同期江苏省固定资产投资额在 2012 年有了巨大增长，从 2011 年的 5 260 亿元增至 11 570 亿元，也说明江苏省上市公司 2012 年度有更大的建设发展项目。总体来看，江苏省上市公司发展水平高于江苏省经济发展水平，江苏省上市公司依托雄厚的资本、有效的管理手段，在资本市场表现活跃，为企业创造价值的同时也带动江苏省经济发展。

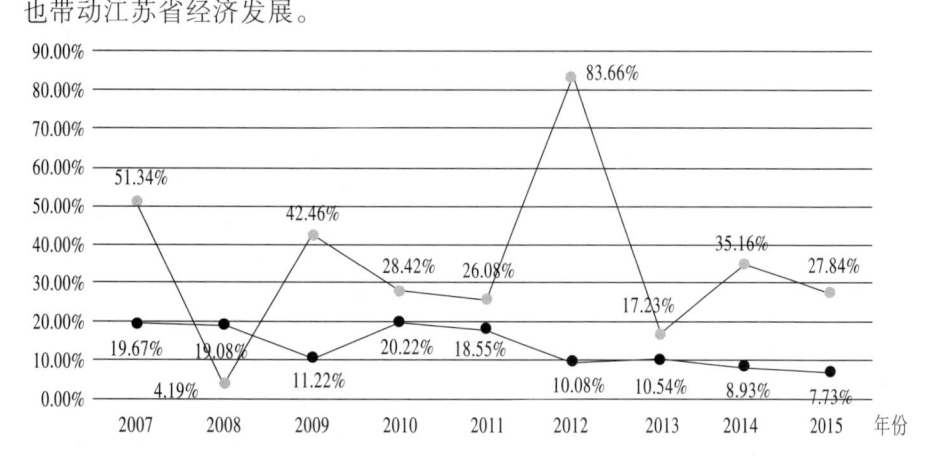

图 3-26　江苏省上市公司总资产增长率与 GDP 增长率

3.6.2　营业收入增长率走势大致同 GDP 增长率

由图 3-27 可以看出，江苏省上市公司的营业收入增长率与 GDP 增长率的走势大致相近。2007—2008 年，江苏省上市公司营业收入增长率呈现高位回落的趋势，由 29.35% 降至 12.60%，而在此期间，江苏省 GDP 增长率由 19.67% 下滑至 19.08%，变化幅度较小。2009 年，江苏省上市公司营业收入增长率降至 12.05%，而 GDP 增长率出现大幅下降，降至 11.22%。2010—2012 年，两者的增长变化趋势几乎相同，均呈现先升—略降—骤降的趋势，江苏省上市公司营业收入增长率从 12.05% 增至 27.80%，又略降至 24.98%，而后于 2012 年大幅度下降至 9.53%；GDP 增长率同样经历 11.22%—20.22%—18.55%—10.08% 的过程。2012—2015 年，营业收入增长率先降至 8.21%，而后又分别增至 10.39%、14.10%，GDP 增长率先上升至 10.54%，而后又分别降至 8.93%、7.73%。

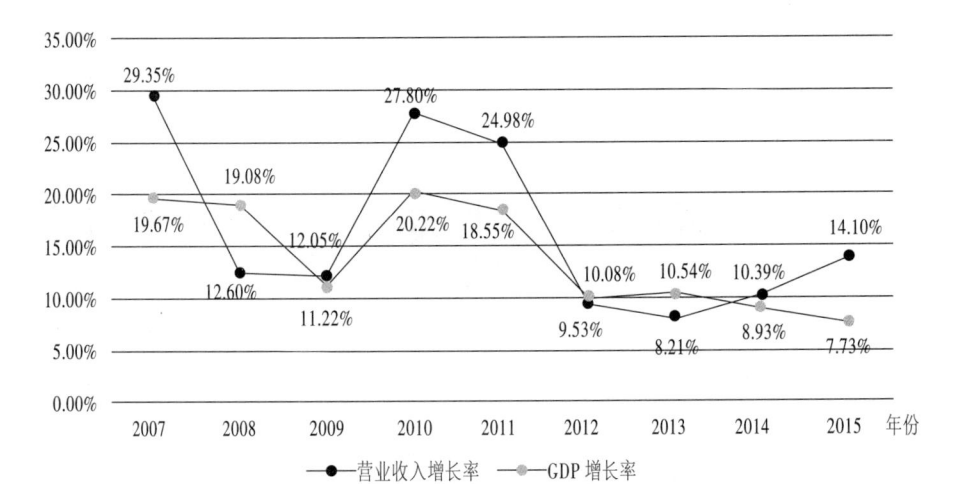

图 3-27　江苏省上市公司营业收入增长率与 GDP 增长率

3.7　本章小结

　　本章从江苏省上市公司的资产负债表、利润表及相关财务比率方面分析了江苏省的经济发展状况。整体来看，江苏省上市公司的资产化率持续升高，其在地区经济发展中的作用重大，经济发展的支柱产业是金融业和制造业，企业发展水平高于地区经济发展水平，企业的发展可以带动地区经济的发展。但江苏省企业偿债能力、营运能力和盈利能力均有待进一步提高，这样才能降低风险，增加创造的价值，为经济发展贡献更大的力量。

第4章 江苏省第二、三产业研究

4.1 从资产负债表看江苏省第二产业

4.1.1 资产规模不断扩大，企业间差别极大

通过图 4-1 可以看出，江苏省第二产业上市公司 2006—2015 年的总资产规模是在不断扩大的，总资产均值为 3 557.49 亿元，行业资产总值从 2006 年的 1 382.51 亿元上升到了 2015 年的 6 499.87 亿元，共增长了 5 117.36 亿元，年均复合增长率为 18.77%。2007—2015 年江苏省第二产业上市公司资产的增长速度如图 4-1 所示。

图 4-1 江苏省第二产业上市公司总资产情况（金额单位：亿元）

从增长速度可以看出，江苏省第二产业上市公司资产的增长水平分为4个阶段：第一阶段是2007—2010年，总资产的增长速度处于不断攀升的状态，在2010年达到最高，增长率为31.06%。第二阶段是2010—2013年，资产增长速度骤降，2013年创10年来新低，为10.09%。第三阶段是2013—2014年，增长幅度略有增加，但并不是很大。第四阶段是2014—2015年，增长速度再次下降。通过图4-1的曲线走势可以看出，总资产增长最快的时期是在前5年，江苏省总资产规模有了跨越式的扩大，而近些年来总资产的增长速度则明显降低。正常来说，随着时间的推移，江苏省上市公司的数量也会逐年增加，虽然并不是每年都有所改变，但10年来总资产的规模应该是稳步增长的，但经分析发现并非如此，更深层次的原因还有待挖掘。

从图4-2可以看出，江苏省第二产业上市公司的总资产同GDP的差距还是很大的，截至2015年，江苏省总资产规模仅为6 499.87亿元，而第二产业增加值已经达到32 044.45亿元，是总资产4.93倍的水平。而计算得到的各年总资产与GDP的比值即资产化率也可从图4-2中看到。

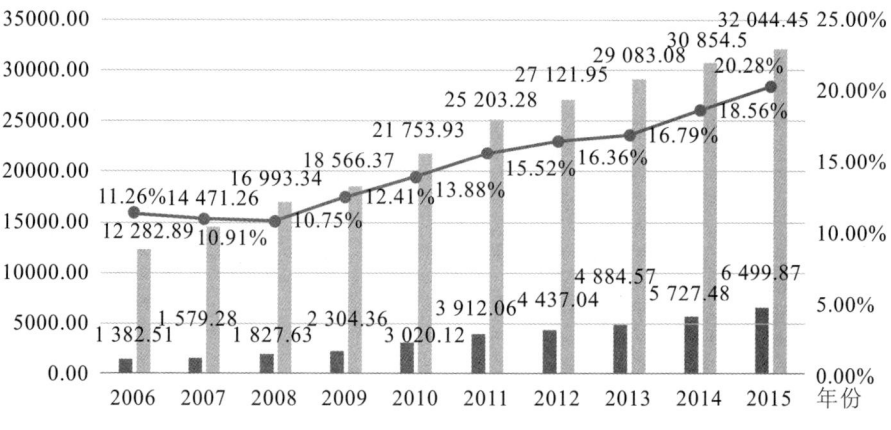

图4-2　江苏省第二产业上市公司总资产情况（金额单位：亿元）

江苏省第二产业上市公司资产总值从2006年的1 382.51亿元上升到了2015年的6 499.87亿元，年均复合增长率为18.76%。而江苏省第二产业上市公司增加值从2006年的12 282.89亿元持续增长到2015年的32 044.45亿元，年均复合增长率为11.24%。通过对比年均复合增长率可以看出，江苏省第二产业上市公司的表现要好于整体经济水平。再分析总资产与GDP之比，2006年江苏省第二产业上市公司比重为11.26%，增长到2015年的20.28%，虽然有一定程度增长，但增幅不大，比重依然偏低，说明江苏省上市公司的资产参与市场经营活动的比例过低，输出动力远远不足，难以推动经济的可持续增长。

通过表4-1可以直观地看出江苏省第二产业上市公司2006—2015年的总值、均值、中位数、最大值、最小值以及方差情况。这里所选取的总值是从资产负债表中的"总资产"一列手工摘录的,而行业均值为总值与江苏省第二产业每年的上市公司数量相除得出的。

表 4-1　　　　　　　　　江苏省第二产业上市公司总资产统计　　　　　　金额单位:亿元

年份	2006	2007	2008	2009	2010	2011	2012	2013	2014	2015
总值	1 382.51	1 579.28	1 827.63	2 304.36	3 020.12	3 912.06	4 437.04	4 884.57	5 727.48	6 499.87
均值	24.69	25.89	26.88	31.14	40.81	42.52	48.23	53.09	62.26	70.65
中位数	19.47	22.08	21.35	25.29	29.75	28.70	31.16	32.29	34.78	36.19
最大值	93.37	109.03	189.50	171.41	352.15	347.14	478.38	651.12	842.80	962.26
最小值	3.39	3.58	1.15	1.63	2.31	2.02	2.21	2.48	2.97	2.97
方差	311.17	424.60	758.04	1 116.52	3 170.92	3 860.95	5 961.95	8 569.50	11 827.69	14 583.61

以上已对总值、均值作详细介绍,下面重点分析中位数、极值以及方差的变化情况。

江苏省第二产业上市公司计算得出的中位数是把 92 家上市公司资产总值按照从大到小的顺序依次排列,其中间两个值计算平均数得出的(如图 4-3 所示)。

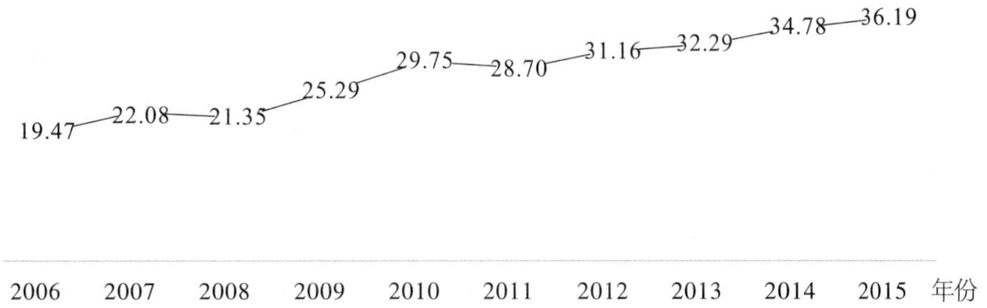

| 2006 | 2007 | 2008 | 2009 | 2010 | 2011 | 2012 | 2013 | 2014 | 2015 | 年份 |

图 4-3　江苏省第二产业上市公司总资产中位数(单位:亿元)

中位数反映的是总资产集中的趋势。通过图 4-3 可以看出,2006—2015 年中位数的范围在 19.47 亿~36.19 亿元,而最大值上百亿元,最小值则仅为几亿元,这说明江苏省第二产业上市公司的集中程度有偏差,行业发展规模差距非常大,整体的集中度不高。对比每年的均值水平,可以看出,中位数略低于均值。

由图 4-4 可以看出,江苏省第二产业上市公司最大值每年几乎呈现上升趋势,从 2006 年的 93.37 亿元的最大值,上升到了 2015 年的 962.26 亿元的最大值水平。在 2010 年之前,南钢股份可谓产业首屈一指的带头企业,总资产规模有 3 年均排在产业榜首,分别是 2006 年、2007 年以及 2010 年。而在 2010 年之后,来自建筑业的中南建设异军突起,2011—2015 连续 4 年稳坐产业最大值第一的宝座。

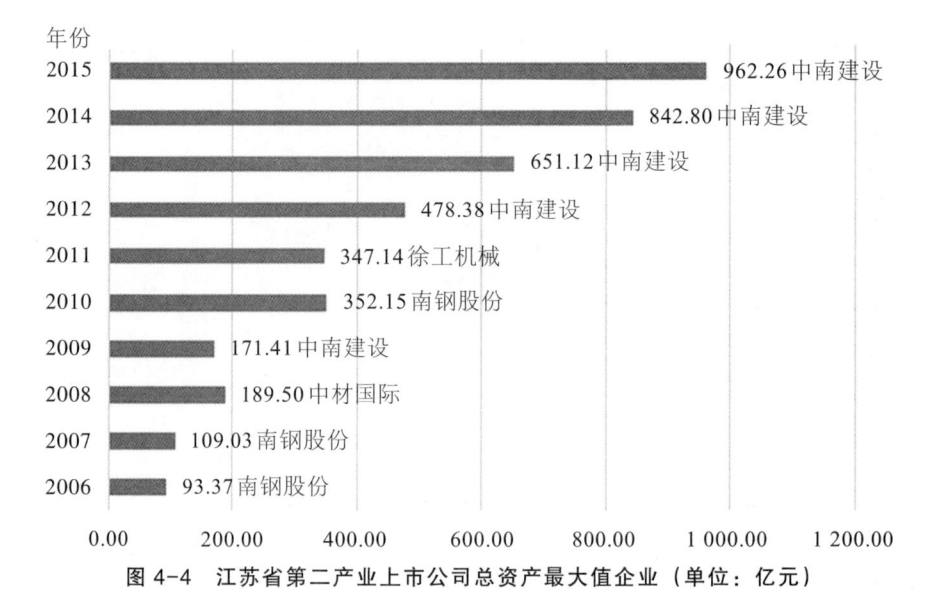

图4-4 江苏省第二产业上市公司总资产最大值企业（单位：亿元）

综合对比最大值的走势，从图4-5中不难看出，最小值的趋势差异很大，存在一定的波动性：2006年江苏省第二产业上市公司出现了3.39亿元的最小值；到2007年随着各个上市公司规模的增大，总资产最小值也在增加；出现异常的情况是，到2008年总资产最小值紧缩至1.15亿元；在随后的几年里，最小值总体上出现上涨趋势。

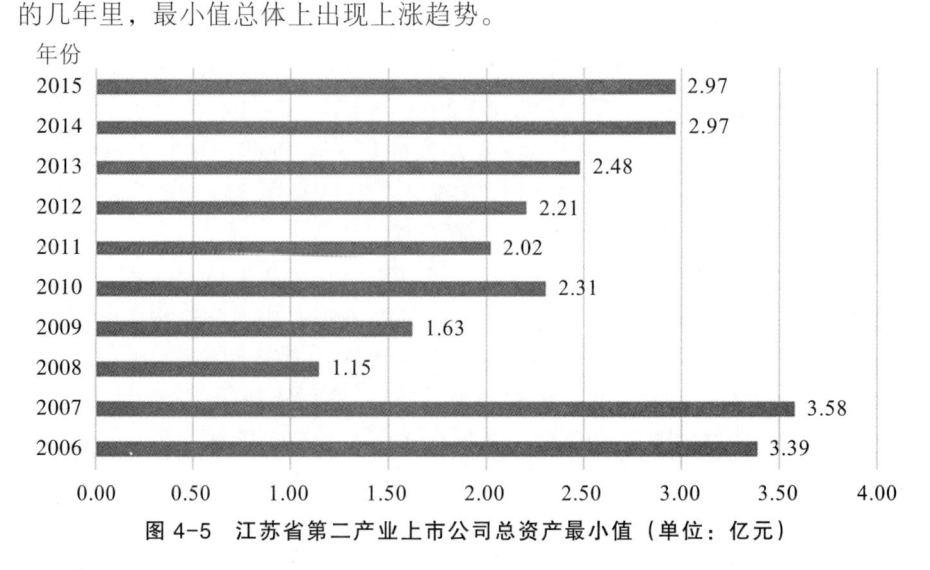

图4-5 江苏省第二产业上市公司总资产最小值（单位：亿元）

4.1.2 负债不断增加，离散程度加大

通过图4-6的条形图可以看出江苏省第二产业上市公司的负债总额是在不断增加的，从2006年的801.46亿元上升到2015年的3 660.48亿元，共增长了2 859.02亿元，10年间的涨幅为356.73%，年均复合增长率为18.38%；从涨幅上来看，负债的增长幅度并不大。

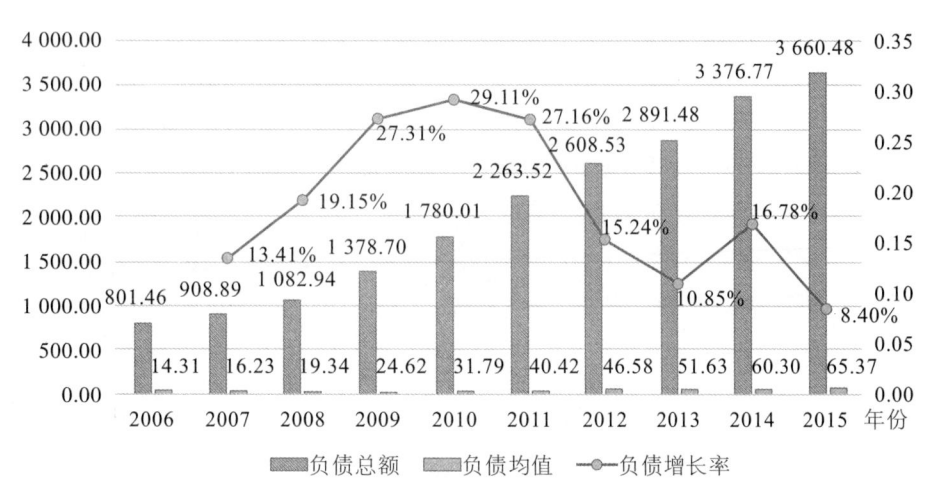

图 4-6 江苏省第二产业上市公司负债情况（金额单位：亿元）

负债的均值是每年的负债总额与上市公司数比值的结果。通过图 4-6 的条形图可以看出，负债均值也是每年呈现递增趋势的。尽管每年上市公司的数量是在不断增加的，但并不影响均值整体的涨幅，均值从 2006 年的 14.31 亿元增长到了 2015 年的 65.37 亿元，共增长了 51.06 亿元，10 年来的涨幅为 356.81%，几乎和负债总额的增幅持平。

通过图 4-6 的折线图我们可以更加直观地看出负债总额的增长幅度，其增长率并不是呈逐年上升趋势的，有急缓之分，因此大致将其分为 3 个阶段：第一阶段是 2007—2010 年。这一时段增长最快，在 2010 达到最高增长水平，为 29.11%。第二阶段是 2010—2013 年。这一时段负债增长率骤然下滑，跌至 2013 年的 10.85%，创这几年来的第一次新低，增长率甚至低于 2006 年的水平。第三阶段是 2013—2015 年，增长虽有小幅回升，达到 2015 年的 16.78% 后再次下跌至 10 年间的第二次新低。

从负债总额、均值以及增长率我们可以看出，江苏省第二产业上市公司的负债总额虽然每年增长，但近些年来增长并不是很快。负债增长缓慢并不意味着整个行业的运行健康有序。值得注意的是，负债水平代表上市公司的融资水平，高的负债意味着融资水平高，地区发展离不开企业的较强融资能力；通过逐年下降的负债增长率，可以看出江苏省第二产业上市公司的融资水平有所下降。

表 4-2 列示了江苏省第二产业 92 家上市公司负债中位数、最大值、最小值以及方差状况。10 年间中位数一直维持在 10 多亿的水平，这代表产业的中间值也只是 10 多亿。最大值在 2015 年达到 830.11 亿元，而 2015 年负债中位数仅为 13.08 亿元，差距甚远，也间接说明离散程度很高，各上市公司差距明显。

负债最大值每年的代表企业有所不同，但支撑江苏省第二产业上市公司负债总额整体水平的企业不外乎以下 3 家初具规模的企业——中材国际

表 4-2　　　　　　　　　江苏省第二产业上市公司负债总额统计　　　　　金额单位：亿元

年份	中位数	最大值	最大值公司	最小值	最小值公司	方差
2006	12.00	72.04	中材国际	0.57	林海股份	179.45
2007	10.97	83.03	中材国际	0.49	四环生物	231.75
2008	11.45	173.55	中材国际	0.33	林海股份	535.72
2009	11.65	147.15	中材国际	0.35	林海股份	685.55
2010	13.89	250.62	南钢股份	0.43	林海股份	1 597.52
2011	10.52	266.77	中南建设	0.53	林海股份	1 977.30
2012	11.80	396.40	中南建设	0.40	石英股份	3 366.88
2013	11.34	552.71	中南建设	0.02	中国天楹	5 275.41
2014	13.48	714.09	中南建设	0.65	江南高纤	7 691.30
2015	13.08	830.11	中南建设	0.58	宏盛股份	9 656.48

（制造业）、南钢股份（制造业）、中南建设（建筑业），从而看出江苏省的制造业代表着整个负债总额的整体水平。纵观 10 年间的负债最小值，均超过 1 亿，也就是说，小规模的上市公司负债规模非常小，不同于最大值公司，代表企业不外乎 3 家大型企业，而最小值的代表公司较多。最小值公司出现频率最高的是林海股份，其他的负债最小值代表企业分别为四环生物、石英股份、中国天楹、江南高纤和宏盛股份。

方差代表着负债总额的离散程度，更能直接地说明问题。通过方差数据可以看出，江苏省第二产业上市公司负债总额的方差离散程度在逐年加大，随着上市公司数量的增加，公司之间的负债规模也在不断拉大，从 2006 年的仅为几百亿元上升到了 2015 年的近万亿元，离散程度很高。

4.1.3　所有者权益稳定增长，离散程度不断加大

图 4-7 表示了江苏省第二产业上市公司所有者权益、均值以及所有者权益增长率 2006—2015 年的变化趋势。观察所有者权益的变动，发现其是在持续增大的，年平均所有者权益为 1 482.21 亿元，2006 年的所有者权益为 581.05 亿元，到 2015 年变为 2 839.39 亿元，增长幅度为 388.67%，年均复合增长率为 19.28%。可见所有者权益的增长幅度也不是很大，同负债总额的增长幅度基本保持一致。

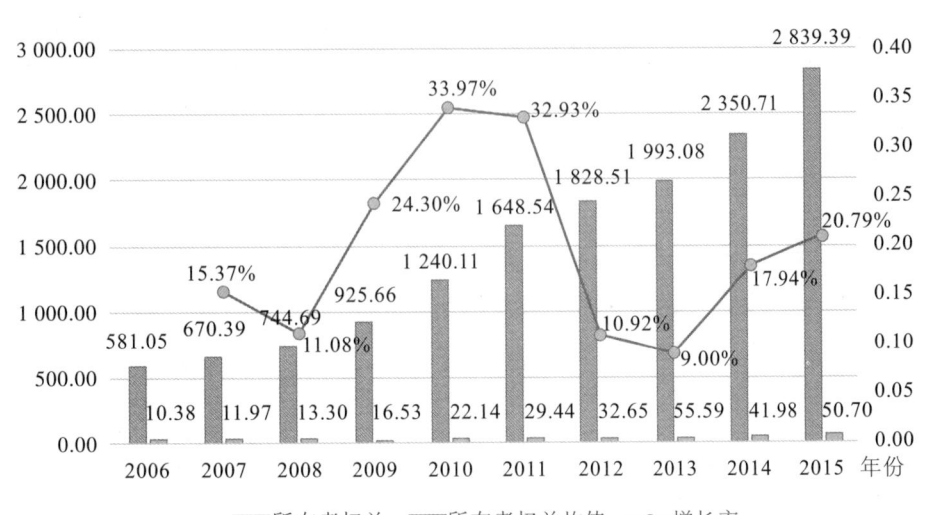

图 4-7　江苏省第二产业上市公司所有者权益情况（金额单位：亿元）

江苏省第二产业上市公司所有者权益均值每年都发生变化，基本保持平稳增加的趋势。均值的大小除受所有者权益总额的影响，还由江苏省第二产业上市公司的数量决定。由于每年的上市公司数量不同，因此均值的增长也并非一成不变的，增幅或大或小。

图 4-7 中的折线图表示的是江苏省第二产业上市公司所有者权益增长率的变化趋势，将其大致分为 4 个阶段进行阐述：第一阶段是 2007—2008 年，所有者权益出现缓慢下降的趋势，从 15.37% 下降到 11.08%；第二阶段是 2008—2010 年，所有者权益出现上升趋势，增幅在 2010 年达到峰值，增长率为 33.97%；第三阶段是 2010—2013 年，增长率骤降，2013 年涨幅最低，为 9.00%；第四阶段是 2013—2015 年，所有者权益增长率虽有回升，但远不及 2010 年的增幅。

随着资本市场的发展，企业的所有者越来越重视自己的利益，他们迫切需要详细地了解自己的权益状况。站在产业发展的角度，上市公司也是如此，所有者权益份额的大小也是投资者考虑是否进行投资的关键因素。为了使江苏省第二产业上市公司健康壮大发展，需要持续密切关注所有者权益的变动，分析所有者权益的增加是依靠股东"输血"还是自身营运状况良好所创造的。

表 4-3 所示的是江苏省第二产业 92 家上市公司所有者权益均值、中位数、最大值、最小值以及方差的情况。从中位数这一组数据中可以看出中位数水平基本保持在 9 亿~22 亿元之间，并且每年的波动并不是持续增长的。对比江苏省第二产业上市公司 2006—2015 年的中位数与均值水平发现，均值普遍高于中位数水平，尤其是 2011—2015 年，均值与中位数有 1~1.4 倍的差距，说明这里的均值是由几大支柱企业所占据，从而拉高

了整体水平。

表 4-3　　　　　　江苏省第二产业上市公司所有者权益统计　　　　金额单位：亿元

年份	均值	中位数	最大值	最小值	方差
2006	10.38	9.63	34.90	0.73	44.30
2007	11.97	10.53	43.34	1.66	56.92
2008	13.30	10.02	43.63	0.61	67.34
2009	16.53	9.79	44.36	1.13	98.38
2010	22.14	12.02	120.56	1.36	359.74
2011	29.44	13.28	151.55	1.30	434.52
2012	32.65	16.43	175.23	-0.61	559.04
2013	35.59	16.14	197.12	0.12	692.45
2014	41.98	17.87	204.39	1.21	878.64
2015	50.70	21.10	206.04	1.38	1 227.53

江苏省第二产业上市公司的极值差距更大，最小值公司所有者权益在 2015 年仍没有突破 2 亿元，而最大值公司 2015 年已突破 200 亿元，这说明上市公司规模整体参差不齐，因此可供分配的所有者权益也有大有小。方差反映的是江苏省第二产业上市公司所有者权益的离散程度，2006—2015 年所有者权益的方差是在不断拉大的，这更能直观地说明江苏省第二产业上市公司所有者权益集中性更弱，离散程度高，应引起所有者以及管理当局的足够重视。

4.2　从利润表看江苏省第二产业

4.2.1　营业收入缓慢增长，两极分化加剧

江苏省第二产业上市公司 2006—2015 年的营业收入情况如图 4-8 所示。从 2006 年的 1 085.58 亿元上升到 2015 年的 3 410.83 亿元，共增长了 2 325.25 亿元，增长幅度为 214.91%，年均复合增长率为 13.56%。但从营业收入的大致走势来看，江苏省第二产业上市公司的营业收入后半期增长幅度明显放缓，折线走势趋平。

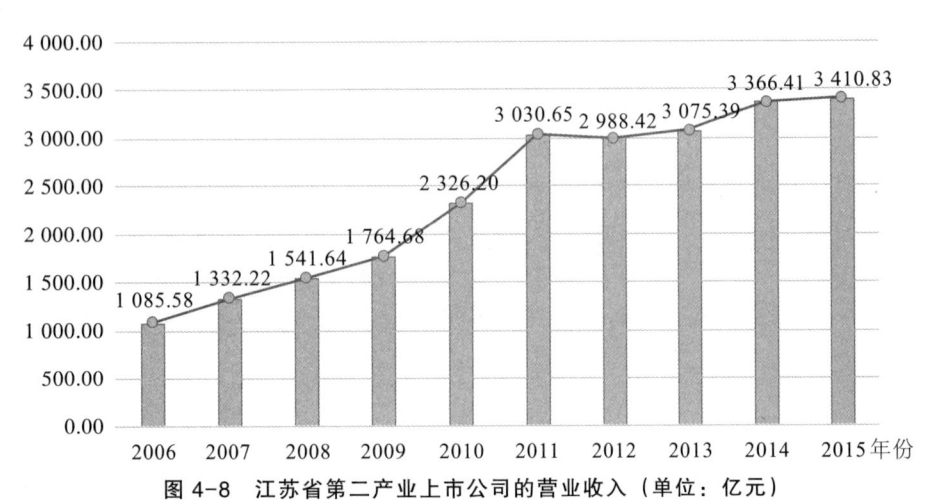

图 4-8　江苏省第二产业上市公司的营业收入（单位：亿元）

通过图 4-9 的条形图能看出江苏省第二产业上市公司营业收入均值是大致呈现上升趋势的，但仔细观察均值增长率的折线图可以看出，增长幅度是存在很大波动性的。因此将其具体分为 5 个阶段来分析：第一阶段是 2007—2009 年，营业收入均值增长放缓，从 22.72% 下降到 14.47%；第二阶段是 2009—2010 年，营业收入均值增长率骤增，2010 年均值增长率是 2009 年的 1.20 倍；第三阶段是 2010—2012 年，均值增长幅度又迅速回落，到 2012 年营业收入均值甚至出现下降趋势；第四阶段是 2012—2014 年，均值增长率出现负增长后有小幅上升；第五阶段是 2014—2015 年，均值增长幅度有所放缓。

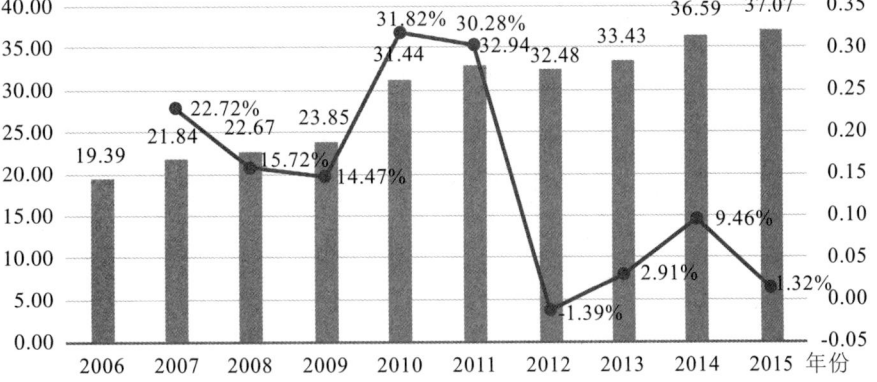

图 4-9　江苏省第二产业上市公司营业收入均值及增长率（金额单位：亿元）

无论是从营业收入还是从营业收入均值及其增长率来看，我们不难发现，江苏省第二产业上市公司近年来的营运状况增长态势趋稳，增速也略有放缓，但在经济规模持续扩大、产业结构不断优化、区域发展渐趋协调方面取得了一些积极进展，江苏省第二产业仍然是占据半壁江山。从江苏省 3 次经济普查的资料来看，对比私营企业第二、三产业分布情况后发现，从事第二产业的私营企业除单位数外，从业人数、资产及收入的份额虽逐步降低，但占比仍然超过 50%，第二产业仍是私营经济占比最大的产业领域。

江苏省民营经济取得了空前的发展。2014 年江苏省民营经济对全省 GDP 的贡献率达 55.4%，拉动经济增长 4.8 个百分点；营业收入总额从 6 101.9 亿元提高到 28 280 亿元，年均增速高达 20%。全省百强民营企业营业收入入围门槛 2013 年首次超过 100 亿元，达 101.5 亿元，比上年提高 29 亿元。苏宁控股集团、江苏沙钢集团有限公司均实现营业收入超 2 000 亿元，恒力集团、中天钢铁集团有限公司超过 1 000 亿元，苏宁环球集团有限公司、三胞集团有限公司、南京钢铁集团超过 500 亿元，分列全省百强民营企业前 7 位。超百亿元企业比上年增加 25 家；超 500 亿元企业比上年增加 1 家；超千亿元企业比上年增加 2 家。

2006—2015 年江苏省第二产业上市公司的营业收入的中位数、极值以及方差情况如表 4-4 所示。纵观 10 年间的中位数变化情况，可以看出变化幅度并不大，说明江苏省第二产业 92 家上市公司处于中间水平的企业规模相对来说维持在一定的增长水平上，并未出现异常的波动。而对比最大值与最小值，使企业间两极分化进一步加剧，最大值公司已突破百亿元大关，而最小值企业仅维持在 1 亿多元，还未突破 2 亿元的营业收入。这对上市公司而言，造成一定的结构性失衡，发展进度不统一。再对比方差，则更能进一步说明这一问题。方差从 2006 年的 657.47 上升到了 2015 年的 5 171.26，进一步拉大了产业之间的差距，导致江苏省第二产业上市公司离散程度加大，企业间营业收入集中性不高，行业差距进一步拉大。

表 4-4　　　　　　江苏省第二产业上市公司营业收入统计　　　　　金额单位：亿元

年份	中位数	最大值	最小值	方差
2006	14.12	159.52	1.7	657.47
2007	14.56	220.05	1.31	1 179.37
2008	14.37	283.54	1.41	1 753.38
2009	15.38	233.04	1.39	1 749.36
2010	17.43	300.55	2.08	3 140.40
2011	17.65	385.65	2.33	4 284.88
2012	17.58	363.08	2.16	3 934.20
2013	19.91	451.95	1.96	4 208.36
2014	20.66	456.39	1.98	4 434.24
2015	20.5	553.66	1.52	5 171.26

4.2.2　营运费用逐年增加

江苏省第二产业上市公司 2006—2015 年管理费用、销售费用共同构成营运费用的情况如图 4-10 所示。从图 4-10 中可以明显看出，销售费用和管理费用是逐年上升的，但从每年的情况来看，管理费用高于销售费用的情况居多，并且差距越来越明显。销售费用从 2006 年的 52.44 亿元上升到了 2015 年的 225.54 亿元，年均复合增长率为 17.60%；管理费用从 2006 年的 52.95 亿元上升到了 2015 年的 267.38 亿元，年均复合增长率为 19.71%。因此可以看出，管理费用无论从规模上还是涨幅上都高于销售费用。通过深入分析看出，2015 年管理费用突破 10 亿元的企业共有 6 家，分别为恒瑞医药（18.43 亿元）、徐工机械（14.72 亿元）、中南建设（14.60 亿元）、中材国际（13.31 亿元）、长电科技（13.09 亿元）、南钢股份（10.02 亿元），以上 6 家企业中只有中南建设来自建筑业，其余 5 家均为制造业，可见制造行业所发生的管理费用占据江苏省第二产业的很大比重。

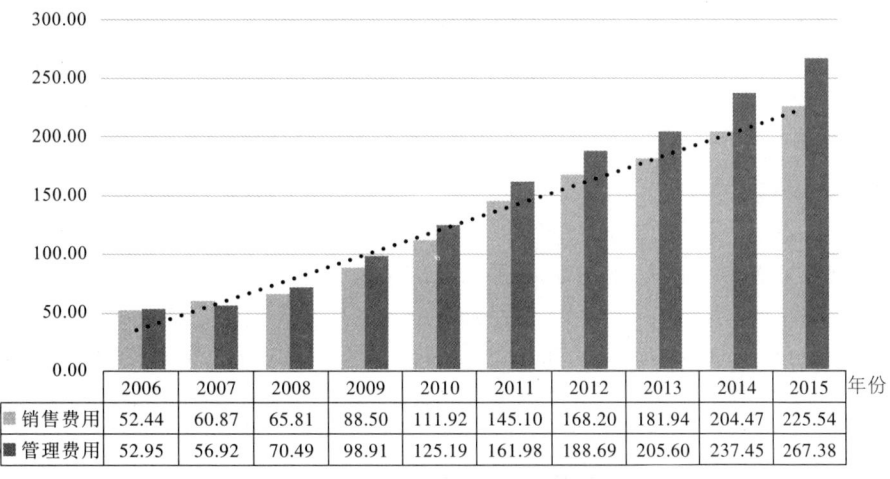

	2006	2007	2008	2009	2010	2011	2012	2013	2014	2015
销售费用	52.44	60.87	65.81	88.50	111.92	145.10	168.20	181.94	204.47	225.54
管理费用	52.95	56.92	70.49	98.91	125.19	161.98	188.69	205.60	237.45	267.38

图 4-10　江苏省第二产业上市公司营运费用构成（单位：亿元）

江苏省第二产业上市公司营运费用及增长率如图 4-11 所示。

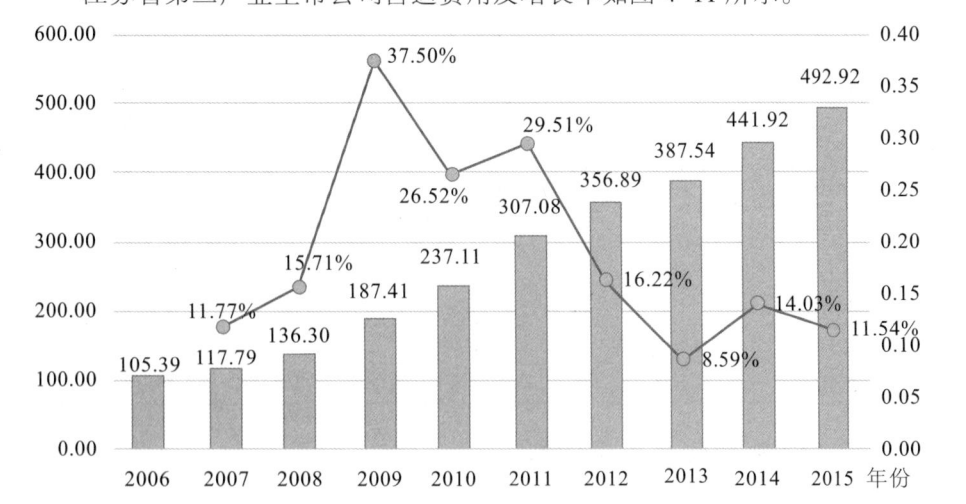

图 4-11　江苏省第二产业上市公司营运费用情况（金额单位：亿元）

2006—2015 年江苏省第二产业上市公司营运费用分别为 105.39 亿元、117.79 亿元、136.30 亿元、187.41 亿元、237.11 亿元、307.08 亿元、356.89 亿元、387.54 亿元、441.92 亿元和 492.92 亿元。通过这组数据可以看出营运费用逐年增加，10 年间增长了 387.53 亿元，涨幅为 367.71%。

图 4-11 中的折线图描绘的是营运费用各年增长率情况，可见每年的增长幅度都有所波动，大致分为两个阶段：第一阶段是 2007—2009 年，营运费用增速明显，从 11.77% 上升到 2009 年的 37.50%，达到最大增长幅度；第二阶段是 2009—2015 年，对营运费用的把控有所好转，增幅在逐年下降。

通过分析营运费用的构成项目（管理费用、销售费用）以及增长率可以看出，江苏省第二产业上市公司所发生的相关营运费用多集中在大型的制造业企业，如医药、建材等行业领域。这样的大型生产制造企业避免不了会有大比例的管理费用和销售费用支出。

4.2.3　息税前利润逐年增加

从图 4-12 中可以看出江苏省第二产业上市公司的息税前利润 10 年间大致是呈现逐年递增的趋势。江苏省第二产业上市公司的息税前利润在 2006 年为 70.34 亿元，逐步上升，在 2008 年略有下降，但很快又有所上涨，一直持续到 2012 年出现第二次下跌后，始终保持稳步增长的态势，到 2015 年达到 304.33 亿元的规模，10 年间共增长了 233.99 亿元，是 2006 年的 4.33 倍。

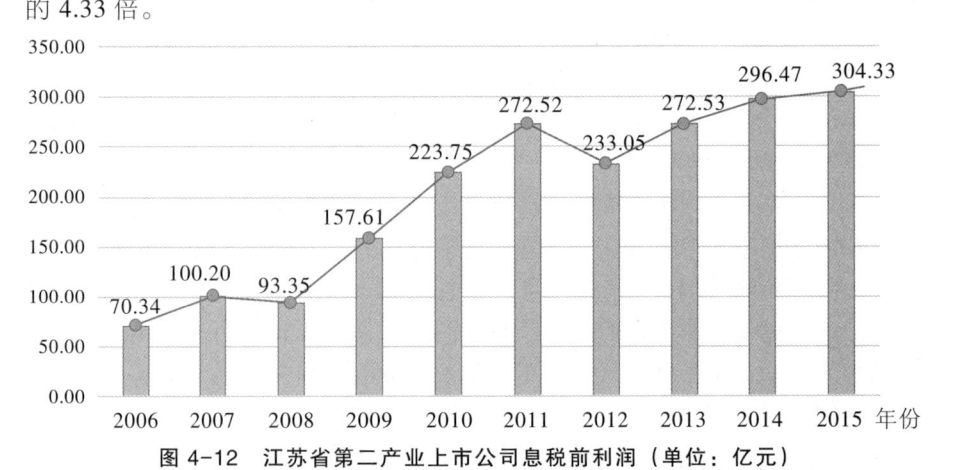

图 4-12　江苏省第二产业上市公司息税前利润（单位：亿元）

借助息税前利润这一指标，我们可以看出，无论企业营业利润是多少，债务利息和优先股的股利都是固定不变的。当息税前利润增大时，每 1 元盈余所负担的固定财务费用就会相对减少，这能给普通股股东带来更多的盈余，并且通过息税前利润可以简单地看出企业的经济活动带来的利润水平。

江苏省第二产业上市公司息税前利润均值及增长率如图 4-13 所示。

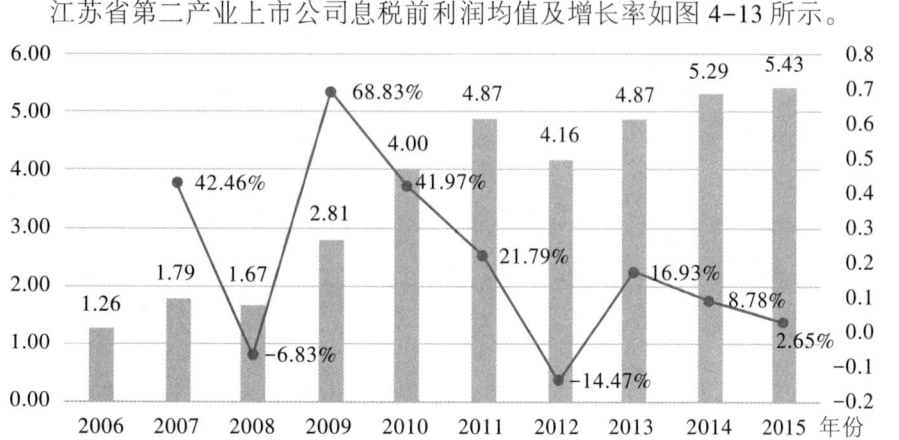

图 4-13　江苏省第二产业上市公司息税前利润均值情况（金额单位：亿元）

这里选取的息税前利润均值，同样是利用江苏省第二产业上市公司每年的息税前利润总额与上市公司数的比值得出的。

可以发现，均值总体是呈现每年都有所增加的趋势的。但也有例外的情况，如 2012 年较 2011 年出现了下降的走势，从 2006 年的 1.26 亿元增加到了 2015 年的 5.43 亿元，增幅为 332.69%，年均复合增长率为 17.62%。

图 4-13 中的折线图描绘的是江苏省第二产业上市公司息税前利润均值增长率的情况。纵观直线走势，将其分为 5 个阶段来分析：第一阶段是 2007—2008 年。这一阶段的息税前利润均值增长率是下降的，甚至出现负增长。第二阶段是 2008—2009 年，息税前利润均值迅速上升，增长率为正，飞速上涨。第三阶段是 2009—2012 年，息税前利润均值涨幅再次放缓，第二次增长率为负值。第四阶段是 2012—2013 年，均值增长率小幅上升。第五阶段是 2013—2015 年，增长率再次逐年放缓。

在分析企业经营成果的时候，必须排除利息和税金的干扰。这一考虑在企业并购重组中显得尤为重要。有的企业发生并购重组后，递减的利润直接表现为巨额负债亏损状态，从实质上有悖于会计记录的真实性，而息税前净利润正好避免了筹资方面的债务利息和国家强制性税收这两方面的影响，因为息税前利润提出了利息费用和相关税额的影响，同样起到了反映企业经营状况的作用。

4.2.4　所得税呈上升趋势

图 4-14 中的条形图所示的是江苏省第二产业上市公司 2006—2015 年上缴税额的情况。上缴税额从 2006 年的 12.88 亿元上升到了 2015 年的 56.05 亿元，共增长了 43.17 亿元，增幅为 335.17%，年均复合增长率为 17.75%。可见上缴税额的涨幅并不是很大。折线图所示的是 2006—2015 年

的上缴税额增长率情况。从图 4-14 中可以看出增长率同样存在波动性，尤其是在 2010 年以前，上缴税额的增长率在 2007—2008 年迅速下降，甚至出现负值，2008 年的上缴税额较上年下降了 7.78 亿元，下降幅度很大。而在 2009 年，上缴税额又迅速增加，较 2008 年上升了 1.10 倍，在之后的几年里上缴税额增幅放缓。波动最明显的当属 2008 年，这里不能排除金融危机的影响，对企业业绩直接造成冲击，企业销售收入降低进而影响利润，导致所缴税额也减少。

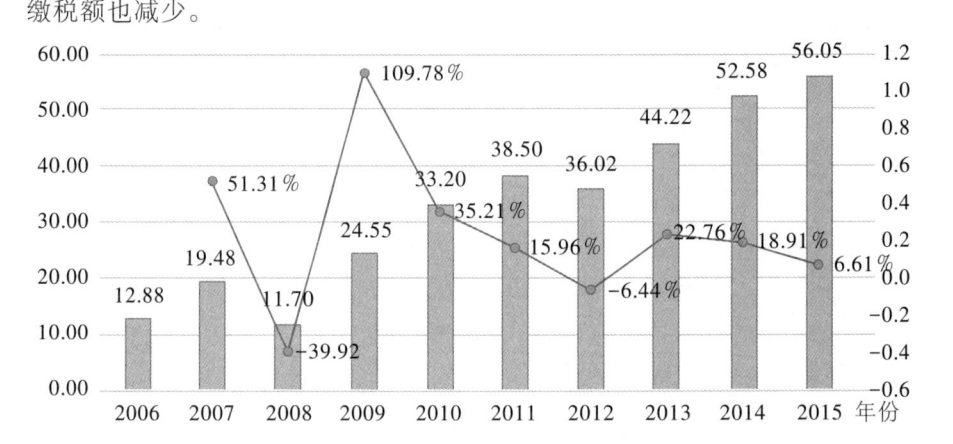

图 4-14　江苏省第二产业上市公司上缴所得税情况（金额单位：亿元）

上缴税额能够促进江苏省第二产业上市公司积极改善经营管理活动，充分考虑所得税税负的高低，间接提升企业的盈利能力；能有效调节江苏省第二产业上市公司的产业结构，促进经济良好发展；最主要的一点，上缴税额为国家的建设募集了大量的财政资金，是财政收入的主要来源。

江苏省第二产业上市公司极值如表 4-5 所示。最大值企业在 2015 年上缴的税额已突破 10 亿，达到 10.40 亿元，说明企业净利润很高。再看最小值，则显得没那么乐观了，每年的上市公司无一例外地都出现了上缴税额为负值的情况。纳税是每个公民和企业法人的义务，但不纳税并不意味着为企业结余了更多的资金，而是企业一年中没有获得收益，利润总额为负，企业处于亏损状态所致。尤其对于连年亏损的企业，值得持续关注和披露，以更好地保护企业股东、债权人以及投资者的合法权益。

4.2.5　净利润主要源自制造业

图 4-15 所示的是江苏省第二产业上市公司 2006—2015 年的业绩水平，即净利润。江苏省第二产业从 2006 年的 56 家上市公司发展壮大到 2015 年的 92 家上市公司，业绩飞速发展，净利润从 2006 年的 38.11 亿元增长到 2015 年的 200.14 亿元，共增长了 162.03 亿元，这一水平明显超越 10 年前同期水平，年均复合增长率为 20.24%。

表 4-5　　　　　　　　江苏省第二产业上市公司上缴税额统计　　　　　　金额单位：亿元

年份	总值	中位数	最大值	最小值	方差
2006	12.88	0.03	1.68	-0.24	0.07
2007	19.81	0.09	3.06	-0.34	0.17
2008	11.71	0.08	1.40	-0.09	0.04
2009	24.55	0.12	3.63	-0.22	0.29
2010	33.20	0.25	4.78	-0.01	0.54
2011	38.50	0.22	5.70	-0.45	0.68
2012	36.02	0.24	5.26	-2.87	0.68
2013	44.22	0.30	7.17	-3.07	0.89
2014	52.55	0.29	8.48	-0.45	1.18
2015	56.05	0.32	10.40	-0.16	1.48

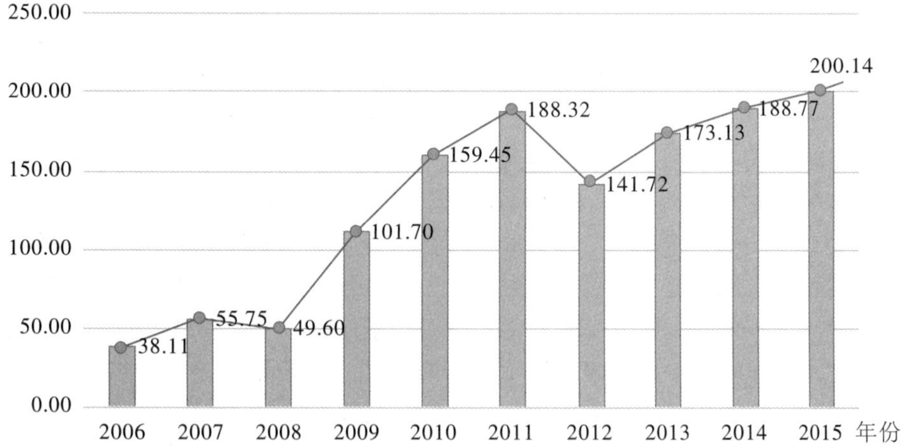

图 4-15　江苏省第二产业上市公司净利润（单位：亿元）

江苏省第二产业上市公司净利润均值以及增长率如图 4-16 所示，其和净利润总额的变动趋势一致，因此同样可以利用均值增长率的状态衡量净利润的增长情况。均值增长幅度可以大致分为 3 个阶段：第一阶段是 2007—2008 年，均值降低，均值增长率也随之下降，出现负增长。第二阶段是2008—2009 年，净利润均值增长率迅速上升，翻了 1 倍多。第三阶段是2009—2015 年，均值增长率放缓，增幅逐年降低。

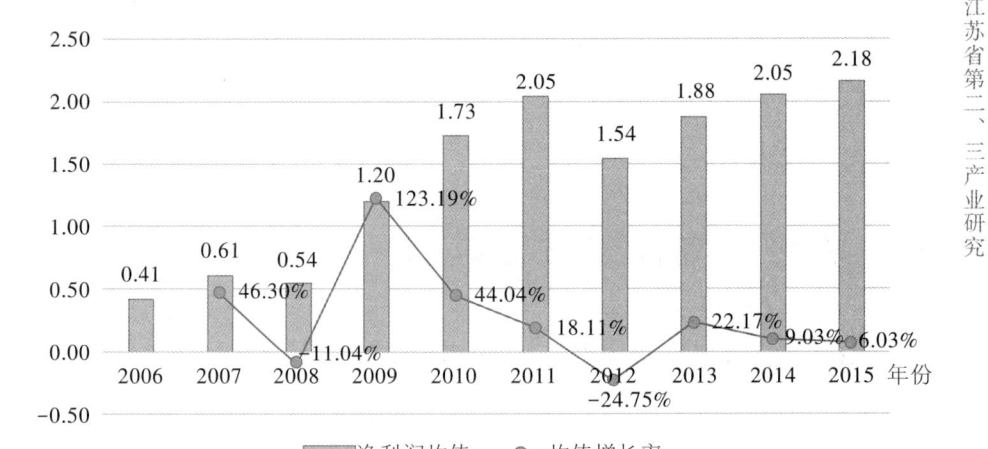

图 4-16 江苏省第二产业上市公司净利润均值及增长率（金额单位：亿元）

从江苏省第二产业上市公司净利润的中位数情况（见表 4-6）来看，中位数范围始终没有超过 2 亿。而观察江苏省第二产业上市公司的极值可以看出，许多企业盈利状况很好，而有些企业则处于亏损状态。表 4-6 已经列示的最大值企业，其中徐工机械连续 5 年位居产业最大值，说明公司经营业绩看好；其他企业，如南钢股份、中材国际、威孚高科、恒瑞制药，均属于制造业企业，在资产规模、营业收入以及净利润上都属于行业佼佼者。但由于近年来，行业竞争加剧，国家经济形势下行，产业结构改革处于过渡期，制造业企业生产成本还在增加，致使一些大型上市公司业绩也远不如从前，如 2015 年的南钢股份亏损达 24 亿元，损失惨重，如此规模的制造业企业也留下这一重大"创伤"，若想短时间内恢复盈利，恐怕难以实现。

表 4-6　　　　　江苏省第二产业上市公司净利润统计　　　　金额单位：亿元

年份	中位数	最大值	最大值公司	最小值	最小值公司	方差
2006	0.11	3.91	南钢股份	-1.51	中航高科	0.64
2007	0.25	10.31	南钢股份	-4.45	华东科技	2.86
2008	0.32	5.04	中材国际	-1.88	*ST海润	1.03
2009	0.6	17.12	徐工机械	-2.73	保千里	5.28
2010	0.92	29.18	徐工机械	-4.44	春兰股份	15.37
2011	1.03	33.79	徐工机械	-0.42	亚星客车	17.45
2012	0.95	24.66	徐工机械	-14.13	江苏阳光	14.38
2013	1.05	15.48	徐工机械	-6.19	徐工机械	9.30
2014	1.08	15.89	威孚高科	-9.33	*ST海润	9.40
2015	1.28	22.24	恒瑞医药	-24.33	南钢股份	19.20

观察江苏省第二产业上市公司的方差可以发现，方差并不是每年都呈现

上升趋势的变动，方差从 2006 年开始增加，到 2011 年达到 17.45。紧接着又有所下降，到 2015 年，方差达到最大值 19.20。究其原因，很可能是有些大型企业处于亏损状态，而一些企业仍能维持一定的净利润增长水平，从而导致行业间净利润的离散程度进一步加大。

4.3 从资产负债表看江苏省第三产业

4.3.1 总资产持续增长，企业间发展极不平衡

总资产是衡量企业规模的主要标准之一，其与企业规模成正相关，总资产越大，企业规模就越大。

从图 4-17 可以看出，江苏省第三产业上市公司总资产持续增长，从 2006 年的 1 515.20 亿元，经过 7 年发展，在 2012 年达到 14 921.41 亿元，随后仅仅经过 3 年就达到 32 713.11 亿元，相当于 3 年的时间总资产就翻了 2 倍多。2013—2015 年江苏省第三产业上市公司发展速度之快令人惊讶。2015 年总资产是 2006 年的 21.59 倍，2015 年较 2006 年总资产净增加额为 31 197.91 亿元，每年增加 3 119.79 亿元，年平均增长率为 40.31%，几何平均增长率为 35.96%。这种增长速度与上海市第三产业的发展速度相比较而言还是很快的，尤其是进入 2011 年，总资产的变化斜率明显变大。2012 年总资产为 2011 年的 2.25 倍，总资产绝对值的快速增加得益于江苏省最大的上市公司江苏银行，当年江苏银行以其约 6 500 亿元的总资产占据了榜首，说明江苏省第三产业总体发展势头强劲，尤其是银行的注入，为江苏省第三产业的发展注入了活力。

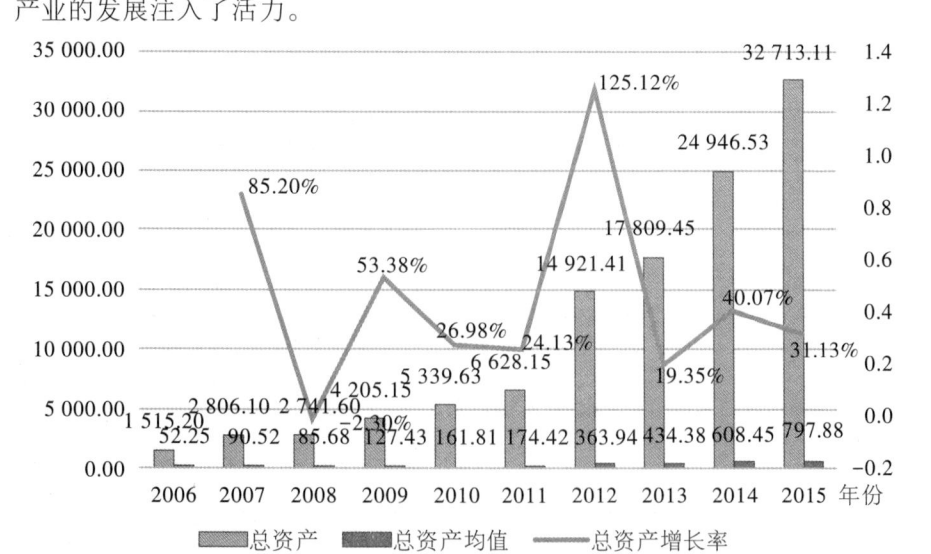

图 4-17　江苏省第三产业上市公司资产情况（金额单位：亿元）

从总资产的均值变化可以看出，江苏省第三产业上市公司的平均总资产除了2008年因金融危机等因素导致总资产的均值较2007年减少了4.84亿元，总资产规模略有下降之外，总体也是呈上升的趋势，且与总资产变化趋势相似，从2006年的50.25亿元增加到2015年的797.88亿元，净增加额为747.63亿元，2015年的平均资产总额是2006年的15.27倍，说明10年间江苏省第三产业上市公司的总资产的增加不只是得益于企业数量的增加，更是得益于单个企业的经济体量在增加，而且企业应对风险的自我调节能力较好。

从总资产年增长率可以看出，10年间总资产都在以较快的速度增长，大致看来总资产发展变化情况分为3个阶段：第一阶段是2007—2008年，为总资产的骤升趋缓阶段。这一阶段的总资产先经历了2007年资产的迅速积累，随之就是资产总值的略微回落，2007年总资产增长速度较2006年增加85.20个百分点，而到2008年资产总额的增长速度出现了负增长，较2007年下降2.30个百分点。第二阶段是2008—2011年，总资产增长速度趋缓，但是依然很是喜人。第三阶段为2011—2015年，总资产稳步增长。这一阶段的资产增长速度趋于稳定，2012年江苏银行使总资产增长率提高到125.12%之后，2013—2015年的资产增长速度基本处于相对稳定的范围，即20%～40%。

标准差表示的是样本数据的离散程度。标准差就是样本平均数方差的开平方，通常是相对于样本数据的平均值而定的，用M±SD来表示，表示样本某个数据观察值相距平均值有多远。从这里可以看到，标准差受到极值的影响。标准差越小，表明数据越聚集；标准差越大，表明数据越离散。从表4-7中可以看出，江苏省第三产业上市公司的总资产标准差变化幅度较大，在2006年是112.28，而2010年高达416.61，在2012年甚至达到1 125.34。标准差的波动幅度在2年的时间内增加了1.70倍，到2015年更是达到2 397.57，这说明江苏省第三产业上市公司各企业间的资产规模差距很大，企业间发展很不均衡，弱势企业与强势企业之间的鸿沟越发不可逾越。

通过分析我们统计的这10年间总资产最大值和最小值可以看到，2006年南京银行的总资产最大，为579.67亿元，而同年总资产最小的企业视觉中国仅为3.27亿元，南京银行是视觉中国的177.27倍，差距巨大。10年间总资产最大的企业和总资产最小的企业的极差逐年扩大，到2015年江苏省第三产业的第一大企业江苏银行总资产高达12 903.33亿元，而最小的上市公司国旅联合的总资产仅为7.32亿元，江苏银行是国旅联合的1 762.75倍，差距巨大，而当年总资产的均值仅为797.88亿元，这说明江苏省第三产业上市公司的各个企业规模存在很大的差距。

表 4-7　　　　　　　　江苏省第三产业上市公司总资产统计　　　　　金额单位：亿元

年份	标准差	最大值	最大值企业	最小值	最小值企业	均值	中位数
2006	112.28	579.67	南京银行	3.27	视觉中国	52.25	19.39
2007	188.84	778.67	华泰证券	2.02	视觉中国	90.52	21.00
2008	182.85	937.06	南京银行	1.59	视觉中国	85.68	24.50
2009	299.69	1 495.66	南京银行	1.40	视觉中国	127.43	30.37
2010	416.61	2 214.93	南京银行	1.32	视觉中国	161.81	48.16
2011	473.14	2 817.92	南京银行	1.42	视觉中国	174.42	51.20
2012	1 125.34	6 502.38	江苏银行	1.95	视觉中国	363.94	64.53
2013	1 345.01	7 636.52	江苏银行	0.10	中国天楹	434.38	69.63
2014	1 844.08	10 383.09	江苏银行	5.58	音飞储存	608.45	84.43
2015	2 397.57	12 903.33	江苏银行	7.32	国旅联合	797.88	102.12

从 10 年间企业的规模可以看出，江苏省第三产业上市公司中总资产规模最大的是金融业的三大企业，其中在 2012 年江苏银行的数据一经取得就一直占据鳌头，南京银行则在 2006—2012 年有 5 年（2007 年除外）占据第三产业鳌头，2007 年是华泰证券取代了南京银行，占领江苏省第三产业第一名的宝座，这说明了金融业强大的资金支持。而与之相对应的则是 10 年间江苏省第三产业规模最小的企业，2006—2012 年都是视觉中国，这是一个文化、体育和娱乐业的企业。而在 2012 年，由于中国天楹的前身中国科健股份有限公司发生了债务重组，并于 2013 年实施了重大资产重组计划，使得 2013 年中国科健股份有限公司的总资产骤降。中国科健股份有限公司在 2014 年完成与中国天楹的重组，公司的总资产得到了大幅提高。2014 年总资产规模最小的是音飞储存，总资产规模为 5.58 亿元。2015 年总资产规模最小的是国旅联合。视觉中国在 2013 年摆脱了身居第三产业末尾的尴尬地位。总而言之，江苏省第三产业上市公司的资产最大值在 2015 年已经达到万亿元，但是反观资产最小的企业的资产总额在 10 年间一直在 10 亿元之下。

就中位数和均值而言，江苏省第三产业上市公司的总资产中位数尽管也是逐年上升，但是一直在均值之下，且其与均值的差额尤为巨大，最大时大致相当于当年均值的 1/8（2015 年均值是 797.88 亿元，中位数是 102.12 亿元），这说明江苏省第三产业上市公司有过半的企业不及平均水平，企业之间发展不均衡。

从图 4-18 的 GDP 增长率和总资产的增长率我们可以看到，除了 2008 年总资产的增长率因金融危机、调整结构等因素的影响出现了负增长，低于 GDP 的增长速度之外，其余年份都高于 GDP 的增长速度，表明第三产业上市公司的经济发展速度要快于同期江苏省的经济发展速度。从图 4-18 中我们可以看到,江苏省第三产业上市公司 GDP 增长趋势总体呈波动下降趋势:经历了 2007—2009 年增长率连续下降之后,在 2010 年有大的回升,增长率达到 25.70%;2011—2015 年第三产业的 GDP 增长率持续走低;在 2015 年江苏省第三产业上市公司 GDP 增长率仅为 11.39%,尽管与全国 GDP 增长率相比仍处于很高的水平,但是相比之前的增长速度慢了很多,然而在我们看来这并不是一件坏事,反而是其内部整合调整、结构优化的结果。

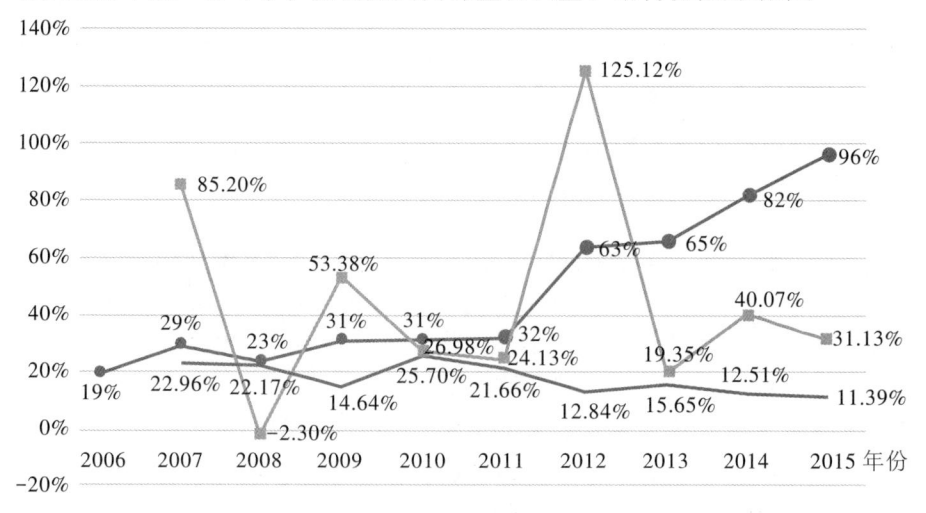

图 4-18　江苏省第三产业上市公司总资产与 GDP 相关比率

为了便于观察上市公司总资产对 GDP 的拉动作用,我们引入资产化率(资产总额/当年 GDP)。从图 4-18 的资产化率的变化趋势可以看出来,江苏省上市公司的总资产对 GDP 的带动力度加大,尤其是 2012 年,上市公司总资产占当年第三产业国民生产总值的 63%,2012—2015 年江苏省第三产业上市公司的总资产占 GDP 的比重分别是 63%、65%、82% 和 96%。一般来说,带动国民生产总值增长的方式无外乎三种,即投资、出口和消费,从江苏省第三产业上市公司的资产化率可以看出,江苏省第三产业对 GDP 的影响还是很大的。

4.3.2　负债呈上升趋势,离散程度增加

由图 4-19 中可以看出 10 年间江苏省第三产业上市公司负债总额呈上升趋势,年平均增长率为 49.48%,几何平均增长率为 38.58%,2006 年负债总额为 1 101.63 亿元,2015 年负债总额为 28 775.78 亿元,是 2006 年的26.12 倍,尤其是 2012 年,江苏省第三产业上市公司的负债总额较 2011 年净增加 7 725.42 亿元。10 年间江苏省第三产业上市公司的负债总额共增加了 27 674.15 亿元,平均每年增加 2 767.42 亿元的负债。

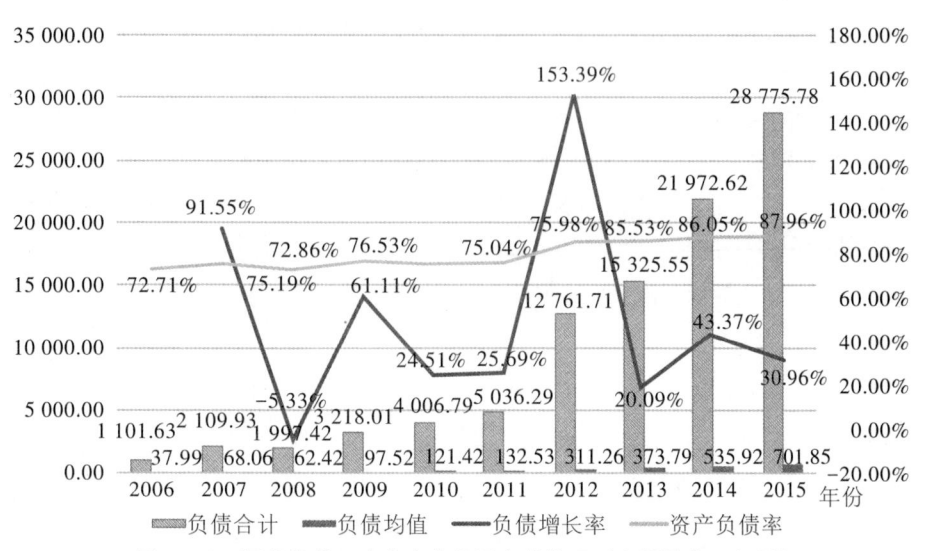

图 4-19　江苏省第三产业上市公司负债情况（金额单位：亿元）

从图 4-19 可以看出，江苏省第三产业上市公司的平均负债总额与第三产业总体负债变化趋势相似，都是波动上升的。2006—2015 年平均负债总额从 2006 年的 37.99 亿元增加到 2010 年的 121.42 亿元，突破百亿元的大关，而到 2012 年，随着江苏银行的数据可取，带动了整个产业的负债水平，2012 年平均负债额为 311.26 亿元，到 2015 年增加到 701.85 亿元，2015 年比 2006 年净增加 663.86 亿元，尤其是 2012 年比 2011 年增加 178.73 亿元，2015 年较 2014 年增加 165.93 亿元。这表明江苏省第三产业上市公司负债的增加不只是企业数增加的结果，也是企业自身负债增加的结果。

从图 4-19 可以看出，江苏省第三产业上市公司负债增长率呈波动下降并趋于平缓的趋势。江苏省第三产业上市公司负债增长率大致可以分为 3 个阶段：第一阶段为 2007—2008 年。这一阶段江苏省第三产业上市公司的负债增长率下降并出现了负增长，从 2007 年的 91.53% 到 2008 年的 -5.33%。第二阶段是 2008—2011 年。这一阶段是江苏省第三产业上市公司负债增长率先上升随后趋于平缓的阶段。2009 年第三产业的负债有了较大增长，增长率为 61.11%，之后在 2010 年和 2011 年增长速度趋于平缓，维持在 25% 左右。第三阶段是 2011—2015 年。这一阶段江苏省第三产业上市公司的负债增长率先上升，随后开始波动下降，2012 年增长率为 153.39%，而在 2013 年仅为 20.09%，而后在 2014 年再次出现一个小的波峰 43.37%，在 2015 年略微下降为 30.96%。

通过资产负债率可以看出，江苏省第三产业上市公司的资产负债率都在 72% 之上，且其几何平均增长率为 1.94%。尽管这么看来增长速度很慢，但整个行业的负债已经处于很高的水平，到 2012 年已经达到 85% 以上。这说明在江苏省第三产业上市公司的资产中，每 100 元中有至少 85 元是借贷来的，说明企业运用外部资金的能力较强，能够凭借自身的商誉等筹集到大量资金。一般来说，一个企业借入资金越多（只要不是盲目地借款），越是显得企业的生产经营活力充沛。因此，企业经营管理者一般希望资产负债率稍高些。这是由于通过举债经营，能够扩大企业生产规模，更好地开拓市场，增强企业活力，从而获取较高的利润。

标准差表示的是样本数据的离散程度。标准差越小，表明数据越聚集；标准差越大，表明数据越离散。从表4-8中可以看出，江苏省第三产业上市公司负债总额的波动浮动较大，尤其是2012—2015年江苏省第三产业上市公司的负债总额的标准差都保持在1 000以上，并逐年上升，到2015年已达到2 254.59。而2012年恰好是江苏银行数据可取之年，从表4-8中的最大值与最小值可以看出，江苏银行2012年的负债总额是6 160.98亿元，而当年负债额最小的企业是视觉中国，其负债总额仅为0.3868亿元，净差额为6160.59亿元，是视觉中国负债总额的15928.08倍，差额巨大。随后的3年，江苏银行始终保持着江苏省第三产业上市公司负债总额最大的地位，与负债总额最小的企业的净差额越拉越大。这说明江苏省第三产业上市公司负债规模有着较大的差距，与总资产的趋势基本一致。而在这10年间可以看出，江苏省第三产业上市公司的负债规模呈现两极化趋势，稳坐第三产业头把交椅的金融业的负债总额也是稳居首位，并逐年增加。一些负债多的公司的债务居高不下，而一些负债较低的公司没有明显提升，表明江苏省第三产业上市公司的整体发展仍不均衡，且在很大程度上依靠负债来扩大资产规模。

表4-8　　　　　　　　**江苏省第三产业上市公司负债统计**　　　　金额单位：亿元

年份	标准差	最大值	最大值企业	最小值	最小值企业	均值	最大值企业资产负债率	最小值企业资产负债率
2006	101.604	553.562	南京银行	0.3717	视觉中国	37.99	95.50%	11.37%
2007	163.063	677.118	华泰证券	0.3617	视觉中国	68.06	86.96%	17.90%
2008	157.111	823.605	南京银行	0.3416	视觉中国	62.42	87.89%	21.52%
2009	271.450	1 373.980	南京银行	0.1177	视觉中国	97.52	91.86%	8.39%
2010	368.201	2 025.220	南京银行	0.0285	视觉中国	121.42	91.44%	2.16%
2011	431.297	2 599.870	南京银行	0.0309	视觉中国	132.53	92.26%	2.18%
2012	1 064.590	6 160.980	江苏银行	0.3868	视觉中国	311.26	94.75%	19.86%
2013	1 264.210	7 157.570	江苏银行	-0.0203	中国天楹	373.79	93.73%	-19.44%
2014	1 743.140	9 822.440	江苏银行	1.4114	视觉中国	535.92	94.60%	4.37%
2015	2 254.590	12 248.000	江苏银行	2.1989	音飞储存	701.85	94.92%	6.83%

从最大值企业的资产负债率和最小值企业的资产负债率来看，这些居首位的金融业企业普遍有很高的资产负债率，并且在 90% 上下波动，远远地高于其他行业的企业。而其他行业的企业尽管可能资产总额较小，但是负债率也较之低很多。从我们列出来的江苏省第三产业上市公司可以看出，这些企业基本和资产最小的企业相一致，资产规模小，负债总额少，由表 4-8可以看出这些企业的资产负债率偏低，大多数年份连 20% 都不到，且大多数年份都在 10% 以下。这些企业资产规模较小是因为企业募集不到资金，还是企业的筹资方式有问题而只能仅依赖于自有资本的积累呢？这种问题是仅仅存在于这几家企业还是普遍存在于金融业以外的其他行业？不得不说这些都是值得企业深思的问题。

从表 4-9 可以看出，10 年间江苏省第三产业上市公司中最大值企业的负债额占行业负债总额的比重基本维持在 40%~50% 之间。一家金融业企业的负债所占的比重就几乎占了江苏省第三产业上市公司负债总额的一半，那么如果是全部的金融业企业呢？经过计算我们可以看出，金融业的负债总额在第三产业负债总额中的比重一直在上升，到 2014 年甚至达到 97.73%，这么高的比重不得不令我们咋舌，仅仅金融业的几家企业就有这样高的负债，生生拉动了整个第三产业上市公司的负债水平，由此可以大致推断出江苏省第三产业上市公司的其他企业的资产负债率都偏低。

表 4-9　最大值企业和金融业企业负债总额占第三产业负债总额的比重

年份	最大值企业负债额占第三产业 负债总额的比重	金融业企业负债额占第三产业 负债总额的比重
2006	50.25%	50.25%
2007	32.09%	69.19%
2008	41.23%	65.30%
2009	42.70%	73.79%
2010	50.54%	74.47%
2011	51.62%	76.90%
2012	48.28%	87.12%
2013	46.70%	88.23%
2014	44.70%	97.73%
2015	42.56%	99.13%

10 年间江苏省第三产业上市公司负债总额最大值企业与资产总额最大值企业一样，并没有什么变化，负债总额最小值企业与资产总额最小值企业

几乎一致，除了 2014 年和 2015 年的负债最少的企业变成视觉中国和音飞储存，其他的都没有什么变化。2013 年中国天楹的负债总额为-0.0203 亿元。在之前的总资产那一节我们就说过，由于中国天楹实行了资产重组，进行了资产负债的剥离，所以剩下的只是净资产，因此出现了负债总额为负值的情况。

4.3.3　所有者权益呈上升趋势，离散程度不断加大

江苏省第三产业上市公司 10 年间所有者权益都保持着上升的趋势，并且从图 4-20 中的数字来看，2006—2015 年，仅从所有者权益这一单方面的要素来分析江苏省第三产业上市公司，行业发展状况还是看好的，从 2006 年的 413.57 亿元增长到 2015 年的 3 937.33 亿元，10 年间所有者权益净增加额为 3 523.76 亿元，平均每年增加 352.38 亿元。与负债相比，所有者权益保持了相对稳定的增长速度，年平均增长率为 29.46%，几何平均增长率为 25.28%，增长速度保持在相对可控的程度。

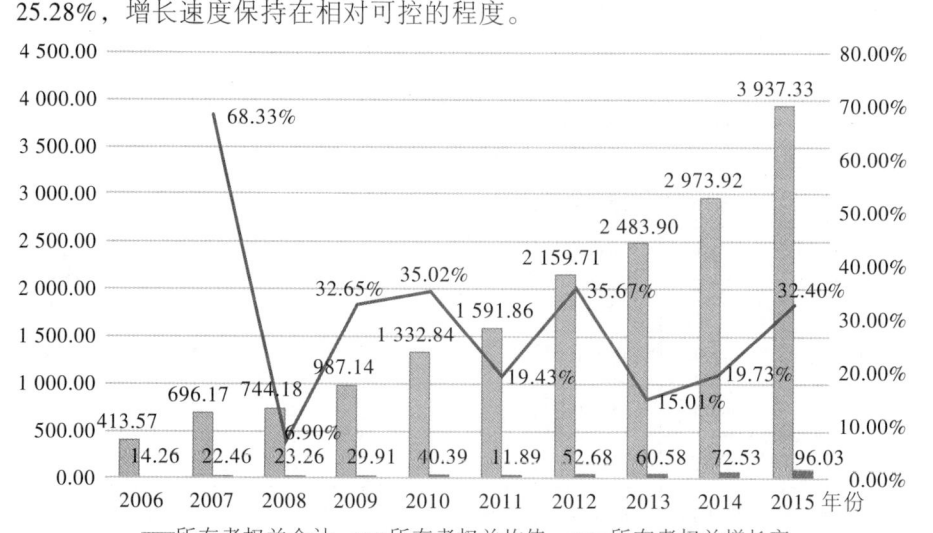

图 4-20　江苏省第三产业上市公司所有者权益情况（金额单位：亿元）

从图 4-20 可以看出，江苏省第三产业上市公司平均所有者权益呈上升态势，2006 年是 14.26 亿元，但是到 2015 年仅为 96.03 亿元，与负债相比较净增加额很小，仅增加了 81.77 亿元，平均每年仅增加 8.18 亿元，约为负债均值增加额的 1/8（2006—2015 年江苏省第三产业上市公司平均负债净增加额为 663.86 亿元，而与之相对应的平均所有者权益为 96.03 亿元），将所有者权益的增长速度与负债的增长速度相对比发现，其发展速度较为滞后，也从另一个侧面说明江苏省的第三产业的发展主要是依靠负债拉动，且与负债的增加额很不匹配，企业的净资产很少。

江苏省第三产业上市公司所有者权益变化趋势主要分成 3 个阶段：第一

阶段为 2007—2008 年。这是所有者权益增长率的回落阶段，从 2007 年的 68.33% 下降到 2008 年的 6.90%。第二阶段为 2008—2012 年。这一阶段所有者权益经过 2009 年和 2010 年的相对稳定的增长率，保持在 30% 左右，而 2011 年下降到 19.43%，2012 年回到 35.67%。第三阶段为 2012—2015 年。这是所有者权益增长率先下降再上升阶段，2013 年下降到 15.01%，之后一直在相对稳定地上升，到 2015 年为 32.40%，所有者权益增长率恢复到了 2012 年的水平，说明股东对第三产业的投资热情上升。

然而通过对负债总额那一节的分析可以看出，所有者权益在总资产中比重较低，其所占比重在 10%~30% 之间波动，尤其是近年所有者权益所占的比重虽然大于 10%，但是也低于 20%。下面我们就从标准差、均值以及最大值和最小值来具体分析江苏省第三产业上市公司的所有者权益情况。

从表 4-10 可以看出，江苏省第三产业上市公司的所有者权益总额波动也是较大的，但是与负债总额相比，其波动幅度还处于较小的范围，而且其波动幅度逐年上升，并于 2014 年成功破百。这说明尽管第三产业股东权益的波动幅度较大，但是相对于资产和负债而言，股东权益的波动幅度还是很小的。

表 4-10　　　　　　江苏省第三产业上市公司所有者权益统计　　　　金额单位：亿元

年份	标准差	最大值	最大值企业	最小值	最小值企业	均值
2006	28.16	154.93	宁沪高速	-13.81	中国天楹	14.26
2007	36.48	161.38	宁沪高速	-12.21	中国天楹	22.46
2008	36.32	164.08	宁沪高速	-12.31	中国天楹	23.26
2009	41.71	172.07	宁沪高速	-12.49	中国天楹	29.91
2010	68.11	332.40	华泰证券	-12.02	中国天楹	68.11
2011	67.58	336.15	华泰证券	-12.24	中国天楹	41.89
2012	82.91	346.38	华泰证券	-18.58	中国天楹	52.68
2013	98.93	478.95	江苏银行	0.12	中国天楹	60.58
2014	115.19	560.65	江苏银行	2.96	国旅联合	72.53
2015	171.76	815.29	华泰证券	2.85	南纺股份	96.03

然而当我们分析单个企业的时候可以看出，就所有者权益总额最大的企业而言，2006—2009 年都是宁沪高速，而在 2010 年之后的 6 年所有者权益总额最大的企业成为金融业企业，而且一直是华泰证券与江苏银行交替坐庄，其中 2013 年和 2014 年是江苏银行，其余 4 年都是华泰证券。而与负债总额不同的是，所有者权益总额最大的企业并不是总资产最大的企业，江苏省第三产业上市公司中金融业的江苏银行和南京银行等银行类企业的负债水平很高，证券类企业如华泰证券与江苏银行等相比较而言负债水平较低，这

与它们的经营业务范围有很大的关系。从所有者权益总额最小的企业可以看出，2006—2013 年都是中国天楹，而且 2012 年之前的 7 年中国天楹的所有者权益总额都为负值。这是因为之前中国天楹的前身在没有实行重组前企业经营状况不好。而在 2013 年实施重组之后，中国天楹的状况开始变好，也脱离了所有者权益总额最少甚至是负值的尴尬地位，之后的 2 年则换成国旅联合和南纺股份。而从企业均值来看，10 年间各企业的平均所有者权益总额是增加的，从 2006 年的 14.26 亿元增加到 2015 年的 96.03 亿元，从这个角度来看，江苏省第三产业上市公司的所有者权益发展还是比较好的；但是不得不令我们警惕的是，江苏省第三产业上市公司中资产总额最大的企业并不是所有者权益最大的企业，相反在 2006—2009 年非金融企业宁沪高速的所有者权益居第三产业的首位，而之后的几年尽管变成金融业企业，但是依然不是资产总额和负债总额最大的企业，再次体现了金融业的特殊性。

4.4 从利润表看江苏省第三产业

4.4.1 营业收入不断增长，对经济推动不足

由图 4-21 可以看出，江苏省第三产业上市公司的营业收入呈上升趋势：2006 年为 731.81 亿元，到 2015 年达到 3 662.16 亿元，是 2006 年的 5.00 倍，10 年间增加 2 930.35 亿元，年平均营业收入增加额为 293.04 亿元。与上海市第三产业相比较，尽管江苏省第三产业的总体规模较小，但是其发展速度较快，可见江苏省第三产业市场潜力巨大。

图 4-21　江苏省第三产业上市公司营业收入情况（金额单位：亿元）

就江苏省第三产业上市公司的营业收入的平均值而言，10 年间的平均营业收入由 2006 年的 25.23 亿元发展到 2015 年的 89.32 亿元，是 2006 年的 3.54 倍，净增加额为 64.09 亿元，这说明江苏省第三产业上市公司的营业收入平均到每个企业也是稳步增加的。

从营业收入的增长率来看，可以将 10 年间江苏省第三产业上市公司的发展分成 3 个阶段：第一阶段是 2007—2009 年。这一阶段江苏省第三产业的发展速度放缓，2008 年和 2009 年的年增长率仅为 8% 左右。尽管受到 2008 年经济危机的影响，江苏省第三产业上市公司的销售额依然在上升，说明江苏省第三产业已经有了较强的应对风险的能力。第二阶段为 2009—2012 年。这是江苏省第三产业的恢复上升阶段，其在国家调结构、促发展的一系列优惠政策的推动下，得到了迅速的恢复和发展，尤其是金融业开始有几家大型的银行强势进入市场。第三阶段是 2012—2015 年。江苏省第三产业先是进入了一个相对缓慢的发展阶段，随后增长率上升，2013—2014 年营业收入增长速度下降，到 2014 年降到 11.51%。这一阶段的江苏省第三产业由于像江苏银行这种大型企业集体上市潮过去，所以第三产业的营业收入增长速度下降。这并不是什么不好的现象，反而可以看出尽管在这么大的基数之上，江苏省第三产业依然拥有很大的发展潜力。2015 年为营业收入快速发展阶段，营业收入增长率达到 29.28%，较之前的增长率有了较快上升。

由表 4-11 的标准差指标可以看出，江苏省第三产业上市公司的营业收入 10 年间离散度时有波动，波动幅度越来越大；标准差总体是加大的，2006 年是 22.95，到 2015 年是 119.31，成功破百，离散程度逐年加大的趋势明显。这表明江苏省第三产业上市公司之间的营业收入差距较大，且分布较为分散。

表 4-11　　　　　　　江苏省第三产业上市公司营业收入统计　　　金额单位：亿元

年份	标准差	最大值	最大值企业	最小值	最小值企业	均值
2006	22.95	85.27	远大控股	0.36	中国天楹	25.23
2007	34.90	133.60	华泰证券	0.11	中国天楹	32.86
2008	38.04	181.88	远大控股	0.08	中国天楹	34.55
2009	35.98	140.26	南京医药	0.03	视觉中国	36.41
2010	45.10	211.87	远大控股	0.00	视觉中国	44.39
2011	57.94	313.18	远大控股	0.06	中国天楹	44.93
2012	69.99	363.08	远大控股	0.36	视觉中国	53.68
2013	81.67	451.95	远大控股	0.41	中国天楹	61.96
2014	86.92	456.39	远大控股	0.89	国旅联合	69.09
2015	119.31	553.66	远大控股	0.88	国旅联合	89.32

　　就营业收入最大值和最小值以及方差的情况来看，江苏省第三产业上市公司之间对于营业收入的实现能力是存在较为明显的差距的，一些资本雄厚、获利能力较强的公司持续快速发展，拉高了整体的平均水平，然而一些资本相对薄弱的公司的营业收入始终没有明显提升，公司自身发展呈现低迷态势，这在江苏省第三产业上市公司中并不在少数。从表4-11中可以看出，与资产负债表中不同的是营业收入最多的企业反而不再是金融业的企业，而是变成批发零售业的企业，且10年间营业收入最多的企业中有9年都是非金融业企业，有8年都是远大控股（除了2007年是华泰证券，2009年是南京医药），仅仅有1年是金融业行业的华泰证券是营业收入最多的企业（2007年华泰证券一上市就占据了营业收入的榜首）。而随后的8年间华泰证券的营业收入并不是非常理想，在2007—2015年波动较大，但总体维持在较低的水平，直到2014年营业收入才重新破百亿元，为120.62亿元，2015年为262.62亿元，而2008—2013年华泰证券的营业收入都在50亿元到100亿元之间波动，波动幅度很大。相反，尽管批发零售业如远大控股等非金融业行业的企业总资产远低于金融业企业，但是却有很多企业的营业收入高于金融业企业，这应该引发金融业行业企业的思考。尽管金融业行业与其他行业有或多或少的差异，但是出现这种问题却不是单纯的一个行业之间的差异所能解释的。从营业收入最少的企业分析，10年间主要是中国天楹、视觉中国和国旅联合。与对资产负债表部分的分析相似，这3个企业的资产较少，所以营业收入也较少，这种情况反倒不足为怪。

　　从图4-22中可以看出，2006—2015年GDP和营业收入都逐年上升。2006年江苏省第三产业上市公司GDP为7 914.11亿元，而该年上市公司营业收入仅为731.81亿元；2011年江苏省第三产业上市公司GDP为20 842.21亿元，突破了20 000亿元的大关；于2014年突破30 000亿元的大关；在2015年创造了34 085.88亿元的GDP。对比江苏省第三产业上市公司营业收入，2015年仅为3 662.16亿元，10年间GDP净增加值为26 171.77亿元，而营业收入净增加额仅为2 930.35亿元，差距巨大。就GDP与营业收入的绝对值而言，2006—2015年营业收入仅占GDP的10%左右。就GDP的增长率而言，在2011年之前都基本保持20%以上的增长速度，只有2009年为14.64%，这样的速度依然引人侧目。随后江苏省第三产业上市公司的GDP增速虽有所放缓，到2015年依然保持10%以上的增长速度（见图4-23）。对比营业收入与GDP，从一个侧面反映了江苏省第三产业上市公司营业收入增长速度较慢，GDP的拉动得益于投资、出口和消费的综合作用。营业收入是带动GDP增长的一个重要方面，江苏省第三产业应当重视对市场的拓展。

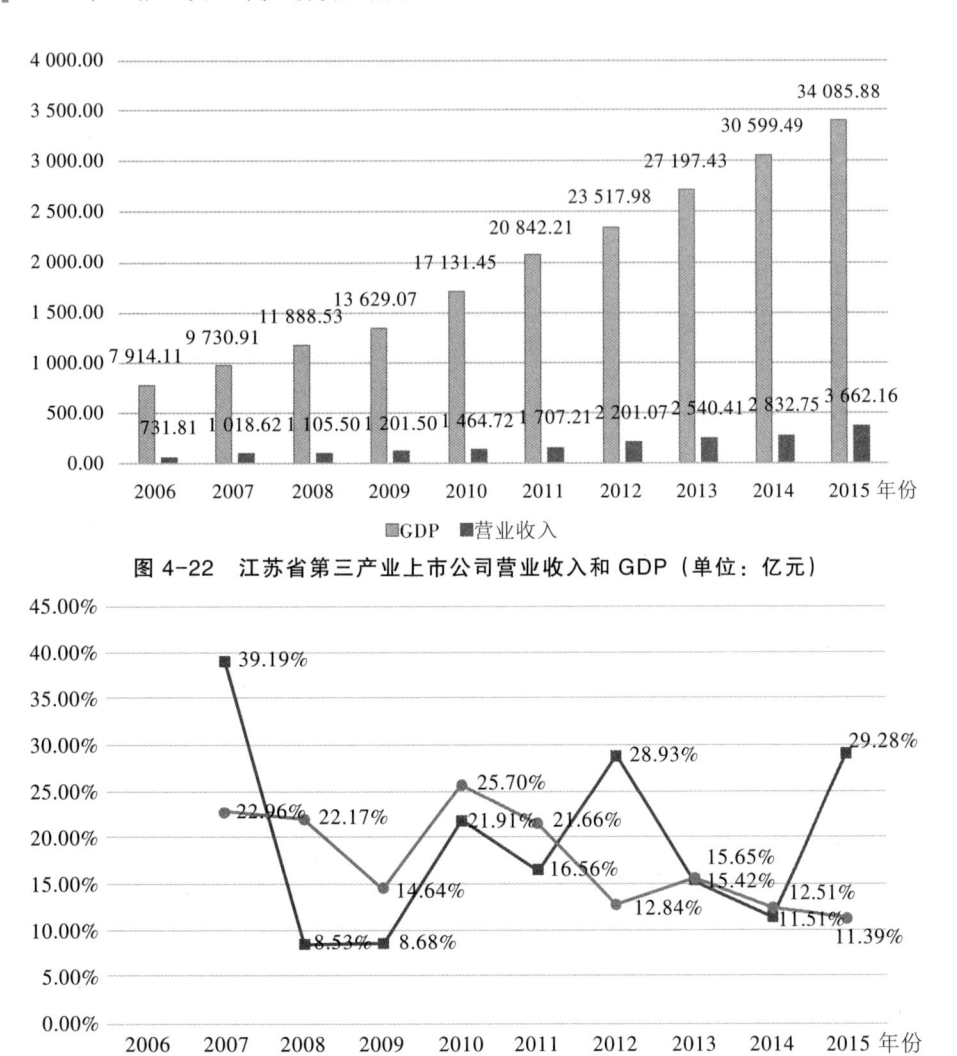

图 4-22　江苏省第三产业上市公司营业收入和 GDP（单位：亿元）

图 4-23　江苏省第三产业上市公司营业收入增长率和 GDP 增长率

在 2015 年江苏省第三产业上市公司中，批发和零售业的营业收入远高于其他行业，占整个第三产业的 50% 以上。2015 年批发和零售业营业收入最大的企业集团是远大控股，营业收入为 553.66 亿元；第二大企业是汇鸿集团，营业收入为 391.40 亿元；第三大企业是江苏银行，营业收入为 280.47 亿元。由此可见，在批发和零售行业存在很大的差距，远大控股的营业收入是第二大企业汇鸿集团的 1.41 倍，更不用说其他的批发和零售企业了。

结合资产的分析可以看出，江苏省第三产业上市公司的资产规模一直在扩大，且 10 年间总资产规模的增速（除 2008 年之外）都是远高于同期 GDP 增速的。尽管迅速扩大的资产规模带来了营业收入的增长，但这种增长却并不乐观，营业收入总量相比较其资产规模而言，显然不成正比。通过分析不难发现，虽然江苏省第三产业上市公司的营业收入随着时间的推移在连续不断地增长，但是其对 GDP 的贡献程度却显得很单薄，对江苏省第三产业经济增长的推动力明显不足。这一点与江苏省第三产业自身的经济结构有不可分割的关系，营业收入的实现方面明显缺乏动力。同时，发展不同步、不均衡的特点显著，营业收入实现能力存在较大差异。金融业上市公司的资产规模较大，获利能力较强，获得营业收入的能力却并没有那么强；相反，资产较少的批发和零售业却获得了更多的营业收入，致使江苏省第三产业上市公司整体呈现出资产规模充足、获利能力不足的局面，整体缺乏竞争力和发展动力。

在利润表中除了营业收入等增加利润项影响利润之外，还有营运费用、财务费用以及所得税费用等减项使得利润减少，因此我们挑选了几个影响利润的减项进行分析，从一个方面来看江苏省第三产业期间费用的控制水平。

4.4.2 营运费用持续上升

从图 4-24 可以看出，2006—2015 年江苏省第三产业上市公司的营运费用持续上升，从 2006 年的 58.64 亿元增加到 2015 年的 515.21 亿元，净增加额是 456.57 亿元，年平均增加 45.66 亿元，年均复合增长率为 27.31%。尤其是 2015 年，营运费用较 2014 年增加 143.44 亿元，营运费用从 2014 年的 371.77 亿元增加到 2015 年的 515.21 亿元。这进一步说明在经济形势不稳定的今天，企业为了更好地销售自己的产品获得收入，不断地加大销售费用和管理费用的支出，而这种状况在 2013—2015 年有较明显的增强趋势。

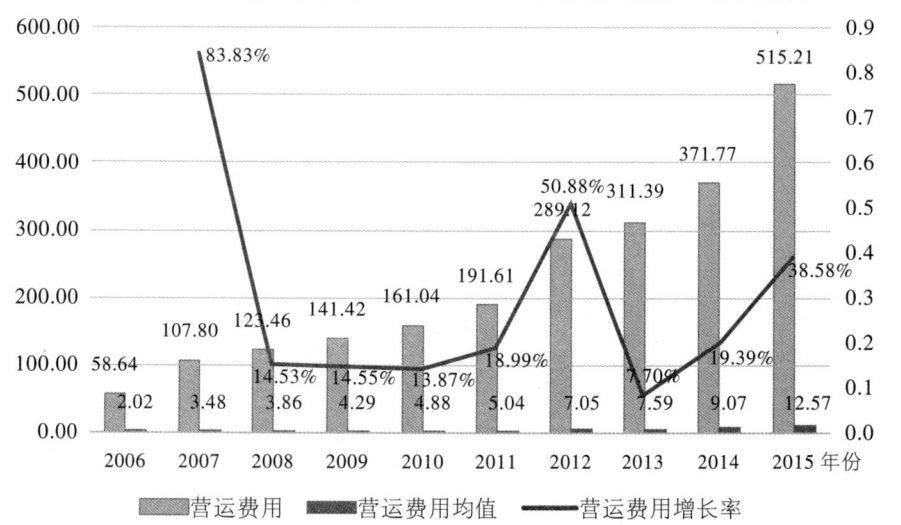

图 4-24　江苏省第三产业上市公司营运费用情况（金额单位：亿元）

从图 4-24 中可以看出,江苏省第三产业上市公司的平均营运费用也是增加的。10 年间江苏省第三产业上市公司的平均营运费用在 2006 年是 2.02 亿元,到 2015 年增加到 12.57 亿元,是 2006 年的 6.22 倍。从 10 年间的营运费用均值的增长可以看出,第三产业的管理活动和销售活动的成本在加大,尤其是 2012 年和 2015 年,营运费用均值分别较前年增加了 2.01 亿元和 3.50 亿元。

从营运费用增长率可以看出,10 年间营运费用可以分为 3 个阶段:第一阶段是 2007—2010 年。营运费用增速放缓,从 2007 年的 83.83% 下降到 2010 年的 13.87%,尤其是 2008—2010 年的营运费用基本保持在 14% 左右。第二阶段是 2010—2013 年。营运费用增长速度上升,2012 年达到 50.88%。第三阶段是 2013—2015 年。营运费用稳步上升,保持相对稳健的增长速度,2013—2015 年分别为 7.70%、19.39%、38.58%,说明营运费用增长速度加快。

以上这些反映了江苏省第三产业总体规模扩大、通货膨胀、人工成本提高以及对管理要求的提高等导致营运费用的增加,也反映了经营活动的复杂性导致的管理活动成本增加。

4.4.3 所得税费用呈上升趋势

从图 4-25 可以看出,江苏省第三产业上市公司的所得税费用是呈波动性上升的,2006 年为 15.45 亿元,2007 年快速增加为 48.47 亿元,2008 年又降到 19.18 亿元,2009 年又增加到 36.26 亿元,经过两年的稳定增长,2012 年为 75.39 亿元,到 2015 年增加到 129.20 亿元。2015 年江苏省第三产业上市公司的所得税费用较 2006 年净增加 113.75 亿元,是 2006 年的 8.36 倍。尽管 2008 年全球金融危机使得整个第三产业的营业利润下降,导致企业所得税费用大幅缩水,较 2007 年减少了 29.29 亿元的所得税费用,但是在 2009—2011 年又缓步回升,从而说明江苏省第三产业经济回暖。尽管经过 3 年的恢复依然未能达到 2007 年的水平,但是进入 2012 年,江苏省第三产业上市公司的所得税费用迅速恢复到之前的水平,甚至较 2007 年还增加 0.56 倍,2015 年的所得税费用甚至达到近 130 亿元。我们都知道所得税费用的增减与利润总额的多寡密切相关,是利润总额乘以一定的比率得到的。所得税费用这一要素可以从侧面反映出江苏省第三产业的盈利情况,即呈现较好的发展态势,这对江苏省第三产业的发展无疑是一个较好的信号。

江苏省第三产业上市公司所得税费用可以分为 3 个阶段:第一阶段为 2007—2008 年,所得税费用下降。这一阶段由于全球经济危机的剧烈冲击,一些第三产业企业退出市场,使得江苏省第三产业上市公司的所得税费用迅速下降,净减少额为 33.02 亿元,较 2007 年下降 60.43 个百分点。第二阶段为 2008—2011 年,

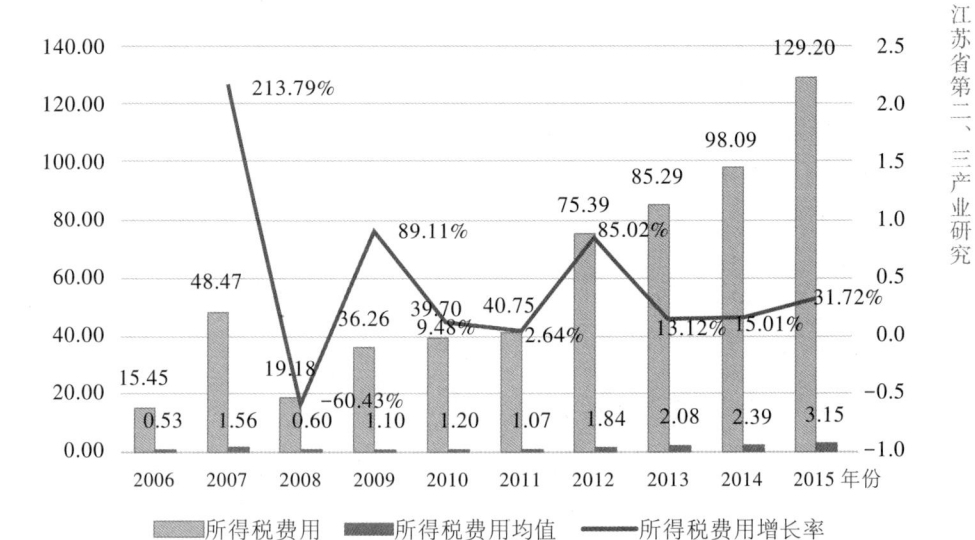

图 4-25　江苏省第三产业上市公司所得税费用情况（金额单位：亿元）

所得税费用缓慢恢复。这一阶段江苏省第三产业由于各种政策的支持开始恢复，使江苏省第三产业上市公司的上缴税额开始缓慢回升。第三阶段为2011—2015 年，江苏省第三产业稳步发展。这一阶段一些金融业企业上市，使江苏省第三产业的上缴税额在 2012 年有了较大上升，随后便保持相对稳定的增长速度。

　　从表 4-12 可以看出，2006—2015 年江苏省第三产业上市公司的所得税费用标准差变动幅度尽管偶有波动，但是依然呈上升状态，且上升幅度很小，从 2006 年的 1.07 逐年上升到 2015 年的 7.17。根据其波动幅度我们可以看出，2006—2015 年江苏省第三产业上市公司的所得税费用分布较为集中，在 5 亿元～35 亿元之间浮动。总体而言，10 年间江苏省第三产业上市公司各企业的所得税费用还是较少的。

表 4-12　　　　　　　江苏省第三产业上市公司所得税费用统计

年份	标准差	最大值（亿元）	最大值企业	最小值（万元）	最小值企业	均值	中位数
2006	1.07	5.49	宁沪高速	156.57	国旅联合	0.53	0.29
2007	4.77	24.71	华泰证券	27.83	视觉中国	1.56	0.29
2008	1.09	5.02	宁沪高速	-104.24	连云港	0.60	0.23
2009	2.46	12.34	华泰证券	-399.89	南纺股份	1.10	0.41
2010	2.34	10.22	华泰证券	-1 385.26	南纺股份	1.20	0.37
2011	1.91	7.84	宁沪高速	4.03	中国天楹	1.07	0.43
2012	4.50	25.90	江苏银行	-651.15	国旅联合	1.84	0.71
2013	4.94	28.43	江苏银行	-2.68	视觉中国	2.08	0.65
2014	5.10	27.16	江苏银行	-251.13	连云港	2.39	0.64
2015	7.17	34.66	华泰证券	92.91	南纺股份	3.15	0.61

从最大值来看，2006—2015 年所得税费用最大的企业与息税前利润一致，这是由于所得税费用是根据息税前利润乘以一定的所得税税率而得到的。同时反观所得税费用最小值的企业，10 年间很多都为负值，尤其是 2010 年南纺股份的所得税费用达到−1 385.26 万元，差距尤为明显。

从中位数和平均值来看，江苏省第三产业上市公司所得税费用的中位数都在 0~1 之间，并且都远小于平均值，也就是说过半数的企业所得税费用达不到第三产业所得税费用的平均水平，这再一次说明了第三产业企业盈利能力很不均衡。

4.4.4 净利润主要源自金融业

从图 4-26 可以看出，江苏省第三产业上市公司的净利润在 10 年间的变化趋势与所得税费用的变化趋势基本一致，虽偶有下降，总体依然呈现上升的趋势。2006 年江苏省第三产业上市公司的净利润为 39.98 亿元，截至 2015 年江苏省第三产业上市公司净利润达到 459.25 亿元，年平均增长额为 41.93 亿元，年平均增长率为 42.76%，几何平均增长率为 27.65%。但是净利润只是一个相对数，单单从这一个数字上很难看出行业盈利状况的好坏，只能通过净利润增长率与营业收入增长率相对比，才能得出企业的盈利状况，进而推断出行业甚至一个产业的发展变化程度。通过净利润增长率与之前的营业收入的增长率相对比，我们会发现 2006—2015 年江苏省第三产业上市公司的净利润增长率除 2008 年之外，其余 9 年基本处于营业收入增长率的下方，说明江苏省第三产业上市公司在大多数时间的营业收入增长速度都高于净利润的增长速度，从净利润这一指标来看江苏省第三产业上市公司的盈利能力并不乐观。

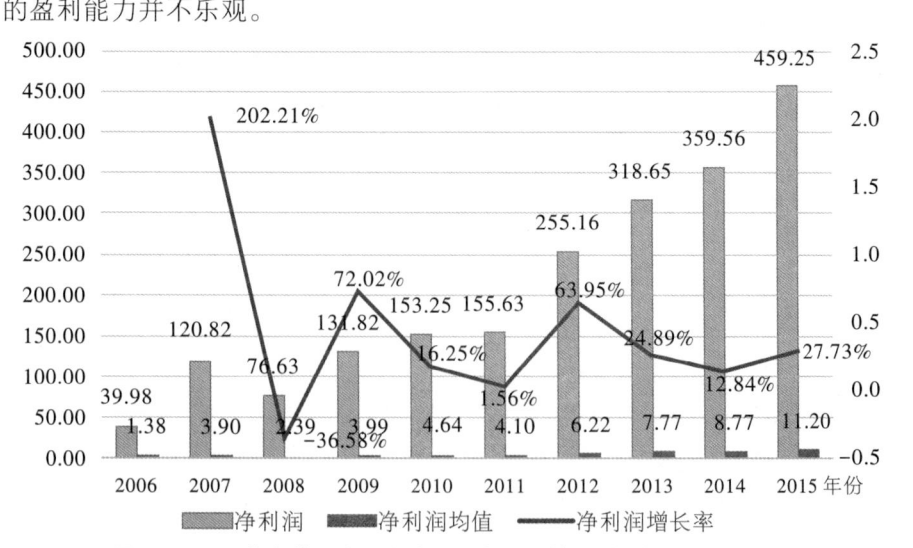

图 4-26　江苏省第三产业上市公司净利润情况（金额单位：亿元）

从表 4-13 可以看出，2006—2015 年江苏省第三产业上市公司的净利润标准差变动幅度尽管偶有波动，但是依然呈上升状态，从 2006 年的 2.36 逐年上升到 2015 年的 24.17。根据其波动幅度可以看出，2006—2011 年江苏省第三产业上市公司的净利润增幅较小，有所波动，但是增幅较慢，且较为稳定，说明江苏省第三产业在这 6 年间净利润较为集中；2012—2015 年江苏省第三产业上市公司净利润的波动幅度较之前开始有所提高。总体而言，10 年间江苏省第三产业的各企业的净利润还是较少的。

表 4-13　　　　江苏省第三产业上市公司净利润统计　　　金额单位：亿元

年份	标准差	最大值	最大值企业	最小值	最小值企业	均值	中位数
2006	2.36	11.79	宁沪高速	−0.0000	视觉中国	1.38	0.76
2007	11.02	60.14	华泰证券	−0.5753	江苏吴中	3.90	0.88
2008	4.23	15.99	宁沪高速	−0.0996	中国天楹	2.39	0.79
2009	7.92	40.87	华泰证券	−0.1796	中国天楹	3.99	1.23
2010	7.88	34.80	华泰证券	−0.0632	南京医药	4.64	1.86
2011	7.00	32.35	南京银行	−1.8346	南京医药	4.10	1.37
2012	12.99	70.36	江苏银行	−6.3605	中国天楹	6.22	1.55
2013	15.06	81.99	江苏银行	−8.6568	综艺股份	7.77	2.84
2014	17.11	86.99	江苏银行	−1.6574	国旅联合	8.77	1.75
2015	24.17	107.98	华泰证券	−1.7936	综艺股份	11.20	1.93

2006 年净利润最大值企业是宁沪高速，2007 年华泰证券超过宁沪高速，2008 年宁沪高速反超华泰证券再次位居榜首，之后 2009 年和 2010 年积极调整经营政策，再次成为第三产业盈利最多的企业，2011 年南京银行超过华泰证券位居第一，而 2012—2014 年江苏银行以迅雷不及掩耳之势雄踞第三产业榜首 3 年，直至 2015 年才再次被华泰证券反超。反观净利润最小值企业，10 年间不论是哪个企业，无一例外，净利润全部都为负值，差距明显，但是相对于总资产差额的绝对值还是很小的。

从中位数和平均值来看，江苏省第三产业上市公司的中位数都在 0~2 之间，并且都远小于平均值，也就是说过半数的企业净利润达不到第三产业净利润的平均水平，在第三产业中一些盈利能力较好的企业或资产较雄厚的企业将第三产业的平均水平拉高，进一步说明了第三产业企业盈利能力很不均衡。

进一步分析可得，2015 年江苏省第三产业上市公司的净利润各行业所占比重分别是：金融业最多，占了江苏省第三产业上市公司净利润总额的

69%；其次是房地产业，占了9%；批发和零售业占了7%；交通运输、仓储和邮政业占了6%；文化、体育和娱乐业占了3%；其余6个行业的净利润仅占了6%。除金融业之外的10个行业的净利润之和连第三产业净利润的一半都未达到。而在营业收入那一节我们分析了江苏省第三产业上市公司销售收入最多的是批发和零售业，然而批发和零售业的净利润仅占了江苏省第三产业上市公司净利润总额的7%，以第三产业销售总额的51%仅获得了第三产业净利润总额的7%，而金融业却以第三产业25%的营业收入总额获得了第三产业净利润总额的69%。如此大的差距不得不让我们思考：为何金融业尽管属于比较新的事物，却在第三产业中占了举足轻重的地位？低投入、高回报而传统的批发和零售业却劣势尽显？很显然，产业结构的优化迫在眉睫，产业内部的调整已经刻不容缓，企业势必要尽快改进经营管理，以适应社会的发展。

通过对利润表的几个重要指标的分析可以看出，江苏省第三产业上市公司的内部各行业之间经营能力存在较大的差距，占据大部分市场份额的批发和零售业所得利润屈指可数，仅占市场份额1/4的金融业所得的利润却很大。尽管江苏省第三产业整体的发展不容忽视，发展势头强劲，产业结构日趋合理，未来江苏省第三产业可能会创造更大的经济财富，但是我们依然可以看出，江苏省第三产业各行业间存在的巨大问题。批发和零售业尽管拥有很大的收益，但是也有巨大的成本，随之而来的是高收入、高成本和低利润。而对于营业收入较少的金融业，却伴随着低收入、低成本和高利润。江苏省第三产业需要充分认识其存在的问题，而不是仅仅被表面的繁荣所迷惑。

4.5   本章小结

本章通过江苏省第二、三产业上市公司的资产负债表、利润表，分析了江苏省第二、三产业的经济状况。整体来看，第二、三产业的资产化率均呈上升趋势，第二、三产业上市公司在江苏省经济发展中的作用越来越大，第二产业中以制造业为支柱行业，第三产业中以金融业为支柱行业，但第二、三产业均应进一步提高其营业收入，这样才能使企业在推动地区经济发展中贡献更大力量。

第5章　浙江省经济发展研究

本章主要利用统计学原理，选取了浙江省截至2015年年末的130家国内A股主板上市公司（以下简称浙江省上市公司）作为研究对象。按照中国证监会对于境内上市公司所属行业的分类标准，本书将上市公司按其所属产业分别划分为第一产业、第二产业和第三产业。截至2015年年末，浙江省A股主板130家上市公司当中，包含第二产业上市公司88家，占总体的67.69%；第三产业上市公司42家，占总体的32.31%。本章意在从财务分析的角度，通过选取财务指标对浙江省的130家上市公司进行财务分析，以揭示浙江省经济发展的现状和存在的问题。

5.1 从资产负债表看浙江省经济发展状况

5.1.1 资产规模不断增长，推动地方经济发展

从图5-1来看，浙江省上市公司2006—2015年总资产的规模是不断扩大的，从2006年的2 157.97亿元上升到2015年的16 606.32亿元，共增长了14 448.35亿元，增长率达669.53%，总资产的平均值为7 723.93亿元。自2010年开始，浙江省上市公司的资产总额迈入了5 000亿元门槛，而仅在2年之后的2012年，其资产总额就突破了10 000亿元。其中，截至2015年年末，浙江省第二产业上市公司共计88家，总资产为5 502.44亿元，占浙江省上市公司总资产份额的33.13%；浙江省第三产业上市公司共计42家，总资产达11 103.88亿元，占浙江省上市公司总资产份额的66.87%。由此可以看出，浙江省上市公司在适度的政策引导下，不断致力于扩大资产规模。这体

现在参与上市的公司数量的增多和已上市的公司本身经营实力的壮大。同时，从第二产业与第三产业总资产规模的对比来看，虽然第三产业上市公司的数量少于第二产业，但总资产规模却达到第二产业的2倍之多。不难看出，浙江省第三产业的发展规模从总资产这一角度来看要大幅领先于第二产业，相比第二产业更具发展的资本与动力。

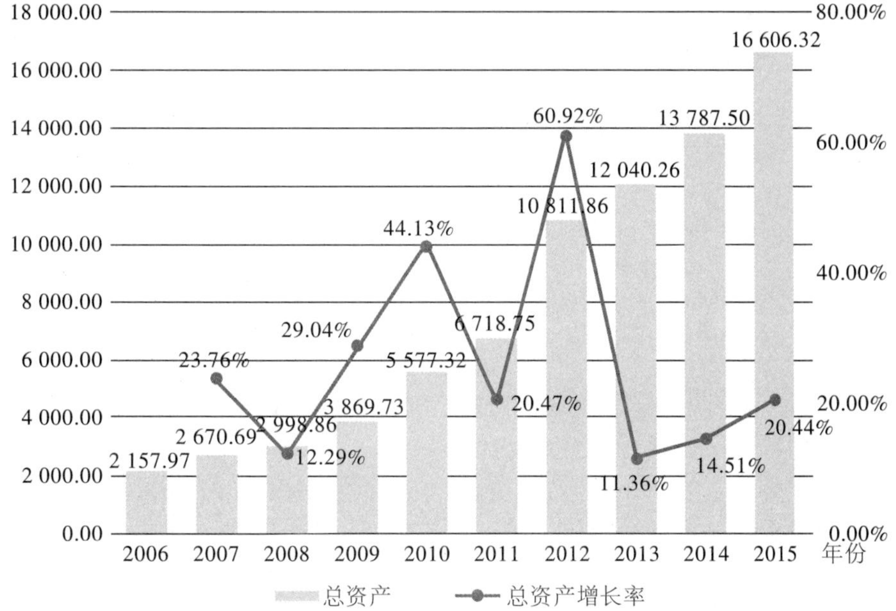

图 5-1　浙江省上市公司总资产情况（金额单位：亿元）

从表5-1中来看，浙江省上市公司的数量在2012年之前都是处于逐年增加的，由此带来整体的总资产规模的不断扩大。浙江省上市公司历年来的平均总资产由2006年的26.00亿元上升至2015年的127.74亿元，增长率达391.31%；在2011年，平均总资产相比上一年略有下降，推测可能是由于2011年浙江省新增了28家上市公司，总资产规模虽有所增加，但是公司数量的影响相比之下更为显著，致使平均总资产小幅下降。除此之外，浙江省上市公司的平均总资产均处于上升趋势。

从图5-1中的折线图可以较为直观地看出，浙江省上市公司总资产增长率的波动情况大致可分为3个阶段：第一阶段是2007—2010年。总资产增长率经历了先下降后上升的过程，由2007年的23.76%回落至2008年的12.29%，而后连续攀升至2010年的44.13%。第二阶段是2010—2012年。总资产增长率出现了第二次先下降后上升的过程，在2011年降至20.47%之后，迅速攀升至2012年的60.92%，达到10年间增长的峰值。第三阶段是2012—2015年。总资产增长率经历了第三次先下降后上升的过程，由2012年的峰值陡然降至2013年的11.36%，达到历年增长的波谷。此后连续两年，总资产增长率逐年稳步回升，至2015年又实现了20.44%的增长率。

表 5-1　　　　　　　　　浙江省上市公司总资产统计　　　　　　金额单位：亿元

年份	资产总额	公司数	平均总资产	中位数	最大值	最大值公司	最小值	最小值公司	方差	标准差
2006	2 157.97	83	26.00	18.79	172.50	雅戈尔	1.90	通策医疗	756.74	27.51
2007	2 670.69	87	30.70	20.43	353.44	雅戈尔	2.02	通策医疗	1 930.73	43.94
2008	2 998.86	95	31.57	19.52	316.32	雅戈尔	0.01	荣安地产	1 951.39	44.17
2009	3 869.73	99	39.09	21.06	419.34	雅戈尔	1.87	莎普爱思	3 300.68	57.45
2010	5 577.32	101	55.22	26.15	785.12	浙能电力	0.00	均胜电子	10 519.64	102.57
2011	6 718.75	129	52.08	23.52	755.17	浙能电力	1.29	电魂网络	8 922.91	94.46
2012	10 811.86	130	83.17	29.34	3 249.84	杭州银行	2.34	电魂网络	88 878.48	298.12
2013	12 040.26	130	92.62	33.22	3 401.89	杭州银行	3.25	天目药业	99 096.59	314.80
2014	13 787.50	130	106.06	38.82	4 185.41	杭州银行	2.86	天目药业	147 169.09	383.63
2015	16 606.32	130	127.74	41.93	5 453.15	杭州银行	2.80	天目药业	245 174.44	495.15

从表5-1来看，浙江省上市公司2006—2015年总资产中位数处于不断波动中，总体上呈现上升趋势。由于这里的中位数是将总资产按照从小到大依次排列取中间值，也就是说，在130家上市公司中，有一半的公司总资产规模在中位数以上，而另一半公司的总资产规模在中位数以下。将中位数与平均值进行比较，不难发现各年的资产平均值明显高于中位数。由此可以说，浙江省上市公司中一些资产规模较大的公司拉动了整体的资产平均水平，如杭州银行、浙能电力这样规模庞大的公司。

从资产规模的最大值与最小值来看，2006—2009年资产规模处于领先地位的是雅戈尔公司，2010年浙能电力一跃超过雅戈尔，并保持至2011年，而到2012年随着杭州银行的强势进入，其顺理成章地成为资产规模最为庞大的公司，并大幅领先于其他公司。反观历年资产规模最小的公司，除个别年份一些公司出现自身规模调整以外，资产最小值均维持在1亿元至4亿元之间，相比同期省内其他上市公司，差距极为明显。

2006—2015年，浙江省130家上市公司的总资产方差尽管有个别年份出现波动，但总体上还是呈现不断加大的趋势，且增幅明显。这说明这些公司资产整体的离散程度越来越高。其中，一些资产较多的公司规模一直居高不下，而另一些资产规模较小的公司却没有得到明显的提升。总体而言，浙江省130家上市公司的资产规模与资产平均值的偏离程度一直在加大，上市公司整体的发展并不均衡。

上市公司是企业中的优秀代表，在自身快速发展的同时，能够对地区经济起巨大的推动作用。地区经济发展最直接的表现形式是GDP的增长。上市公司的总资产对该地区 GDP 有积极的促进作用，因此，衡量地区上市公司的发展水平应该与本地区 GDP 的发展进行比较。如果上市公司整体的规模过小，即上市公司的总资产与 GDP 的比率过低，则表明该地区的资源没有得到充分的利用，参与资本市场运作的公司数量过少，对于证券市场的利用处于较低水平。

从图 5-2 来看，浙江省的 GDP 从总量上来看，从 2006 年的 15 718.47 亿元增长到 2015 年的 42 886.49 亿元，增长率达 172.84%；上市公司的总资产从 2006 年的 2 157.97 亿元增长到 2015 年的 16 606.32 亿元，增长率达669.53%。从数据上来看，上市公司的总资产增长速度超过了 GDP 的同期增速，表明上市公司的经济发展速度要快于同期浙江省经济的发展速度。浙江省上市公司总资产和 GDP 的比重从 2006 年的 13.73% 上升到 2007 年的14.24%，2008 年略有下滑，为 13.97%，2009 年之后一直呈现上升的趋势，从 16.83% 持续上升至 2015 年的 38.72%。就资产占 GDP 比重的发展速度可以看出，2006—2011 年的占比增长幅度平稳，2012 年出现了一次快速增长，2013—2015 年的发展速度又趋于平稳。

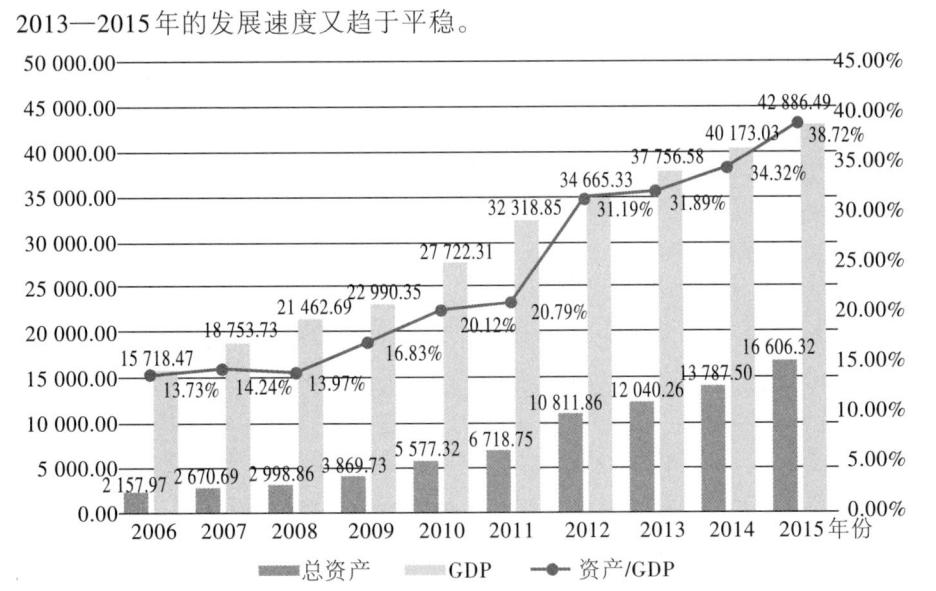

图 5-2　浙江省上市公司 GDP 与上市公司总资产（金额单位：亿元）

通过浙江省上市公司总资产和 GDP 这一资产化率指标可以看出，浙江省的该指标从 2006 年的 13.73% 增长到 2015 年的 38.72%，说明浙江省上市公司的资产参与资本市场经营的比例大幅提升，对证券市场的利用水平提高。

上市公司资产和浙江省 GDP 绝对数量的对比只是进行总体上的对比分析，通过计算每年的资产和 GDP 的增长率可以更为精确地对比分析二者之间的关系。

从图 5-3 来看，浙江省 GDP 的增长率呈现先下降后上升再下降而后趋于平稳的趋势。2007年为19.31%；2008—2009年连续2年下降，至2009年增长率为7.12%；2010年触及10年间的最高点，达到20.58%；之后在2011—2012年连续下降至7.26%；2013—2015年趋于平稳波动。浙江省上市公司总资产的增长率和GDP的变化情况在2011年之前基本一致，在2012年出现明显差异。上市公司总资产的增速在2012年迅速攀升至历年来的最高点，达到60.92%。而该年GDP的增速相比上一年却呈下降趋势，2013—2015年上市公司总资产的增速稳步上升，GDP的增速却趋于平稳波动。从总体上来看，上市公司总资产的增速明显高于同期GDP的增速，GDP的增速只有在2008年高于上市公司的总资产增速，其余年份的总资产增速均明显大幅高于GDP增速，表明上市公司的发展水平要高于浙江省整体经济发展水平。

图5-3 浙江省上市公司总资产增速与GDP增速

5.1.2 负债不断攀升，离散程度增加

从图5-4来看，浙江省上市公司2006—2015年的负债总额不断攀升，从2006年的1 281.84亿元上升到2015年的11 344.50亿元，共增加10 062.66亿元，增加了7.85倍，10年间负债总额的平均值达5 065.30亿元。

从图5-4中的折线图可以直观地看出，浙江省上市公司负债增长率的变动情况可大致分为3个阶段：第一阶段是2007—2010年。负债增长率经历了先下降后上升的过程，由2007年的19.92%回落到2008年的14.79%，而在此后的两年间，负债增长率逐年升高，至2010年达到了40.86%。第二阶段是2010—2012年。负债增长率先下降到2011年的20.79%，而后迅速攀升到了2012年的90.49%，达到了10年间增长率的峰值。第三阶段是2012—2015年。负债增长率先经历了一次大幅下降，由2012年的峰值迅速降低到2013年的11.85%，为10年间增长的波谷；此后两年，负债增长率逐步回升，至2015年达到19.45%。

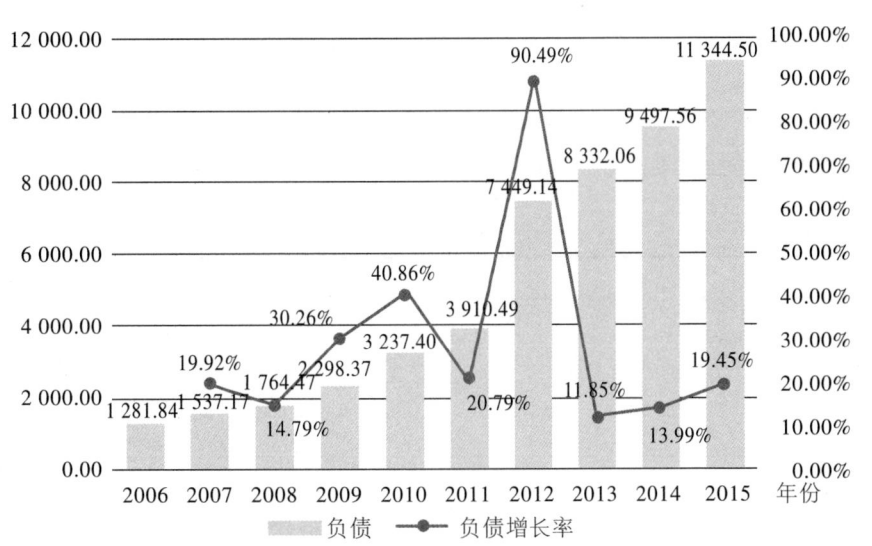

图5-4 浙江省上市公司负债情况（金额单位：亿元）

从表5-2来看，浙江省上市公司2006—2015年的平均负债除在2011年稍有降低以外，总体上是呈逐年上升趋势的。2006年整体的平均负债仅为15.44亿元，而到2015年则高达87.27亿元，增幅较大。既是因为上市公司的数量增加了，也是因为已有的上市公司提高了自身的负债额度。从历年负债情况的中位数来看，整体上处于不断波动中，但是对比相应年度的平均负债，均在中位数之上，并且差值较大。这表明浙江省上市公司中一些负债较高的企业拉高了整体的负债水平，致使平均负债远高于负债的中位数。

表5-2　　　　　　　　　　　浙江省上市公司负债统计　　　　　　　　金额单位：亿元

年份	负债总额	公司数	平均负债	中位数	最大值	最大值公司	最小值	最小值公司	方差	标准差
2006	1 281.84	83	15.44	11.15	92.98	雅戈尔	0.27	通策医疗	253.31	15.92
2007	1 537.17	87	17.67	11.81	187.72	雅戈尔	0.28	通策医疗	597.75	24.45
2008	1 764.47	95	18.57	10.74	217.24	雅戈尔	0.18	荣安地产	795.21	28.20
2009	2 298.37	99	23.22	11.21	263.61	雅戈尔	0.27	通策医疗	1 367.98	36.99
2010	3 237.40	101	32.05	14.72	415.64	浙能电力	0.02	均胜电子	3 688.62	60.73
2011	3 910.49	129	30.31	11.86	406.21	浙能电力	0.29	电魂网络	3 474.89	58.95
2012	7 449.14	130	57.30	13.17	3 074.72	杭州银行	0.52	通策医疗	75 168.89	274.17
2013	8 332.06	130	64.09	14.58	3 195.76	杭州银行	0.81	通策医疗	82 198.59	286.70
2014	9 497.56	130	73.06	14.01	3 923.79	杭州银行	1.07	通策医疗	122 559.57	350.09
2015	11 344.50	130	87.27	14.95	5 134.20	杭州银行	0.92	星光农机	208 190.69	456.28

从历年负债的最大值情况来看，2006—2009 年浙江省上市公司中负债总额最高的均为雅戈尔，2009 年其负债总额达 263.61 亿元；2010—2011 年，浙能电力超过雅戈尔，成为负债总额最高的上市公司，至 2011 年其负债总额高达 406.21 亿元；2012 年之后，杭州银行稳居浙江省上市公司负债总额的最大值，2012—2014 年其负债总额均在 3 000 亿元以上，2015 年更是高达 5 134.20 亿元。截至 2015 年，除杭州银行以外，浙江省上市公司负债总额位居第二位和第三位的分别为新湖中宝和物产中大，负债额分别达 636.67 亿元和 508.82 亿元。通过对比浙江省上市公司总资产规模的最大值可以发现，负债总额最大值企业的变动情况与总资产最大值的变动情况完全相同，这表明资产规模居于榜首的上市公司主要是借助于举债的方式来扩充自身的资本，扩大经营规模，从而提高自身的市场竞争力。而从负债总额最小值情况来看，负债规模较小的公司均在不断变动，除 2014 年通策医疗的负债为 1.07 亿元以外，其余年度负债总额的最小值均在 1 亿元以下。这表明这些公司对于自身负债情况控制良好，也表明其经营规模并没有显著提高，竞争实力没有明显增强。

浙江省上市公司负债总额的方差情况可以衡量整体相对于平均负债的离散程度。由表 5-2 来看，浙江省上市公司之间负债总额的方差总体上是逐年增大的，说明这些公司间负债的离散程度越来越高，特别是在 2012 之后，方差迅速加大，一些负债多的公司债务居高不下，而一些负债较低的公司没有明显提升。这表明浙江省上市公司整体的发展仍不均衡。

对比浙江省上市公司总资产的增长与负债的增长情况可以发现，总资产增长率的波动趋势与负债增长率的趋势大致相近。由此可以推测，浙江省上市公司总体的资本增长一定程度上仍然是通过举债的途径实现的。企业拥有负债对企业自身来说有利有弊。一方面，企业通过举债的方式扩大资产规模，从而扩大自身的经营规模，提高市场竞争力；另一方面，过高的债务对企业来说始终存在风险，倘若企业经营状况良好，则具备足够的能力偿还债务，一旦企业经营状况下滑，很可能出现资不抵债的情形，造成企业严重的债务危机。因此，上市公司应当合理控制自身的债务情况，充分发挥债务融资为企业带来的资金支持，拓展企业的市场影响力和竞争实力，进一步提高企业整体的盈利能力。

5.1.3　所有者权益呈上升趋势，企业间差别较大

从图 5-5 来看，浙江省 130 家上市公司 2006—2015 年的所有者权益总额不断上升，从 2006 年的 876.13 亿元上升到 2015 年的 5 261.82 亿元，增加了 4 385.69 亿元，增长了 5.01 倍，平均权益为 2 658.63 亿元。

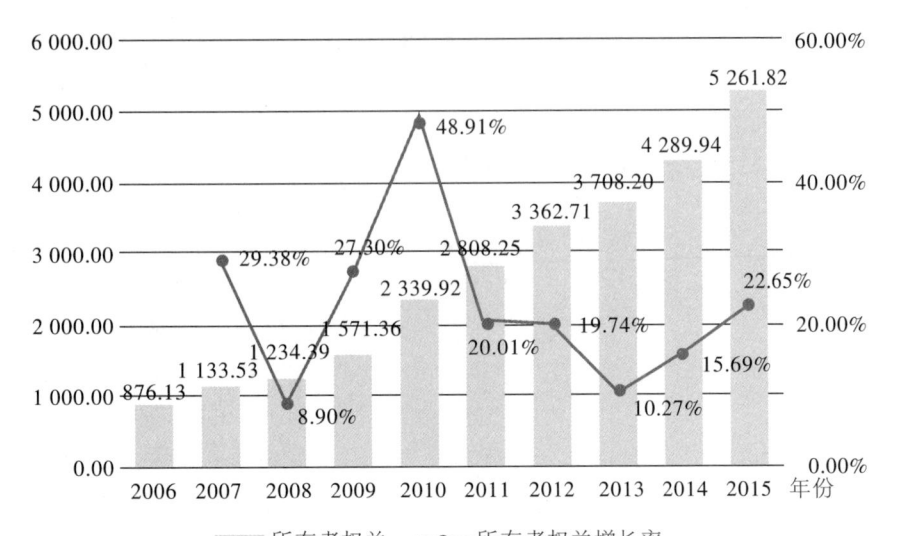

图 5-5　浙江省上市公司所有者权益情况（金额单位：亿元）

从图5-5中的折线图可以直观地看出，浙江省上市公司所有者权益增长率的波动呈现近似W形的趋势，大致可分为两个阶段：第一阶段是2007—2010年。所有者权益增长率由2007年的29.38%先下降到2008年的8.90%，为10年间的波谷。此后，所有者权益增长率逐年升高，并于2010年实现了48.91%的增长率，为10年间的峰值。第二阶段是2010—2015年。所有者权益增长率先是由2010年的峰值逐步下降到2013年的10.27%，而后又稳步上升，在2015年达到22.65%。

从表5-3来看，浙江省上市公司历年的平均权益2006—2011年处于小幅波动中，从2012年起，平均权益逐年稳定上升，到2015年达到40.48亿元。而从平均权益与中位数的对比来看，浙江省上市公司10年间各年的平均权益均是高于中位数的，并且随着时间的推移，彼此差距显著增大。自2010年起，权益中位数的绝对值均维持在平均权益的一半左右，这表明浙江省上市公司中有一半以上的公司的权益只保持在整体均值的一半左右，单从中位数这一角度就不难发现浙江省上市公司的所有者权益很不均衡。

通过观察浙江省上市公司中所有者权益最大值公司可以发现，2009年之前，所有者权益的最大值分别由宁波港与雅戈尔交替占据，其所有者权益分别维持在100亿～200亿元之间；2010年之后，由于浙能电力的进入，其一跃成为所有者权益最大值公司，并将权益提升到了369.48亿元；到2015年，浙能电力将这一数值变为638.68亿元，连续6年稳居浙江省上市公司当中所有者权益的最高点。而从所有者权益最小值公司来看，2011年以前，华数传媒均为浙江省上市公司中所有者权益的最低点，且其所有者权益的数值均为负值，即该公司在2011年以前的资产均是低于其负债的，属于典型的资不抵债的公司；2012—2014年，随着华数传媒自身的经营状况好转，

表 5-3　　　　　　　　　浙江省上市公司所有者权益统计　　　　　金额单位：亿元

年份	权益总额	公司数	平均权益	中位数	最大值	最大值公司	最小值	最小值公司	方差	标准差
2006	876.13	83	10.56	7.85	101.55	宁波港	-6.01	华数传媒	202.35	14.23
2007	1 133.53	87	13.03	8.73	165.73	雅戈尔	-5.94	华数传媒	487.13	22.07
2008	1 234.39	95	12.99	8.41	141.79	宁波港	-5.74	华数传媒	362.10	19.03
2009	1 571.36	99	15.87	10.17	155.73	雅戈尔	-4.84	华数传媒	533.63	23.10
2010	2 339.92	101	23.17	11.67	369.48	浙能电力	-2.98	华数传媒	2 130.94	46.16
2011	2 808.25	129	21.77	11.70	348.96	浙能电力	-1.99	华数传媒	1 714.17	41.40
2012	3 362.71	130	25.87	12.89	394.74	浙能电力	0.96	天目药业	2 284.28	47.79
2013	3 708.20	130	28.52	14.46	434.06	浙能电力	0.98	天目药业	2 726.00	52.21
2014	4 289.94	130	33.00	16.78	511.30	浙能电力	0.85	天目药业	3 730.20	61.08
2015	5 261.82	130	40.48	21.84	638.68	浙能电力	0.46	宁波富邦	5 590.36	74.77

所有者权益最小值公司变为天目药业，其绝对值分别为0.96亿元、0.98亿元和0.85亿元；到2015年，宁波富邦成为所有者权益最小值公司，该年所有者权益仅为0.46亿元。由所有者权益的最小值和最大值对比不难发现，浙江省上市公司之间所有者权益情况存在较大差距，一些经营状况良好的公司的所有者权益能达到百亿元以上，而一些公司却面临着资不抵债的境遇，相差甚远。

从方差的角度来看浙江省上市公司之间所有者权益的离散程度，可以发现权益方差的变动趋势与平均权益的波动趋势较为相似，在2011年之前，权益的方差小幅波动，而从2012年开始，方差逐年迅速增大，表明浙江省上市公司之间所有者权益的离散程度在不断扩大，这一现象与从所有者权益的中位数、最大值和最小值当中得出的结论相一致，再一次说明浙江省上市公司之间发展不均衡，对于所有者权益的实现情况差距显著。

因此，单就所有者权益的绝对值来看，浙江省上市公司的整体运行情况还是较为良好的，在10年间均能保持持续上升，这就使得股东有更多的机会参与到公司经营利润的分配。权益的逐年增加意味着股东可分摊的利润也在逐年增加，同时这也将会吸引更多的投资者选择注入资本，从而进一步扩大上市公司的权益资本，提高上市公司的经营活力和竞争能力。同时，所有者权益相对规模扩大，在一定程度降低了上市公司面临的偿债风险，有利于上市公司在风云变幻的股市当中持续、健康地生存。然而，从浙江省上市公司的个体情况来看，公司所有者权益彼此存在较大差距，一些资本雄厚、经营状况良好的上市公司持续高速发展，而一些上市公司却面临着资不抵债甚至终止经营的风险。由此不难发现，浙江省上市公司仍面临着发展不协调和不均衡的问题。

5.2 从利润表看浙江省经济发展状况

5.2.1 营业收入增长缓慢，对经济发展推动不足

从图5-6来看，浙江省130家上市公司2006—2015年的营业收入持续上升，由2006年的1 757.69亿元达到2015年的7 073.42亿元，共增长了5 315.73亿元，增长达3.2倍，10年间营业收入的平均值达到3 925.34亿元，高于2010年之前各年的营业收入数值。

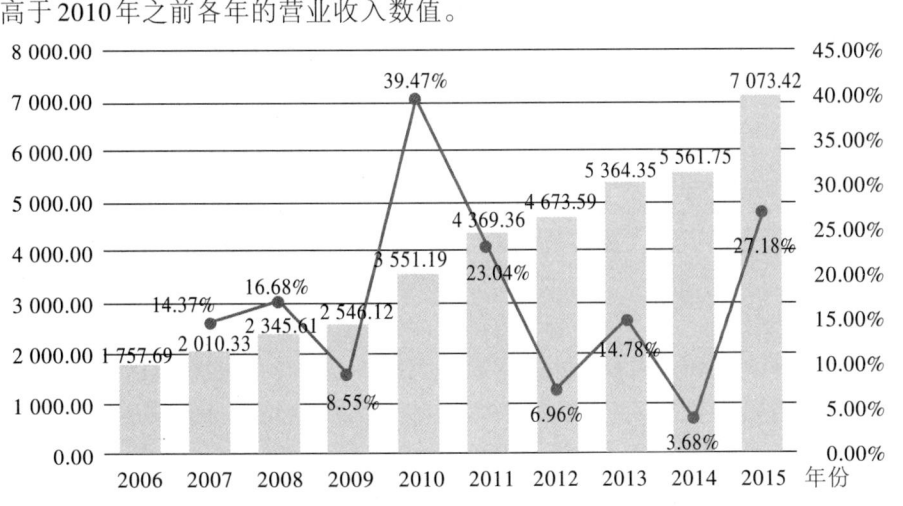

图 5-6 浙江省上市公司营业收入情况（金额单位：亿元）

从图5-6中的折线图中也可较为清晰地发现浙江省上市公司在这10年间的营业收入增长率的波动情况，大致可分为两个阶段：第一阶段是2007—2010年。营业收入的增长处于先上升后下降而后迅速上升的过程，在2009年达到低谷，增长率为8.55%，可能是受到2008年金融危机的后续影响。而到2010年，营业收入的增长达到10年间的峰值，为39.47%，明显高于历年的增长速度。这可能是由于成功度过金融危机的影响之后，各上市公司陆续恢复活力，积压已久的生产能力得到了很大程度的缓解，生产情况明显好转，致使该年的营业收入明显提高。第二阶段是2010—2015年。营业收入增长率出现较为规律性的波动，大致呈现W形的趋势，经历了先下降后上升、再下降、再上升的过程，在2014年出现了10年间的波谷，增长率仅为3.68%，到2015年出现好转的迹象，增长率达到27.18%，营业收入出现了抬头上升的征兆，预示着下一轮营业收入的上升。

从表5-4来看，浙江省上市公司营业收入的平均值除在2011年出现了唯一的一轮小幅度下降以外，其余各年度都是处于稳定增长的趋势的。在2010年之前，浙江省上市公司的平均营业收入逐年增长，这其中既包括新增上市公司的因素，也包括原有上市公司对于营业收入的实现增加；在2011年，浙江省新增了28家上市公司，尽管该年营业收入同样增长，但由于公司数量的影响，该年的平均营业收入小幅下降；2012年之后，浙江省上市公司数目相对恒定，伴随着整体营业收入的稳步上升，其平均营业收入也呈现逐年增长的态势。因此，从总体上来看，浙江省上市公司实现营业收入的平均水平是在逐年提升的。

表 5-4　　　　　　　　浙江省上市公司营业收入统计　　　　金额单位：亿元

年份	营业收入总额	公司数	平均营业收入	中位数	最大值	最大值公司	最小值	最小值公司	方差	标准差
2006	1 757.69	83	21.18	12.97	195.99	东方通信	0.23	通策医疗	770.62	27.76
2007	2 010.33	87	23.11	14.57	162.81	杭钢股份	0.14	荣安地产	630.87	25.12
2008	2 345.61	95	24.69	15.10	220.61	杭钢股份	0.02	荣安地产	871.04	29.51
2009	2 546.12	99	25.72	14.07	246.92	物产中大	1.07	宁波精达	1 166.43	34.15
2010	3 551.19	101	35.16	17.81	363.35	浙能电力	1.54	均胜电子	2 976.94	54.56
2011	4 369.36	129	33.87	16.27	436.53	浙能电力	1.51	电魂网络	3 385.08	58.18
2012	4 673.59	130	35.95	16.64	470.61	浙能电力	0.21	万家文化	3 735.34	61.12
2013	5 364.35	130	41.26	19.59	539.16	浙能电力	0.80	万家文化	4 719.00	68.69
2014	5 561.75	130	42.78	22.90	441.79	浙能电力	0.12	万家文化	4 085.52	63.92
2015	7 073.42	130	54.41	22.68	1 825.73	物产中大	0.95	天目药业	27 360.96	165.41

从营业收入的中位数与平均营业收入对比来看，浙江省上市公司营业收入的中位数在10年间均是明显低于相应年度的平均营业收入的，并且随着时间的推移，两者之间的差距显著增大。由此不难得出，浙江省上市公司中一些资产规模较大、获利能力较强的公司拉高了整体的营业收入水平，而且随着不断发展，这种拉动作用愈加明显，体现在营业收入中位数与均值间差额的扩大上。

进一步来看浙江省上市公司中历年实现营业收入最高的公司。在10年间，共出现4家营业收入最大值公司。2006年，东方通信占据榜首，该年实现了高达195.99亿元的营业收入；2007—2008年，杭钢股份一跃而上，连续2年成为浙江省上市公司中营业收入的领头羊；2009年，物产中大打破格局，以246.92亿元的营业收入位居首位；2010年，浙能电力强势加入，其在该年实现了363.35亿元的营业收入，并将优势一直保持到2014年；2015

年，物产中大重回榜首，其在该年营业收入高达1 825.73亿元，占据了浙江省上市公司该年营业收入总值的25.81%，远远高于其他公司在该年的营业收入。而从历年营业收入最小值公司的情况来看，在10年间，有7个年度的营业收入最小值在1亿元以下，其中，2008年荣安地产的营业收入仅为240万元，而同年杭钢股份的营业收入则高达220.61亿元，差距相当显著。因此，通过营业收入的最大值和最小值公司的对比不难发现，上市公司之间在营业收入的实现情况方面是存在不容忽视的差距的。

营业收入的方差可以衡量上市公司的营业收入与整体的均值之间的离散程度。从表5-4来看，浙江省上市公司10年间营业收入的方差尽管存在上下波动，但从总体上来讲，仍处于不断增大的趋势。这表明浙江省上市公司之间营业收入的离散程度较高，彼此之间差距较大。综合营业收入中位数、营业收入最大值和最小值以及方差的情况来看，浙江省上市公司之间对于营业收入的实现能力是存在较为明显的差距的，一些资本雄厚、获利能力较强的公司持续快速发展，拉动了整体的平均水平，然而一些资本相对薄弱的公司营业收入始终没有明显提升，公司自身发展呈现低迷态势，这在浙江省上市公司当中并不在少数。

从图5-7中不难发现，2006—2015年，浙江省上市公司的营业收入均大幅度低于同年浙江省的GDP。在2006年，浙江省就已经实现了15 718.47亿元的GDP，而该年浙江省上市公司仅创造了1 757.69亿元的营业收入，仅占该年GDP的11.18%。而在此后，浙江省的GDP保持了高速、稳定、健康发展，尽管GDP的发展基数较大，但在2011年之前仍有4个年度保持了10%以上的GDP增速，且在2010年GDP的增速高达20.58%，2012年开始，GDP增速放缓，但仍保持在6%~9%之间，在这样持续不断的发展之下，2015年浙江省已实现42 886.49亿元的GDP，该值居于国内领先地位。反观浙江省上市公司的营业收入，尽管营业收入的数值呈现持续增长的势头，但在基数相对薄弱的条件下，营业收入的增长并不乐观，在2006年营业收入达到1 757.69亿元的情况之下，2010年仅达到3 551.19亿元，5年之间GDP增长了12 003.84亿元，而营业收入仅增长了1 793.5亿元，相比较GDP的增长势头，明显动力不足。而此后的5年间，浙江省GDP持续上扬，但营业收入的增长却仍旧相对迟缓，一直到2015年，浙江省的GDP高达42 886.49亿元，而上市公司的营业收入为7 073.42亿元，仅占GDP份额的16.49%。由此不难看出，浙江省上市公司的营业收入对GDP的贡献程度仍显不足，并没有明显地提升。

结合前面的分析可以看出，浙江省上市公司的资产规模一直在扩大，且10年间总资产规模的增速是明显高于同期GDP增速的，尽管迅速扩大的资产规模带来了营业收入的增长，但增长势头却并不乐观，营业收入总量相比较其资产规模而言，仍旧难以令人满意。上市公司作为一省经济增长的主要

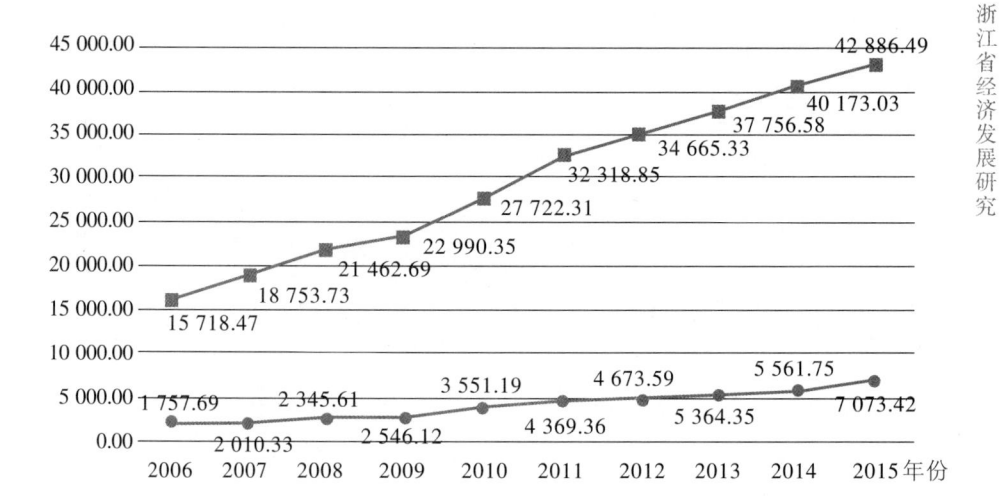

图5-7 浙江省GDP与上市公司营业收入（单位：亿元）

推动力，对于本省GDP的贡献程度应该是不容忽视的，然而，通过分析不难发现，虽然浙江省上市公司的营业收入随着时间的推移，在连续不断地增长，但是其对GDP的贡献程度仍旧差强人意，对于浙江省经济增长的推动力明显不足。这一点与浙江省自身的经济结构有不可分割的关系，但是依旧不可否认浙江省上市公司的发展存在一定的困境，尤其是营业收入的实现方面明显缺乏动力。同时，通过统计学分析得出，浙江省上市公司之间发展不同步、不均衡，营业收入实现能力存在较大差异，资产规模较大、获利能力较强的上市公司起到了明显的拉动作用，相反实现收入相对薄弱的公司拉低了整体的收入水平，致使浙江省上市公司整体呈现出资产规模充足、获利能力不足的局面，缺乏竞争力和发展动力。

5.2.2 营运费用不断攀升

从图5-8来看，浙江省130家上市公司2006—2015年的销售费用和管理费用均处于不断上升的趋势，因此与之相对应的营运费用必然也是不断攀升的。从营运费用的角度来看，其数值从2006年的145.33亿元增加了2015年的654.08亿元，共增长508.75亿元，10年间的平均值为361.78亿元。

从图5-8中的折线图可以直观地看出浙江省上市公司营运费用增长率的波动情况，大致可分为两个阶段：第一阶段是2007—2009年，营运费用的增长经历了先上升后下降的过程。第二阶段是2009—2015年。营运费用通过连续两年的增长，在2011年达到峰值，为28.74%，此后营运费用增长率逐年下降，增速放缓，并在2014年降低至10.97%，为10年间的波谷，2015年稍有回升，实现了12.68%的增长。

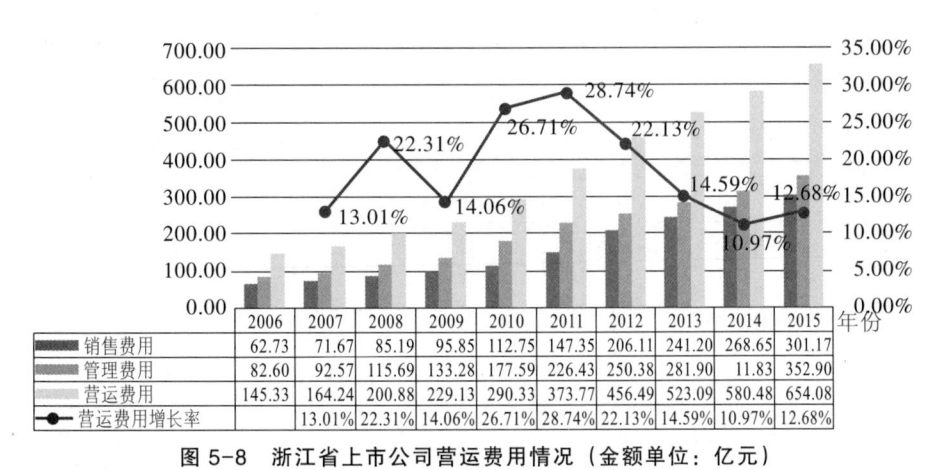

	2006	2007	2008	2009	2010	2011	2012	2013	2014	2015
销售费用	62.73	71.67	85.19	95.85	112.75	147.35	206.11	241.20	268.65	301.17
管理费用	82.60	92.57	115.69	133.28	177.59	226.43	250.38	281.90	11.83	352.90
营运费用	145.33	164.24	200.88	229.13	290.33	373.77	456.49	523.09	580.48	654.08
营运费用增长率		13.01%	22.31%	14.06%	26.71%	28.74%	22.13%	14.59%	10.97%	12.68%

图 5-8　浙江省上市公司营运费用情况（金额单位：亿元）

2006—2015 年的营运费用均值呈逐年增加的趋势，表明浙江省上市公司整体的营运费用支出水平是逐年提高的。

通过销售费用与管理费用的对比，不难发现浙江省上市公司总体上对于管理费用的投入是要多于销售费用的，这表明浙江省上市公司对于自身的企业研发、职工教育等经费较为看重，加大此方面的投入有利于提高企业的效率。然而，如果对管理费用中的诸如业务招待费、咨询审计费等投入过度，也会对企业长远发展产生不利影响。因此，对于销售费用和管理费用，均要从支出的有效性、长期效应等方面来进行控制。

5.2.3　息税前利润稳定增长

从图 5-9 可以看出，浙江省 130 家上市公司 2006—2015 年的息税前利润是呈现逐年增加的趋势的，由 2006 年的 132.88 亿元增加到 2015 年的 719.31 亿元，共增长了 586.43 亿元，10 年间的平均值为 443.67 亿元。

从图 5-9 中的折线图能够较为直观地看出浙江省上市公司息税前利润增长率在 10 年间的变动情况，大致可分为两个阶段：第一阶段是 2006—2010 年。这一时期呈现近似 V 形波动，息税前利润的增长率在 2007 年达到 10 年间的最高点，达 71.88%；2008 年，增长率迅速回落至 4.37%，达到 10 年间的波谷；在 2009 年攀升至 35.06%；2010 年继续维持增长水平，增长率达 34.30%。第二阶段是 2010—2015 年。息税前利润增长率大体上呈现持续下降态势，尽管在 2013 年出现一次回升，但升幅微小，因而总体上降低趋势明显，到 2015 年息税前利润的增长率仅为 6.39%。

然而，从浙江省上市公司息税前利润的均值来看，其增长在 10 年间并非连续的，历年的均值分别为 1.60 亿元、2.63 亿元、2.51 亿元、3.25 亿元、4.28 亿元、3.94 亿元、4.31 亿元、4.76 亿元、5.20 亿元和 5.53 亿元。从其数值上可以清晰地发现，息税前利润的均值分别在 2008 年和 2011 年出现了两次回落，原因在于这两年间浙江省上市公司息税前利润的总额增幅较

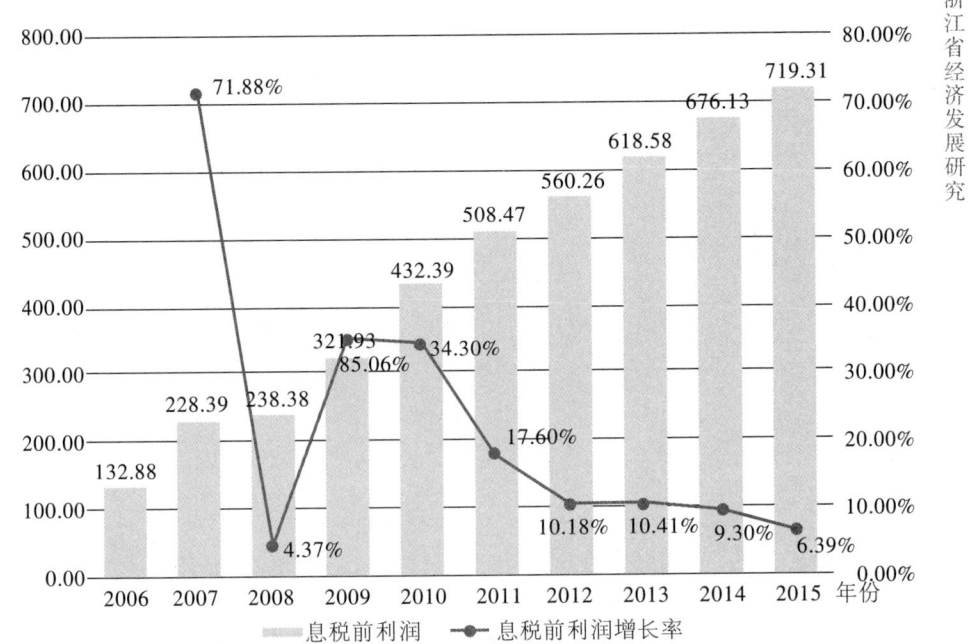

图 5-9　浙江省上市公司息税前利润情况（金额单位：亿元）

小，又是浙江省新增上市公司较为集中的年份，其中在 2008 年，浙江省新增了 8 家上市公司，2011 年则新增了 28 家上市公司，因而息税前利润的均值同比往年呈降低趋势。其余年度的息税前利润均值保持了稳定的上升态势。

5.2.4　利息费用呈上升趋势

从图 5-10 可以看出，浙江省 130 家上市公司 2006—2015 年的利息费用整体上是呈上升趋势的，除了在 2009 年利息费用稍有下降。利息费用从 2006 年的 24.17 亿元增长到 2015 年的 128.21 亿元，增加了 104.04 亿元，10 年间平均支出为 71.24 亿元。从图 5-10 中的折线图可以清楚地看到，浙江省上市公司利息费用增长率的变动情况，大致可分为 3 个阶段：第一阶段是 2007—2009 年。利息费用的增长经历了第一次先上升后下降的过程，并且在 2009 年出现了这 10 年来唯一的一次利息费用的负增长，增长率从 2008 年的 46.09% 陡降至 2009 年的 -19.26%，变化幅度较大。第二阶段是 2009—2013 年。持续时间较长，利息费用的增长经历了第二次先上升后下降的变化，由 2009 年的 -19.26% 迅速攀升到 2010 年的 59.74%，达到了 10 年间的峰值。2010 年之后，利息费用增长率逐步降低，趋势较为平稳。第三阶段是 2013—2015 年。利息费用增长率经历了一次小幅度上升之后又回落到了 8.47%。

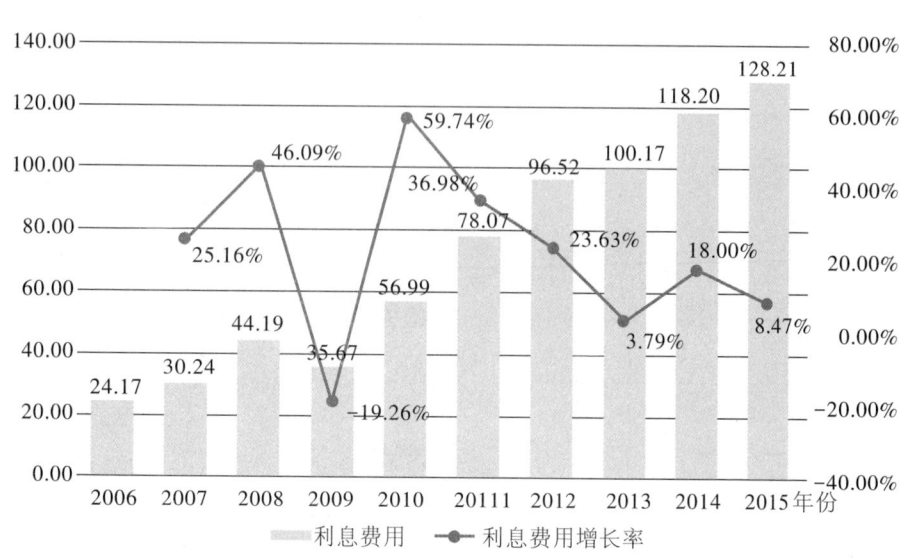

图 5-10　浙江省上市公司利息费用情况（金额单位：亿元）

从表 5-5 中可知，从利息费用的均值来看，除了 2009 年稍有降低以外，其余年份利息费用的平均值均呈现稳定的上升趋势，2006 年利息费用的均值仅为 0.29 亿元，而到了 2015 年这一数值变为 0.99 亿元，增幅明显。这表明浙江省上市公司的利息费用总体上有所增加。从利息费用的中位数与均值的对比来看，10 年间利息费用的中位数均明显大幅低于总体的均值，并且利息费用随着时间的推移并没有得到显著的提升。这在一定程度上表明浙江省上市公司的利息费用支出的增加主要依赖于经营状况良好的上市公司的带动，相比之下经营状况欠佳的上市公司在利息费用的支出方面仍存在规模不足的问题。

表 5-5　　　　　　　　　浙江省上市公司利息费用统计　　　　　　　　金额单位：亿元

年份	利息费用总额	公司数	平均利息费用	中位数	最大值	最大值公司	最小值	最小值公司	方差	标准差
2006	24.17	83	0.29	0.05	1.36	浙江广厦	-0.25	宁波港	0.08	0.28
2007	30.24	87	0.35	0.08	1.70	杭钢股份	-0.56	宁波港	0.11	0.34
2008	44.19	95	0.47	0.16	4.51	雅戈尔	-0.29	东方通信	0.35	0.59
2009	35.67	99	0.36	0.10	4.74	中国巨石	-0.23	东方通信	0.33	0.57
2010	56.99	101	0.56	0.12	14.66	浙能电力	-0.2	正泰电器	2.00	1.41
2011	78.07	129	0.61	0.20	16.02	浙能电力	-0.63	正泰电器	2.82	1.68
2012	96.52	130	0.74	0.26	18.27	浙能电力	-0.69	荣安地产	3.76	1.94
2013	100.17	130	0.77	0.26	17.45	浙能电力	-1.27	荣安地产	3.51	1.87
2014	118.20	130	0.91	0.24	16.84	浙能电力	-0.38	三江购物	4.02	2.00
2015	128.21	130	0.99	0.22	15.59	浙能电力	-1.00	阳光照明	4.42	2.10

2009年之前，浙江省上市公司利息费用的最高点分别由4家上市公司占据，规模维持在1.36亿~4.74亿元之间。2010年，随着浙能电力的进入，由于其自身相对庞大的资产规模和较为良好的经营运转能力，仅2010年利息费用支出就已高达14.66亿元。此后一直到2015年，浙能电力均保持了同期利息费用支出的峰值，并且在2012年达到18.27亿元，规模较大。反观浙江省上市公司利息费用支出的最小值情况，10年间最小值均为负值，与同期的最大值相比，二者的差距十分明显。这表明浙江省上市公司之间在资金的筹集上存在较为显著的不均衡性。同时，方差分析也验证了这一不均衡的存在。从数值上来看，利息费用的方差在总体上呈现出不断增大的趋势，表明了上市公司之间利息费用支出存在较大的波动性和差异性，进一步揭示浙江省上市公司在资金的需求和筹集方面表现出两极化的倾向。排除上市公司自身对于经营规划的调整，不难发现仍有不在少数的上市公司缺乏资金支持，面临着融资难的困境。

从整体上来看，浙江省上市公司利息费用的增长虽然波动较大，但是其中存在一定的规律性，联系到可能影响利息费用增减的因素，推测可能利息费用的波动是因为上市公司自身对贷款规模和贷款期限等进行了一定的主观调控，根据公司自身的经营发展战略，调整对于资金的需求，使之相互适应。但是从利息费用绝对值上的连年增长来看，可以推测浙江省上市公司在融资规模上逐年扩大，对于资金的需求日趋强烈，贷款等筹资方式逐渐成为获取资金的重要来源。

5.2.5 所得税呈增长趋势

由图5-11可以看出，浙江省130家上市公司2006—2015年的上缴税额虽有波动，但在整体上仍是呈增长趋势的：2006年的上缴税额仅为26.75亿元，而到2015年就增长到119.17亿元，增加了92.42亿元，10年间的平均值达77.29亿元。

由图5-11中的折线图可以较为直观地看出浙江省上市公司10年间上缴税额增长率的变动情况。在2009年之前，上缴税额增长率的波动较为明显，从2007年的67.35%陡然降至2008年的-20.66%，并在2008年出现了10年间唯一的一次负增长，而到2009年又迅速回升至42.97%。2009年之后，上缴税额增长率逐年下降，到2011年仅为10.95%。此后，增长率虽有小幅回升，但势头不明显，2014年和2015年的增长率均处于10%以下。

从表5-6中上缴税额的均值情况来看，浙江省上市公司上缴税额的均值在10年间尽管存在一定的波动性，但在总体上仍呈现出增长态势：2006年上缴税额的均值仅为0.36亿元，到2015年则增长到0.92亿元。从上缴税额的中位数情况来看，其在数值上也存在一定幅度的提升，但是相比上缴税额的均值，差距十分显著，这从另一侧面也表明浙江省上市公司在经营业绩方面的差异。

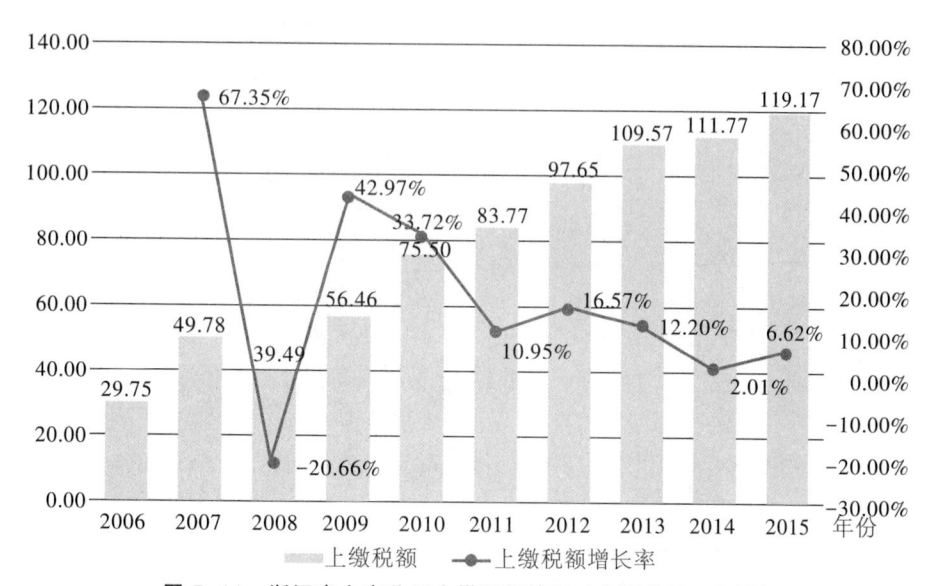

图 5-11 浙江省上市公司上缴税额情况（金额单位：亿元）

表 5-6　　　　　　　　　　浙江省上市公司上缴税额统计　　　　　　　金额单位：亿元

年份	上缴税额总额	公司数	平均上缴税额	中位数	最大值	最大值公司	最小值	最小值公司	方差	标准差
2006	29.75	83	0.36	0.04	5.74	宁波港	-0.05	浙江震元	0.37	0.61
2007	49.78	87	0.57	0.09	10.41	雅戈尔	-0.02	信雅达	1.16	1.08
2008	39.49	95	0.42	0.06	5.84	雅戈尔	-0.10	钱江生化	0.62	0.79
2009	56.46	99	0.57	0.11	6.03	雅戈尔	-0.53	巨化股份	0.95	0.98
2010	75.50	101	0.75	0.20	7.61	浙能电力	-0.18	轻纺城	1.57	1.25
2011	83.77	129	0.65	0.20	5.72	宁波港	-0.02	海越股份	1.18	1.09
2012	97.65	130	0.75	0.20	9.89	浙能电力	-0.36	杭萧钢构	2.80	1.67
2013	109.57	130	0.84	0.29	16.00	浙能电力	-0.51	卧龙电气	3.68	1.92
2014	111.77	130	0.86	0.26	14.71	浙能电力	-0.32	亿晶光电	3.24	1.80
2015	119.17	130	0.92	0.31	18.73	浙能电力	-0.49	华友钴业	4.60	2.15

　　具体来看浙江省上缴税额最高的上市公司。2011年之前，宁波港、雅戈尔和浙能电力分别占据了该省同期上缴税额的最大值，其中雅戈尔在2007年实现了10.41亿元的上缴税额规模，相比同期省内其他上市公司，优势相当明显。2012—2015年，浙能电力稳定实现省内同期上缴税额的峰值，并于2015年实现高达18.73亿元的税额，其自身经营实力可见一斑。反观上缴税额的最小值，10年间均分属不同上市公司，且在数值上均为负值。这在一定程度上取决于上市公司当年的经营业绩，但是对比同期的最大值情

况，不难发现二者之间的巨大差距。同时，结合上缴税额的方差分析，也可较为明显地发现，随着时间的推移，上缴税额的方差不断增大。这表明浙江省上市公司之间在上缴税额方面的离散程度不断增大，彼此之间存在较为明显的差异，并在一定程度上体现出发展的不均衡、不一致。

上缴税额的不断变动对于上市公司而言是一种常规的调控。其变动情况一般会受到上市公司内部和外部因素的影响。外部因素包括上市公司所处板块、所处行业和所处地区；内部因素则包括资产负债率、固定资产占总资产的比例以及研发投入。因此，上市公司的上缴税额不仅受到国家政策的调控，同时随自身经营发展情况而变动。对于上市公司而言，较低的税负更有利于自身长远的发展。所以，上市公司一方面希望得到国家更多的鼓励支持政策，另一方面自身也要积极进行税收筹划，使税赋控制在合理预期之内。

5.2.6 净利润增长缓慢

由图5-12可以看出，浙江省130家上市公司2006—2015年的净利润指标并不乐观。在营业收入增长的势头下，净利润这一指标并未能保持高速的增长。虽然10年间的净利润是处于逐年攀升的，但是在2006年的净利润为79.03亿元的情况下，到2015年，净利润也仅达到475.56亿元，10年间仅增长了396.53亿元，增长率为501.75%，10年间净利润的平均值为296.31亿元。

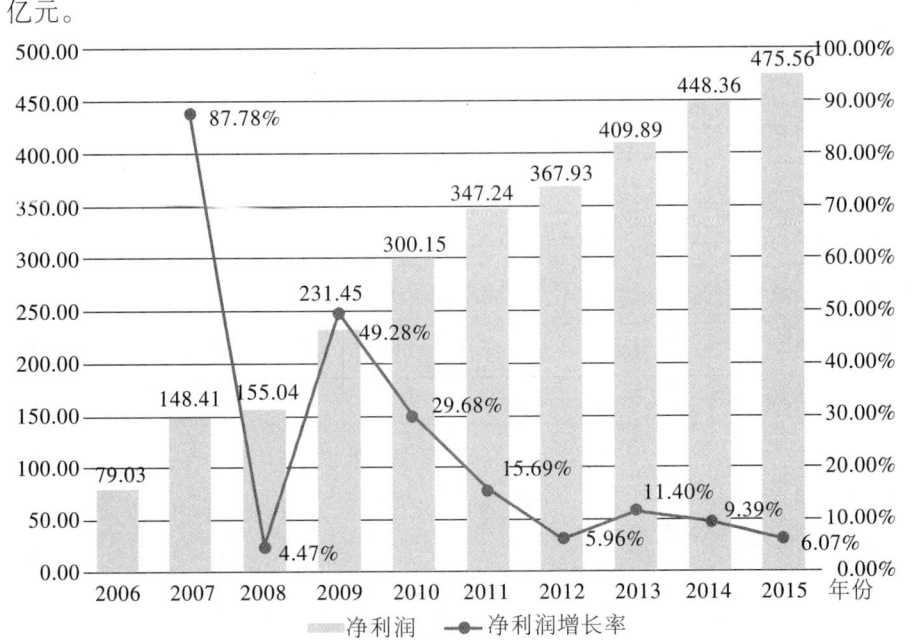

图 5-12　浙江省上市公司净利润情况（金额单位：亿元）

从图5-12中的折线图可以直观地看出浙江省上市公司净利润增长率的

变动情况，可大致分为 3 个阶段：第一阶段是 2007—2009 年。净利润增长率呈现近似 V 形的波动，2007 年达到 10 年间的最高点，为 87.78%。然而在 2008 年净利润增长率迅速回落至 4.47%，为 10 年间的波谷。到 2009 年，净利润增长率又回升至 49.28%。第二阶段是 2009—2013 年。净利润增长率先是经历了连续 3 年的下降过程，由 2009 年的 49.28% 逐年降低至 2012 年的 5.96%；在 2013 年净利润增长率小幅回升，但也仅实现 11.40% 的增长。第三阶段是 2013—2015 年。净利润增长率在 2014—2015 年连续降低，数值分别为 9.39% 和 6.07%，净利润的增长势头低迷，增速缓慢。

2006—2015 年浙江省上市公司净利润的平均值在数值上尽管随年份存在小幅的波动，但从总体上来讲，仍处于增长态势（见表 5-7）。2006 年浙江省上市公司平均净利润仅为 0.95 亿元，而到 2015 年，这一数值变为 3.66 亿元，平均净利润的增长率为 285.26%。10 年间出现了两个平均净利润降低的年度，分别为 2008 年和 2011 年，推测原因是这两年浙江省上市公司的数量较为集中地增加。

表 5-7　　　　　　浙江省上市公司净利润统计　　　　　　金额单位：亿元

年份	净利润总额	公司数	平均净利润	中位数	最大值	最大值公司	最小值	最小值公司	方差	标准差
2006	79.03	83	0.95	0.46	16.62	宁波港	-3.38	航天通信	5.00	2.24
2007	148.41	87	1.71	0.80	26.51	雅戈尔	-5.93	波导股份	12.78	3.57
2008	155.04	95	1.63	0.59	18.05	宁波港	-3.92	嘉凯城	12.23	3.50
2009	231.45	99	2.34	0.93	34.94	雅戈尔	-3.57	均胜电子	21.53	4.64
2010	300.15	101	2.97	1.28	33.26	浙能电力	-1.80	华媒控股	29.52	5.43
2011	347.24	129	2.69	1.05	28.11	浙能电力	-3.00	嘉化能源	20.49	4.53
2012	367.93	130	2.83	0.85	46.24	浙能电力	-6.88	亿晶光电	39.19	6.26
2013	409.89	130	3.15	1.03	77.00	浙能电力	-1.49	众和科技	66.03	8.13
2014	448.36	130	3.45	1.27	70.78	浙能电力	-2.73	航天通信	68.64	8.28
2015	475.56	130	3.66	1.23	84.06	浙能电力	-26.84	嘉凯城	104.10	10.20

从浙江省上市公司净利润的中位数情况来看，中位数数值存在较为明显的波动性，表明浙江省上市公司净利润的实现情况受年份的影响较为明显。从净利润中位数与平均净利润的对比来看，净利润中位数在 10 年间均是明显低于平均净利润的，且随着时间的推移，两者之间的差值逐年扩大。这表明在浙江省上市公司当中，净利润实现能力较强的公司拉高了整体的平均水平，并且对于平均净利润的影响更为显著；同时，这类公司的发展速度相对更快，致使处于中位数水平的公司与整体的平均水平偏离程

度加大。

从浙江省上市公司当中实现净利润水平最高的公司来看，10 年间共出现 3 家净利润最大值公司。2006—2009 年，宁波港和雅戈尔轮番占据浙江省上市公司净利润的峰值。2006 年，宁波港凭借 16.62 亿元的净利润成为该年的净利润最大值公司，而仅在 2007 年，雅戈尔就以 26.51 亿元的净利润反超宁波港，占据榜首。此后两年，两家公司又交替实现净利润的最大化。2010年浙能电力进入资本市场，该年浙能电力实现了 33.26 亿元的净利润，毫无悬念地摘得榜首，并由此一直持续到 2015 年，于 2015 年实现高达 84.06 亿元的净利润，占据当年浙江省净利润总值的 17.68%。反观浙江省上市公司中净利润的最小值，尽管 10 年间净利润最小值公司在不断变动，但是净利润的数值均为负值，即历年的净利润最小值公司在相应年度都处于亏损的状态。特别是在 2015 年，嘉凯城的净利润为 -26.84 亿元，与该年浙能电力的净利润差值达 110.9 亿元，经营差距悬殊。由此不难发现，浙江省上市公司间的经营状况存在较为明显的差距，经营状况良好的公司连年实现较高的净利润，而经营状况欠佳的公司却面临着持续的亏损，整体发展并不均衡。

在 2011 年之前，浙江省上市公司净利润的方差持续波动，方差的绝对值较小，表明净利润的离散程度在此之前并不十分显著。但是从 2012 年开始，净利润的方差逐年增加，这意味着净利润相对于平均值的离散程度逐年扩大，上市公司间净利润的波动更为剧烈。这一情况在 2015 年达到顶峰，表明随着时间的推移，浙江省上市公司间净利润实现水平的差距逐年加大。

因此，通过整体观察和个体分析可以发现，对比浙江省的净利润总值和营业收入总值，其净利润并不能赶上营业收入的增长趋势，间接说明收入费用的配比不相适应，即使浙江省上市公司整体的总资产不断扩大，市场份额不断扩大，也不足以促进利润的同步增长，实现盈利的步伐有待提升。

5.3 从偿债能力看浙江省经济发展状况

5.3.1 流动比率趋于平稳

从图 5-13 可以看出，浙江省 130 家上市公司的流动比率从 2006 年的 1.08 呈现逐年增加的趋势；2008 年之前，增速较为平缓；此后一直到 2011年，流动比率的增速提高，至 2011 年实现了 10 年间的最高点，为 1.35；2012 年，流动比率迅速回落至 0.93，10 年间流动比率首次降低至 1.0 以下；2013 年流动比率稍有回升；一直到 2015 年，流动比率基本趋于平稳，均维持在 0.98 左右。

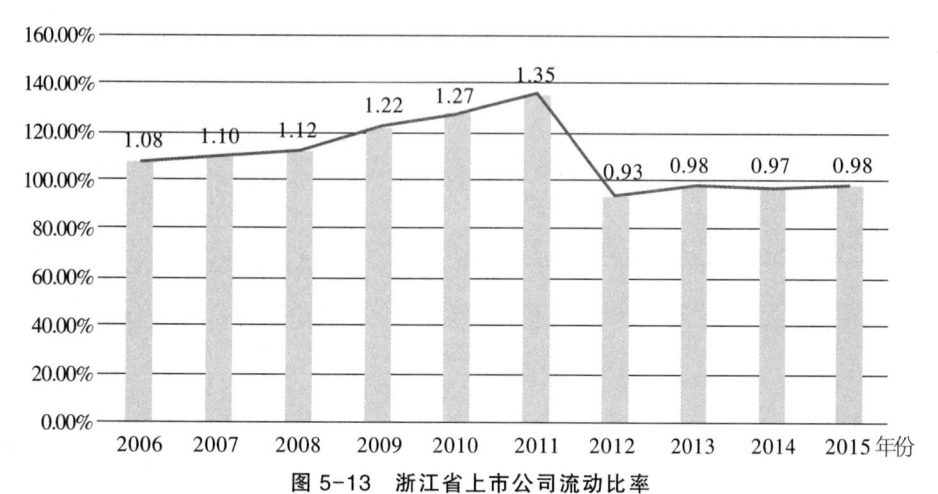

图 5-13　浙江省上市公司流动比率

10年间，浙江省上市公司流动比率的平均值为1.10，相对而言，浙江省上市公司的流动性较好。2007—2011年，浙江省上市公司的流动比率均高于或等于平均值。值得关注的是，2012—2015年的流动比率均低于1，表明这4年间浙江省上市公司的流动资产均是低于流动负债的，但是从流动比率的绝对值来看，由于4年间流动比率均接近于1.0，因此并不意味着浙江省上市公司短期偿债能力降低。从流动比率总体的波动趋势来看，浙江省上市公司流动比率的波动性相对不大，财务波动性保持在一定的可控范围之内。

5.3.2　资产负债率趋于平稳

从图5-14来看，浙江省130家上市公司的资产负债率从2006年的50.40%到2015年的68.31%，总体上是呈现上升趋势的。2006年，浙江省上市公司的资产负债率达59.40%，即该年浙江省上市公司59.40%的总资产是由负债构成的。此后一直到2011年，资产负债率的变动基本趋于平稳，2011年的资产负债率为58.20%。然而到2012年，资产负债率迅速攀升至68.90%，首次超过了60%，表明该年部分公司调整了负债政策，对于负债由往年的相对保守变为更加开放。此后的4年时间里，资产负债率均维持在69%左右，虽有波动，但幅度不大。

从表5-8中浙江省上市公司资产负债率的均值来看，除2008年资产负债率的均值迅速上升以外，其余年份的资产负债率均值维持了较为平稳的波动，均值的最高点出现在2006年，为59.49%；最低点则出现在2015年，为45.15%。从资产负债率的中位数情况来看，其在数值上与总体的均值较为相近，这在一定程度上表明浙江省上市公司之间的资产负债率情况较为一致。

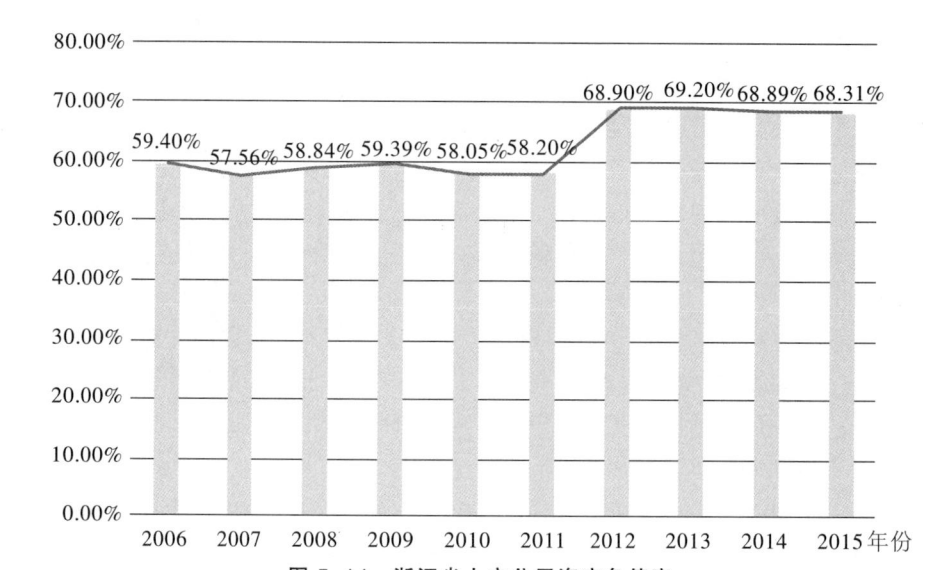

图 5-14　浙江省上市公司资产负债率

表 5-8　　　　　　浙江省上市公司资产负债率统计

年份	资产负债率总计	公司数	资产负债率均值	中位数	最大值	最大值公司	最小值	最小值公司	方差	标准差
2006	4 937.31%	83	59.49%	54.75%	226.87%	众和科技	14.48%	通策医疗	0.09	0.29
2007	4 997.62%	87	57.44%	54.80%	196.85%	华数传媒	13.72%	通策医疗	0.06	0.25
2008	6 705.72%	95	70.59%	55.14%	1 362.69%	荣安地产	11.55%	通策医疗	1.88	1.37
2009	5 616.02%	99	56.73%	54.10%	237.35%	华数传媒	11.35%	通策医疗	0.06	0.25
2010	5 373.87%	101	53.21%	53.39%	200.30%	华数传媒	12.65%	万家文化	0.05	0.23
2011	6 791.55%	129	52.65%	53.18%	169.57%	华数传媒	11.55%	通策医疗	0.04	0.20
2012	6 628.42%	130	50.99%	51.71%	94.61%	杭州银行	10.33%	通策医疗	0.04	0.19
2013	6 652.82%	130	51.18%	52.84%	93.94%	杭州银行	12.58%	通策医疗	0.04	0.19
2014	6 369.77%	130	49.00%	47.50%	93.75%	杭州银行	10.75%	福斯特	0.04	0.20
2015	5 870.08%	130	45.15%	42.89%	94.15%	杭州银行	8.22%	星光农机	0.04	0.21

　　具体来看资产负债率的最大值情况。2011年以前，浙江省上市公司资产负债率的最大值均处在很高的水平，特别是在2008年，荣安地产的资产负债率高达1 362.69%，即在该年荣安地产的负债已经达到其资产的13倍之多，面临着极为严重的资不抵债的状况，如此之高的资产负债率随时可能导致公司的破产倒闭。2012—2015年，杭州银行成为浙江省同期资产负债率最高的上市公司，其数值均维持在94.61%以下，这与杭州银行的主营业务及所属行业存在密不可分的联系。在这种情形下，尽管资产负债率较高，但负债仍处于相对合理的范围之内，经营风险尚属可控。反观资产负债率的最

小值情况。10年间浙江省上市公司当中资产负债率的最小值均维持在20%以下，特别是2015年星光农机的资产负债率仅为8.22%，在其资产当中负债占比较小，一方面表明其对负债的控制较为良好，另一方面也提示在如此低的负债之下，公司的经营活力无法得到实质性的提升。同时，从资产负债率的最大值与最小值的对比来看，二者之间存在较为明显的差距，趋于两极化发展，这与上市公司自身对于负债的认识有关，同时也与自身长期的发展规划密切相关。

进一步来看浙江省上市公司资产负债率的方差情况。除2008年由于荣安地产自身的经营问题，大幅拉高了其资产负债率，导致该年资产负债率波动较大以外，其余年份资产负债率的方差均保持了相对稳定，表明浙江省上市公司之间对于资产负债率的控制维持了相对良好的水平，显著降低了彼此之间的离散程度。

由此可见，浙江省上市公司的资产负债率在10年间都维持在较高水平，资产负债率的平均值高达62.67%。近似来讲，浙江省上市公司整体的资产约有63%来源于举债，或者说每100元的总资产中有62.67元的债务。这一数值超过了50%的界限，对于浙江省上市公司未来的再融资具有很大的局限性。这表明浙江省上市公司从总体来看，债务较多，长期偿债能力较弱，公司的总资产中权益所有者与债权人投入的资金比例较不合理；对于债权人而言风险较大，尽管较高的资产负债率在一定程度上可以激发公司的经营活力，但是其蕴含的巨大债务风险也是不可忽视的。

5.3.3 产权比率趋于平稳

从图5-15来看，浙江省130家上市公司的产权比率从2006年的1.46到2015年的2.16，整体上呈现上升趋势，10年间总体的产权比率的平均值为1.73。通过图5-15中的折线图可以较为直观地看出浙江省上市公司产权比率的变动情况，可将其大致分为3个阶段：第一阶段是2006—2011年。浙江省上市公司的产权比率虽有波动，但幅度不大，基本上均维持在1.4左右。第二阶段是2011—2012年。产权比率由2011年的1.39迅速攀升至2012年的2.22，产权比率的绝对值首次高于2.0。第三阶段是2012—2015年。产权比率有小幅波动，但均维持在2.2左右，比较稳定。

从表5-9中浙江省上市公司产权比率10年间的均值情况来看，其在数值上处于不断波动之中，变动范围维持在1.26～1.59，相比浙江省上市公司10年间总体的产权比率波动情况，幅度较小。从产权比率的中位数情况来看，其在数值上均低于同期产权比率的均值。2013年以前，产权比率中位数均在1.0以上；2014年产权比率中位数首次低于1.0，该年中位数为0.90；至2015年这一数值又一度降至0.75。从产权比率中位数与均值的对比不难发现，浙江省上市公司产权比率的偏高很大程度上是由部分高产权比率上市公司拉动的。

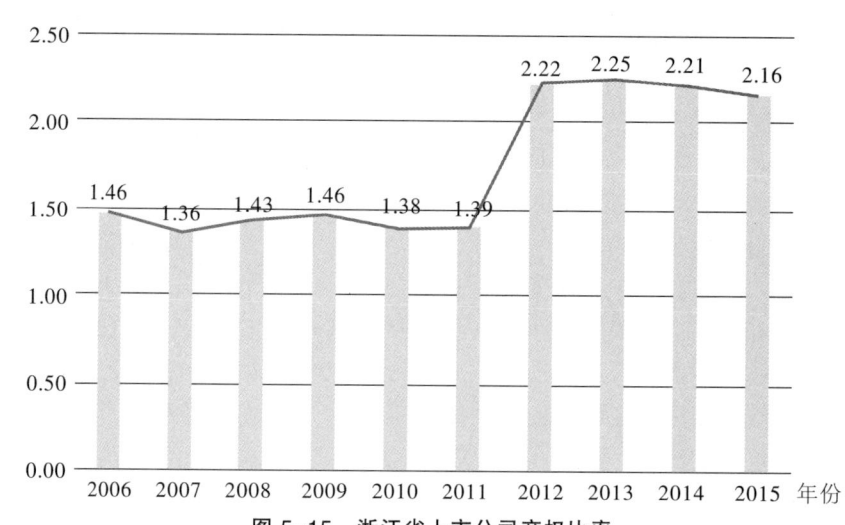

图 5-15　浙江省上市公司产权比率

表 5-9　　　　　　　　浙江省上市公司产权比率统计

年份	产权比率总计	公司数	产权比率均值	中位数	最大值	最大值公司	最小值	最小值公司	方差	标准差
2006	126.69	83	1.53	1.14	11.35	嘉凯城	-5.90	荣安地产	3.58	1.89
2007	109.75	87	1.26	1.13	7.63	浙江广厦	-16.72	嘉凯城	5.73	2.39
2008	137.52	95	1.45	1.10	5.68	宁波建工	-3.78	嘉凯城	1.86	1.37
2009	139.29	99	1.41	1.14	4.51	宁波建工	-5.73	均胜电子	1.66	1.29
2010	140.86	101	1.39	1.12	4.47	宁波建工	-2.00	华数传媒	1.25	1.12
2011	177.36	129	1.37	1.12	4.52	京投发展	-2.44	华数传媒	1.15	1.07
2012	197.83	130	1.52	1.07	17.56	杭州银行	0.12	通策医疗	3.22	1.79
2013	206.73	130	1.59	1.12	15.50	杭州银行	0.14	通策医疗	3.45	1.86
2014	196.57	130	1.51	0.90	15.00	杭州银行	0.12	福斯特	3.79	1.95
2015	183.76	130	1.41	0.75	16.10	杭州银行	0.09	星光农机	4.65	2.16

　　具体来看产权比率的最大值情况。2011年以前，浙江省上市公司产权比率的最高点分别由4家上市公司占据，其中嘉凯城在2006年的产权比率就已高达11.35，即在该年嘉凯城的负债高达股东权益总额的11.35倍，尽管其所在房地产行业面临着普遍高负债的特征，但是如此高的产权比率对于公司正常运转仍是潜在的威胁。2012—2015年，杭州银行均为同期产权比率的峰值，其产权比率均在15.00以上，这很大程度是因为杭州银行所属的银行业的业务特征，绝大多数银行均维持较高的财务杠杆，因而其产权比率居高不下。反观产权比率的最小值情况。2011年以前，产权比率的最小值在数

值上均为负值，2012 年开始数值为正，且均维持在 0.10 左右，相比同期产权比率的最大值，二者之差较为明显。偏低的产权比率一方面表明上市公司对债务控制良好，财务结构较为稳健；另一方面，过低的产权比率会在很大程度上影响上市公司的获利能力，使得上市公司缺乏经营活力。

对于产权比率指标的评价，通常认为该比率的数值应小于 1，但不是越小越好，比率越小说明股东权益越大，尽管有利于公司长期偿债能力的提高，但不能充分发挥负债的财务杠杆效应。针对浙江省上市公司的产权比率情况，由 10 年间产权比率的均值 1.73 来看，说明债务是权益的 1.73 倍，即每 1 元的权益支撑了 1.73 元的负债，在一定程度上产权比率偏高，使得浙江省上市公司因负债偏高而缺乏对未来投资的灵活性。如果能够适当控制财务杠杆，保障足够的安全偿还债务能力，偏高的产权比率也能够提高浙江省上市公司的获利能力。

5.4 从营运能力看浙江省经济发展状况

5.4.1 固定资产周转率有下降倾向

从图 5-16 来看，浙江省 130 家上市公司的固定资产周转率从 2006 年的 1.80 次降低到 2015 年的 0.86 次，整体上呈现下降趋势，但是下降过程并非直线下降，而是经历了连续波动。2006 年，浙江省上市公司整体的固定资产周转率为 10 年间的峰值，达到 1.80 次，即 1 元固定资产产生了 1.80 元的销售收入，固定资产利用效率达到最大。2007—2008 年，固定资产周转率经历了先下降后上升的过程，幅度不大。此后两年，固定资产周转率连续下降，并于 2011 年再次回升至 1.61 次。2012 年，固定资产周转率迅速回落至 0.95 次，为首次低于 1.0 的年份。之后的 4 年间，固定资产周转率小幅波动，但数值上均不超过 1.0。10 年间固定资产周转率的平均值为 1.36 次。由此可见，2012—2015 年，固定资产周转率均低于 10 年间的均值。这说明这 4 年间固定资产周转率低，资源的利用效率也较低。

从表 5-10 来看，浙江省上市公司固定资产周转率总计的平均值在观察期的 10 年间处于不断波动当中：2006 年和 2007 年的均值明显大幅高于其他年份，分别为 19.27 次和 13.15 次；2008 年开始，固定资产周转率的加和平均值趋于相对稳定波动，范围在 5.25~8.80 次。由此不难发现，浙江省上市公司固定资产周转率的加和平均值处于较高水平。进一步来看固定资产周转率的中位数情况。从数值上来看，其中位数均维持在 2.07~2.91 次，10 年间固定资产周转率的中位数没有得到明显提升，且与加和平均值存在较大幅度差距。这表明浙江省上市公司固定资产周转率加和平均值的高水平很大程度上是依托一部分固定资产周转水平较高的上市公司拉动的。

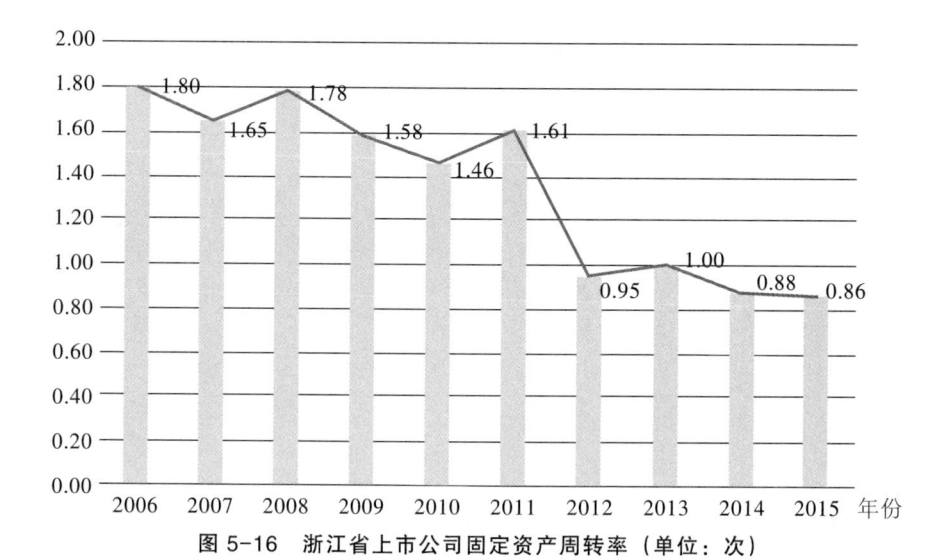

图 5-16　浙江省上市公司固定资产周转率（单位：次）

表 5-10　　　　　　　浙江省上市公司固定资产周转率统计

年份	固定资产周转率总计	公司数	固定资产周转率均值	中位数	最大值	最大值公司	最小值	最小值公司	方差	标准差
2006	1 599.05	83	19.27	2.07	547.30	宋都股份	0.25	均胜电子	19 544.23	139.80
2007	1 144.03	87	13.15	2.32	712.23	宋都股份	0.16	荣安地产	6 301.69	79.38
2008	506.96	95	5.34	2.42	108.19	卧龙地产	0.28	均胜电子	206.13	14.36
2009	757.08	99	7.65	2.37	257.64	荣安地产	0.27	均胜电子	810.72	28.47
2010	772.63	101	7.65	2.82	129.77	宋都股份	0.40	中国巨石	384.68	19.61
2011	718.36	129	5.57	2.91	108.57	荣安地产	0.41	钱江水利	150.24	12.26
2012	682.47	130	5.25	2.47	112.17	荣安地产	0.15	万家文化	151.83	12.32
2013	903.06	130	6.95	2.53	240.39	荣安地产	0.33	宁波海运	488.05	22.09
2014	848.45	130	6.53	2.47	179.40	荣安地产	0.11	万家文化	314.97	17.75
2015	1 144.19	130	8.80	2.20	364.48	杭钢股份	0.30	华铁科技	1 121.82	33.49

　　具体来看固定资产周转率的最大值情况。10年间的最高点分别由4家上市公司占据，其中较为突出的为宋都股份和荣安地产两家公司。2006年和2007年，宋都股份的固定资产周转率分别高达547.3次和712.23次，固定资产的周转水平大幅领先同期其他上市公司。荣安地产10年间共有5年成为省内固定资产周转率的峰值，2009年达到257.64次，2011年较低，但仍达到108.57次的固定资产周转水平。反观固定资产周转率的最小值。10年间其最小值均在0.41次以下，并分属不同行业上市公司，相比较同期的最大值，差距极为显著。这表明浙江省上市公司在固定资产周转水平方面存在较为明显的差异，对于固定资产的使用和配置情况，不在少数的上市公司表现为固定

资产的闲置程度较高。结合方差和标准差的统计学分析，尽管二者在数值上表现为随着年份的上下波动，但是其数值仍相对偏高，且在2015年出现了一次明显的上升态势，进一步验证了浙江省上市公司之间在固定资产的利用水平方面存在显著差异。

一般认为，固定资产周转率大于1为优，即固定资产的周转次数大于1次，其效率才能得以体现。从浙江省上市公司整体的固定资产周转率10年间的均值为1.36来看，相当于1元固定资产产生了1.36元的销售收入，总的来说固定资产的周转速度较快，利用效率较高，因而盈利能力较强。但是，2012—2015年，浙江省上市公司的固定资产周转率显著降低，且无明显的上升趋势，企业利用固定资产创造收入的能力降低，需要企业管理层给予一定程度的重视。

5.4.2 总资产周转率有下降倾向

从图5-17来看，浙江省130家上市公司的总资产周转率从2006年的0.81次降低到2015年的0.43次，整体上是呈现下降趋势的。从图5-17中的折线图可以大致将波动情况分为3个阶段：第一阶段是2006—2010年。浙江省上市公司的总资产周转率在2006年达到10年间的峰值，之后两年小幅波动，但均维持在0.80次左右；至2009年总资产周转率出现了一次较为明显的降低，由2008年的0.78次回落至2009年的0.66次，并保持至2010年。第二阶段是2010—2012年。总资产周转率出现了一次明显的大幅降低，由2010年的0.64次迅速降至2012年的0.43次。第三阶段是2012—2015年。总资产周转率分别为0.43次、0.45次、0.40次和0.43次，不难看出浙江省上市公司总资产周转率在这4年当中虽然波动不大，但是水平明显偏低，主要源于浙江省上市公司整体的营业收入增长速度同比稳步上升，而总资产的规模相比之下却是在迅速扩大。2006—2015年总资产周转率的平均值为0.60次，位于均值以下，这意味着即使按照平均值0.60次来衡量，浙江省上市公司也有40%左右的资产闲置率，而2012—2015年更是达到近60%的资产闲置率。从这一角度来衡量的话，浙江省上市公司的总资产周转是比较缓慢的，资产管理利用效率低下。

从表5-11中总资产周转率的均值情况来看，2011年以前，浙江省上市公司总资产周转率的均值处在不断波动当中，2008年达到6年间的最高点，为0.99次，其余年份也均维持在0.84次以上。总体来看，6年间的总资产周转率保持在较高的水平。2012—2015年，总资产周转率呈现逐步降低的趋势，至2015年达到10年间的最低点，为0.67次。从均值这一角度来看，浙江省上市公司整体的总资产周转率水平相对乐观。从10年间总资产周转率的中位数情况来看，其波动趋势与均值较为相似，相对平缓，但是在数值上均略低于总体的平均水平，表明浙江省上市公司之间在总资产周转率的水平上存在一定的差异。

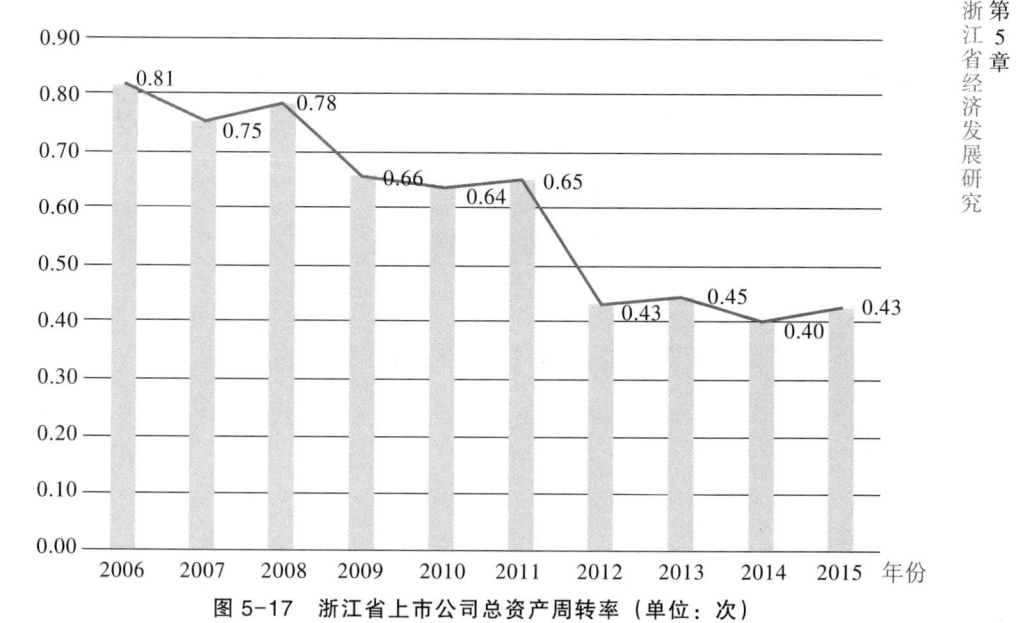

图 5-17　浙江省上市公司总资产周转率（单位：次）

表 5-11　　　　　　浙江省上市公司总资产周转率统计

年份	总资产周转率总计（次）	公司数	总资产周转率均值（次）	中位数（次）	最大值（次）	最大值公司	最小值（次）	最小值公司	方差	标准差
2006	72.02	83	0.87	0.77	4.18	东方通信	0.10	浙江广厦	0.37	0.61
2007	78.65	87	0.9	0.79	3.14	东方通信	0.06	荣安地产	0.33	0.58
2008	93.95	95	0.99	0.79	3.21	桐昆股份	0.14	轻纺城	0.42	0.64
2009	83.43	99	0.84	0.69	2.75	英特集团	0.07	轻纺城	0.32	0.57
2010	87.63	101	0.87	0.74	2.94	华数传媒	0.08	轻纺城	0.37	0.61
2011	114.48	129	0.89	0.78	3.62	华数传媒	0.10	轻纺城	0.30	0.54
2012	101.97	130	0.78	0.72	2.58	英特集团	0.02	万家文化	0.22	0.47
2013	100.10	130	0.77	0.67	2.58	英特集团	0.03	杭州银行	0.21	0.46
2014	94.68	130	0.73	0.64	2.70	英特集团	0.02	万家文化	0.20	0.44
2015	86.47	130	0.67	0.57	2.53	英特集团	0.02	杭州银行	0.19	0.44

　　具体来看总资产周转率的最大值情况。10年间，共有4家上市公司占据过浙江省上市公司总资产周转率的峰值，其中相对突出的分别为东方通信、英特集团和华数传媒。2006年，东方通信凭借高达4.18次的总资产周转率位居榜首，并在2007年又实现了3.14次的总资产周转率，连续两年维持了相当高水平的总资产周转。之后，华数传媒和英特集团同样依靠较高的总资产周转水平成为同期的峰值。尤其是英特集团，自2012年起连续4年稳居该省总资产周转率的最高点，从其总资产周转水平可见一斑。反观总资产周转

率的最小值情况。10年间，其在数值上维持在0.10左右，仅在2008年高于0.10，其余年份均低于该值，相比同期省内的最高点，差距极为明显。结合方差分析不难发现，浙江省上市公司之间在总资产周转率的水平上也存在一定的不一致性，对于总资产周转的把控能力表现不一。

5.5 浙江省上市公司盈利能力分析

5.5.1 总资产报酬率偏低且呈下降趋势

从图5-18来看，浙江省130家上市公司的总资产报酬率总体上呈现先上升后下降的趋势：2007年由3.66%上升到5.56%；2008年略有下降，为5.17%；到2009年达到5.98%，为10年间的最高点；2010年开始陆续走低，由5.38%回落至5.17%，而后迅速降低至2012年的3.40%；此后3年的ROA也较低，并在2015年降至2.86%，为10年间的最低点。以2015年的ROA为例，说明浙江省上市公司在这一年每100元的资产仅能赚取2.86元的净利润。10年间，浙江省上市公司ROA的平均值为4.38%，2012—2015年的ROA均低于平均水平，表明在浙江省上市公司总资产规模不断扩大的情况下，其实现净利润的水平却是逐年降低的。

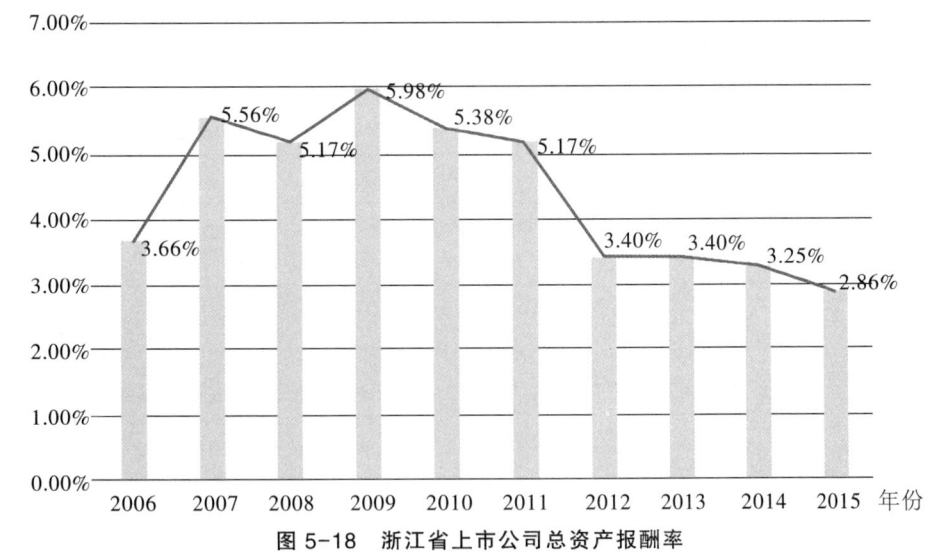

图 5-18　浙江省上市公司总资产报酬率

从ROA的均值来看，10年间其在数值上处于不断波动当中，除了2008年由于荣安地产自身的经营状况变动导致该年的ROA明显降低以外，其余年份均维持在合理的范围内，总体趋势与浙江省整体的ROA波动趋势基本一致（见表5-12）。其中，2011年触及均值的最高点，为8.30%。2013—2015年，ROA均值呈现降低的趋势，表明浙江省上市公司总体上在盈利方面有所下滑。从ROA的中位数情况来看，除了2006年ROA中位数略高于均值以外，其余年份中位数均处于均值以下，表明浙江省上市公司当中部分ROA实现情况良好的上市公司拉高了整体的平均水平。

表 5-12 浙江省上市公司总资产报酬率统计

年份	ROA总计	公司数	ROA均值	中位数	最大值	最大值公司	最小值	最小值公司	方差	标准差
2006	247.43%	83	2.98%	3.02%	16.79%	新安股份	−13.28%	航天通信	0.002	0.04
2007	539.30%	87	6.20%	3.83%	175.63%	众和科技	−24.93%	波导股份	0.037	0.19
2008	−4 803.75%	95	−50.57%	3.17%	39.99%	新安股份	−5 129.85%	荣安地产	27.744	5.27
2009	500.72%	99	5.06%	4.20%	36.25%	福斯特	−43.72%	均胜电子	0.008	0.09
2010	661.56%	101	6.55%	4.60%	62.05%	华数传媒	−11.20%	华媒控股	0.009	0.09
2011	1 070.94%	129	8.30%	5.82%	73.68%	电魂网络	−16.65%	嘉化能源	0.009	0.10
2012	771.03%	130	5.93%	4.71%	70.56%	电魂网络	−30.38%	天目药业	0.008	0.09
2013	813.50%	130	6.26%	4.84%	68.72%	电魂网络	−5.39%	宁波富邦	0.006	0.08
2014	722.41%	130	5.56%	4.94%	48.27%	电魂网络	−14.67%	维科精华	0.004	0.06
2015	557.86%	130	4.29%	4.21%	32.87%	电魂网络	−28.00%	杭钢股份	0.004	0.06

具体来看历年ROA的最大值情况。2010年之前，ROA的最高点分别由4家上市公司占据。其中较为突出的是2007年的众合科技，该年该公司实现了高达175.63%的ROA，大幅领先于同期省内其他上市公司。2011—2015年，ROA的最高点均为电魂网络。作为一家分属于第三产业的软件和信息技术服务业上市公司，电魂网络依托自身的技术创新，在资产规模较低的情况下，连年实现了较高的净利润。反观ROA的最小值情况。10年间ROA的最小值均为负值，并分属于不同上市公司，这主要在于上市公司的净利润随着经营年度有所波动。从ROA最大值与最小值的对比来看，二者之间仍存在较大幅度的差距，一定程度上表明上市公司之间经营状况的差异性着实存在。进一步结合方差分析，不难发现，2007年和2008年ROA的离散程度较高，不排除2007年众合科技极高的ROA和2008年荣安地产极低的ROA的影响。除此以外，其余年份ROA的离散程度均维持在合理范围之内，但仍然不可忽视发展不协调的问题的存在。

总资产报酬率越高，表示企业的资产利用越有效率，经营的能力越好。而浙江省上市公司总体的资产报酬率偏低，且近年更是呈现下降趋势，表示浙江省上市公司资产投资过多，且没有得到有效的利用，没有实现理想的利润报酬。对浙江省上市公司总资产周转率的分析也验证了这一结论。2012—2015年，浙江省上市公司的总资产周转率相比之前的年份同样处于明显降低趋势，总资产在这4年间的闲置率较高，总资产周转速度较为缓慢，没有得到充分的利用。由此也造成利用总资产赚取利润的能力低下，从平均水平来衡量，10年间每100元的资产仅能实现4.38元的净利润。这说明浙江省上市公司在注重自身资产规模扩大的同时，并没有为企业获取规模效益带来足够的超额收益。因此，浙江省上市公司更应关注资产的周转利用程度以及实现利润的能力，合理、充分利用公司的现有资源，加强规范经营管理。

5.5.2 权益报酬率有下滑趋势

从图5-19来看，浙江省上市公司2006—2015年的权益报酬率总体上处在逐年波动中，但均维持在9%以上。从折线图的走势可大致将其变化分为两个阶段：第一阶段是2006—2008年。权益报酬率呈现先上升后下降的趋势，近似倒V形波动。权益报酬率在2006年触及10年间的最低点，为9.02%；而后在2007年迅速上升至13.09%，随后小幅下滑至12.56%。第二阶段是2008—2015年。权益报酬率先是在2009年攀升至10年间的峰值，为14.73%。此后，除2013年出现一次小幅回升之外，其余年度的权益报酬率均呈逐年下降趋势，并于2015年又一次下滑至9.04%，与2006年的水平基本持平。从总体上来看，权益报酬率的走势与总资产报酬率的走势基本保持一致。10年间，权益报酬率的平均值为11.61%，这意味着每100元的权益资本创造了11.61元的净利润，从这一角度来讲，浙江省上市公司总体的盈利能力仍处于较高的水平。

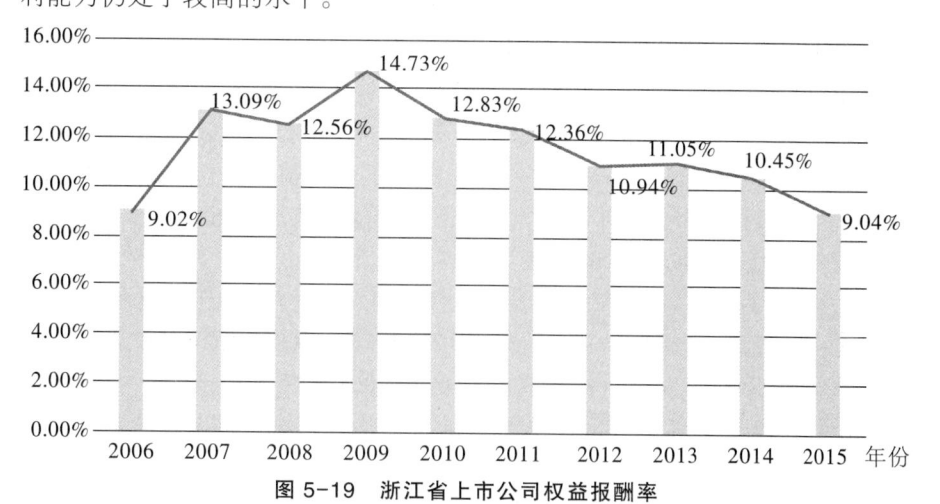

图 5-19 浙江省上市公司权益报酬率

从表5-13中ROE的均值情况来看，除2010年均胜电子自身资产并购导致该年ROE明显降低之外，其余年份ROE均值尽管有所波动，但是数值上处于正常范围之内，波动趋势与浙江省整体的ROE波动趋势近似。2013—2015年，ROE呈现了下降趋势，尤其是在2015年触及了10年间的最低点。这表明浙江省上市公司总体的ROE水平走低。这一情形在ROA的走势中也得以体现，结合二者不难发现主要在于上市公司净利润水平没有得到明显的提升。从ROE的中位数情况来看，10年间共出现两个中位数高于均值的年份，分别为2006年和2015年，其余年份ROE中位数均是低于均值的。

表5-13　　　　　　　　浙江省上市公司权益报酬率统计

年份	ROE总计	公司数	ROE均值	中位数	最大值	最大值公司	最小值	最小值公司	方差	标准差
2006	501.70%	83	6.04%	6.62%	39.33%	正泰电器	-101.13%	航天通信	0.02	0.15
2007	1 428.00%	87	16.41%	9.87%	360.02%	众和科技	-77.13%	波导股份	0.22	0.47
2008	1 256.18%	95	13.22%	8.71%	406.26%	荣安地产	-49.80%	宁波富邦	0.19	0.44
2009	1 462.18%	99	14.77%	11.06%	206.89%	均胜电子	-28.00%	天目药业	0.07	0.26
2010	-6 290.68%	101	-62.28%	10.45%	75.27%	福斯特	-7 478.67%	均胜电子	56.13	7.49
2011	1 938.65%	129	15.03%	12.31%	95.36%	电魂网络	-52.84%	华数传媒	0.03	0.16
2012	1 384.62%	130	10.65%	9.98%	108.77%	电魂网络	-93.98%	天目药业	0.03	0.17
2013	1 501.24%	130	11.55%	9.93%	104.44%	电魂网络	-38.11%	宁波富邦	0.02	0.13
2014	1 340.57%	130	10.31%	8.52%	74.40%	电魂网络	-41.28%	维科精华	0.01	0.11
2015	729.49%	130	5.61%	8.08%	51.14%	电魂网络	-114.54%	宁波富邦	0.03	0.18

具体来看ROE的最大值情况。2010年之前，ROE的最高点分属于5家不同的上市公司。值得注意的是2008年的荣安地产，其在该年的ROE高达406.26%，结合其2008年ROA的大幅走低，不难理解其2008年发生的资产重组所带来的直接影响。2011—2015年，ROE的最高点均为电魂网络，这与ROA中的规律完全一致。反观ROE的最小值情况，10年间ROE的最小值也均为负值，并且相比于同期的ROE最大值，差距极为显著，表明浙江省上市公司之间在ROE的实现能力方面有所差别。结合ROE的方差分析，排除2010年均胜电子的影响，2010年之前共出现两个波动较为明显的年份，分别为2007年和2008年，除此以外，其余年份ROE的离散程度表现均较为平稳。由此，结合统计学分析，不难发现浙江省上市公司ROE水平的差异即盈利能力的差异，很大程度上在于净利润实现水平上存在的差异。

对于上市公司而言，较高权益报酬率的维持更有利于吸引投资者及股东，使其相信该公司具备较高水平且可持续的创造收益的能力。因此，从权益报酬率这一指标来看，浙江省上市公司总体仍是具备较强的竞争实力的。同时，也应当注意到权益报酬率在最近几年出现了逐步下滑的趋势，提示浙江省上市公司一方面应当提升自身对于净利润的实现水平，另一方面要正确且适度地运用财务杠杆，最大限度地为股东创造价值。

5.5.3 销售净利率有下滑趋势

从图 5-20 来看，浙江省上市公司的销售净利润率在 2009 年之前波动较为剧烈，之后相对平稳，可将销售净利润率的变化大致分为 3 个阶段来看：第一阶段是 2006—2008 年。销售净利润率首次呈现近似倒 V 形的波动，2006 年为 10 年间销售净利润率的最低点，仅为 4.50%；而后迅速上升至 2007 年的 7.38%，增长了近 3 个百分点；2008 年销售净利润率小幅降低。第二阶段是 2008—2013 年。该阶段持续时间较长，销售净利润率先是由 2008 年的 6.61% 上升至 2009 年的 9.09%，实现历年销售净利润率的峰值，此后连续 4 年销售净利润率逐年下降，降幅较为平缓，一直到 2013 年降至 7.64%。第三阶段是 2013—2015 年。销售净利润率出现了第二次近似倒 V 形的波动，先是从 2013 年小幅增长至 2014 年的 8.06%，到 2015 年又一次下滑至 6.72%。10 年间销售净利润率的平均值为 7.43%，这意味着 10 年间浙江省上市公司每 100 元的资产能够赚取 7.43 元的净利润。

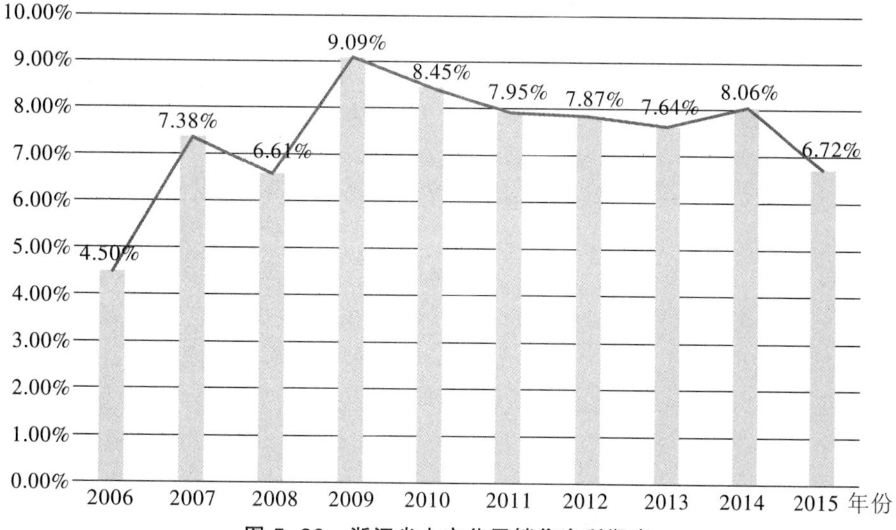

图 5-20　浙江省上市公司销售净利润率

从浙江省上市公司销售净利润率的加和平均值情况来看，除 2008 年受到荣安地产自身经营状况变动影响导致该年均值为负值以外，观察期的其余年间，销售净利润率的加和平均值均为正，并且随年份呈现不断波动的趋势（见表 5-14）。2007 年触及均值的最高点，达到 11.88%；2014—2015 年，这一数值趋于平稳。进一步来看销售净利润率的中位数情况。2006—2008 年，中位数处于较低水平，2007 年相对偏高，但这一数值也仅为 4.66%；2009 年，销售净利润率的中位数水平得到明显提升，达到 7.04%；此后的中位数均维持在 6.42%~8.69% 之间，相比加和平均值的水平，差距并不显著。

表 5-14　　　　　　　　浙江省上市公司销售净利润率统计

年份	总计	公司数	均值	中位数	最大值	最大值公司	最小值	最小值公司	方差	标准差
2006	326.49%	83	3.93%	3.75%	44.27%	宁波港	-41.41%	均胜电子	0.01	0.10
2007	1 033.96%	87	11.88%	4.66%	293.88%	众和科技	-15.15%	嘉凯城	0.13	0.37
2008	-2 415.71%	95	-25.43%	3.78%	39.46%	宁波港	-2 864.17%	荣安地产	8.68	2.95
2009	688.19%	99	6.95%	7.04%	67.52%	宁波韵升	-138.43%	均胜电子	0.04	0.19
2010	938.15%	101	9.29%	7.34%	72.70%	均胜电子	-15.10%	华媒控股	0.01	0.11
2011	1 342.39%	129	10.41%	8.69%	63.18%	电魂网络	-17.18%	嘉化能源	0.01	0.09
2012	790.11%	130	6.08%	6.42%	60.41%	电魂网络	-318.54%	万家文化	0.10	0.31
2013	1 226.25%	130	9.43%	7.11%	64.52%	电魂网络	-10.53%	众和科技	0.01	0.10
2014	967.84%	130	7.44%	7.39%	57.67%	电魂网络	-189.02%	万家文化	0.04	0.20
2015	972.73%	130	7.48%	8.12%	45.69%	电魂网络	-66.17%	嘉凯城	0.02	0.13

　　具体来看销售净利润率的最大值情况。2006—2010 年，销售净利润率的最高点分属于 4 家上市公司，其中 2007 年的众和科技表现突出，实现了高达 293.88% 的销售净利润率；2011—2015 年，浙江省上市公司中销售净利润率的峰值均由电魂网络实现，除 2015 年稍有降低以外，其余 4 年间其销售净利润率均维持在 60% 左右，表现出较为突出的盈利能力。反观销售净利润率的最小值情况。10 年间，这一数值均为负值，这一定程度上受到上市公司自身在特定年份经营状况变动的影响，其中均胜电子、嘉凯城和万家文化各有两个年度成为同期的最低点，表明其自身的经营运转存在一定的不稳定性。从销售净利润率的最大值与最小值的对比来看，二者之间的差距还是较为显著的，呈现出一定的两极分化现象。结合对于方差的统计学分析，从浙江省上市公司的整体来看，销售净利润率的波动相对平稳，差异的存在主要集中在盈利能力较强和相对薄弱的上市公司之间。

　　从销售收入净利润率的走势来看，浙江省上市公司的这一指标大体维持在较好的水平。然而，近年来这一指标逐步下滑，表明浙江省上市公司应当及时加强自身的经营管理，尤其是对财务费用等相关成本的把控，同时进一步提高自身的营业收入实现能力。

5.5.4　每股收益有下降倾向

　　由图 5-21 可以看出，浙江省 130 家上市公司 2006—2015 年的每股收益是处于不断变动之中的，并且变动的趋势较为明显，变动范围维持在 0.17 ～ 0.46 元，10 年间每股收益的平均值为 0.35 元。2006 年的每股收益为 0.17 元，处于10年间的最低点；2010年的每股收益达到0.46元，为10年间的峰值。

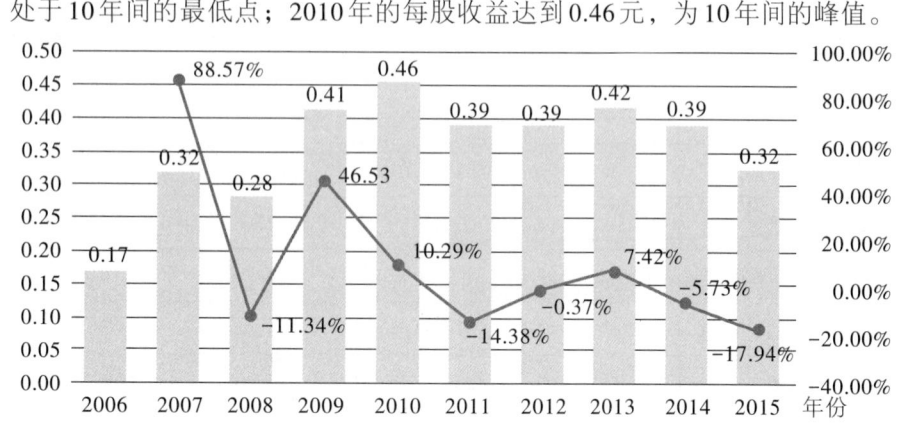

图 5-21　浙江省上市公司每股收益（金额单位：元）

由图5-21中的折线图可以较为直观地看出浙江省上市公司每股收益增长率的波动情况，可大致分为3个阶段：第一阶段是2007—2009年。每股收益增长率第一次呈现近似V形的波动，2007年处于10年间的最高点，达88.57%，而2008年迅速回落至-11.34%，首次出现每股收益的负增长，2009年重新回升至46.53%，3年间每股收益增长的波动较为剧烈。第二阶段是2009—2013年。每股收益的增长第二次呈现近似V形的波动。先是从2009年开始连续两年下降至2011年的-14.38%，第二次实现每股收益的负增长，而后增长率连续两年升高至2013年的7.42%，尽管该年实现了正向增长，但增长率相比往年明显降低。第三阶段是2013—2015年。其中2014年和2015年每股收益均表现为负增长，尤其是2015年，每股收益的增长率降至-17.94%，为10年间的最低点。

从浙江省上市公司每股收益的平均水平来看，其数值上存在较为明显的波动趋势。2006年每股收益的平均值与浙江省上市公司总体的每股收益数值一致，均为0.17元，同样为10年间平均每股收益的最低点。而后平均每股收益逐年上下波动，至2011年实现了0.49元，达到10年间的峰值（见表5-15），此后连续3年平均每股收益均保持在较高水平。直到2015年，平均每股收益出现较为明显的降低，为0.37元。由此可以看出，浙江省上市公司的平均每股收益保持在相对高的水平。

将浙江省上市公司每股收益的中位数与平均每股收益进行比较发现，2006—2015年每股收益的中位数是低于平均每股收益的，但两者之差相较而言并不是十分明显，仅2006年和2007年的差值达0.14元，其余年度两者之差均维持在0.1元左右。尽管差距并不显著，但是每股收益中位数普遍偏低，这表明浙江省上市公司之间的每股收益水平存在差异，上市公司间发展步调不一致，盈利能力参差不齐。

表 5-15　　　　　　　　　浙江省上市公司每股收益统计　　　　　金额单位：元

年份	总额	公司数	均值	中位数	最大值	最大值公司	最小值	最小值公司	方差	标准差
2006	13.70	83	0.17	0.13	2.41	小商品城	-1.06	航天通信	0.14	0.37
2007	32.40	87	0.37	0.23	4.35	众和科技	-0.77	波导股份	0.49	0.70
2008	26.40	95	0.28	0.16	5.89	新安股份	-1.44	嘉凯城	0.53	0.73
2009	33.07	99	0.33	0.27	2.70	浙江医药	-1.90	均胜电子	0.26	0.51
2010	43.31	101	0.43	0.33	3.11	桐昆股份	-0.34	华媒控股	0.25	0.50
2011	62.81	129	0.49	0.40	2.25	浙江医药	-0.94	嘉化能源	0.20	0.44
2012	52.91	130	0.41	0.36	2.13	杭州银行	-1.42	亿晶光电	0.22	0.47
2013	60.56	130	0.47	0.37	2.12	莎普爱思	-0.48	众和科技	0.20	0.44
2014	60.05	130	0.46	0.35	2.30	莎普爱思	-0.75	维科精华	0.25	0.50
2015	48.40	130	0.37	0.32	2.53	华东医药	-1.30	杭钢股份	0.28	0.53

　　具体来看浙江省上市公司每股收益的最大值公司，通常每股收益的最大化往往代表该公司具备较强的盈利水平，对于投资者往往可以带来高额的回报。从近 10 年间每股收益的最大值情况来看，10 年间实现最大每股收益的上市公司也在不断更替，这与各年度上市公司经营状况的波动不无关系。值得关注的是在 2007 年、2008 年和 2010 年，有 3 家上市公司实现 3 元以上的当年最大每股收益，分别是 2007 年众和科技的 4.35 元、2008 年新安股份的 5.89 元和 2010 年桐昆股份的 3.11 元，实现每股收益的能力较为突出，其余年度的最大值都保持在 2 元以上。总体来看，每股收益领先的上市公司的自身经营状况都较为健康稳定，更加符合投资者对该公司的预期。然而反观浙江省上市公司每股收益历年的最小值，10 年间每股收益的最小值均为负值，无一例外。其中，出现 5 个年度每股收益的最小值低于-1 元，并且 10 年间每股收益的最小值均分属不同的上市公司。通过对比每股收益的最大值与最小值，发现在 2007 年众和科技曾是浙江省上市公司当中每股收益的最大值，然而到 2013 年，却成为当年每股收益的最低点，这不难推测其自身经营状况出现了较为重大的转变，也表明对于上市公司及其投资者而言，关注每股收益可以判断该公司的大体运营状态，每股收益的变化往往也是较为明显的。

　　从每股收益的角度，浙江省上市公司的整体盈利状况并不十分乐观，每股收益的上升态势不明显，这除了与浙江省上市公司整体净利润偏低相关以外，也受到了股本总数的影响，但是由此可以发现浙江省上市公司在创造利润的能力方面仍有欠缺，缺乏成长活力。

5.6　本章小结

　　本章从浙江省上市公司的资产负债表、利润表及相关财务比率分析了浙江省的经济发展状况。整体来看，资产化率持续升高，浙江省企业资产规模的不断扩大有力推动了地区经济的发展，但企业增长缓慢的营业收入对地区经济发展推动不足，尽管企业偿债能力趋于平稳，但浙江企业营运能力、盈利能力均有下滑倾向，今后需进一步提高自身营运能力和盈利能力，这样才能为经济发展贡献更大的力量。

第6章　浙江省第二、三产业研究

6.1　从资产负债表看浙江省第二产业

6.1.1　总资产不断增长，企业间差别极大

从图 6-1 可以看出浙江省第二产业上市公司总资产 2006—2015 年一直处于不断增长的阶段，总资产在 2006 年仅为 1 048.81 亿元，在 2010 年增加到 2 778.05 亿元，之后几年都在以较快的绝对值增加，2012 年增加到 3 817.11 亿元，2014 年和 2015 年分别是 4 863.68 亿元和 5 502.44 亿元。这 10 年间总资产净增加额为 4 453.63 亿元，平均每年增加 445.36 亿元，2015 年总资产为 2006 年的 5.25 倍。单纯从总资产这一指标的绝对值来分析，浙江省第二产业上市公司的发展是值得大多数省市借鉴学习的。在不考虑通货膨胀等因素的情况下，我们计算了浙江省第二产业上市公司总资产的算术平均增长率为 18.03%，也就是说每年增加 18.03% 的总资产，尤其是在 2010 年，资产总额较 2009 年增加 1 122.91 亿元，可能增加的资产绝对值不是最多的，但是增长的幅度却是 3 年间最多的。随后的 5 年里浙江省第二产业上市公司的资产总额绝对值尽管没有太大的增长幅度，但是基本上每年都能增加 400 亿元以上，保持在相对稳定的绝对值增长范围。

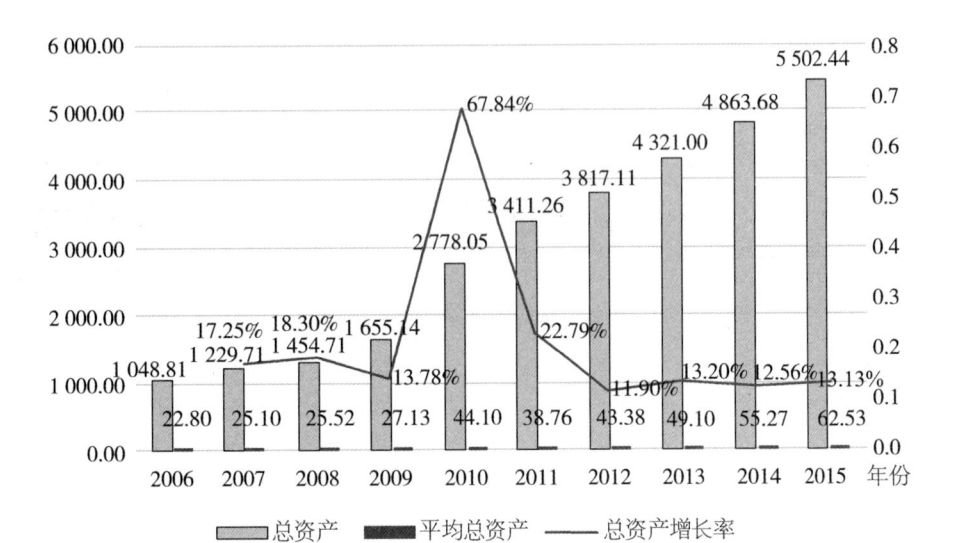

图 6-1　浙江省第二产业上市公司总资产情况（金额单位：亿元）

　　就平均总资产来说，浙江省第二产业上市公司的平均总资产在 10 年间处于一直增长的过程中，在 2006 年仅仅是 22.80 亿元，并且一直到 2009 年都在 20 亿~30 亿元之间，在 2010 年迅速增加到 44.10 亿元，到 2015 年更是增加到 62.53 亿元，2015 年的平均总资产是 2006 年的 2.74 倍。尽管浙江省第二产业上市公司的平均总资产与第三产业相比有较大的差距，但是总体还是较为可观的，即经济体量在显著地增长。

　　就总资产增长率而言，浙江省第二产业上市公司的总资产增长率在 10 年间从开始几年的骤升骤降到后几年趋于平缓，10 年间大致分为 3 个阶段：第一阶段是 2007—2009 年的稳中有降阶段。这一阶段浙江省第二产业上市公司的资产总额维持了相对稳定的增长速度，基本保持在 15% 左右。尽管资产总额在上升，但是浙江省第二产业上市公司的总资产增长速度略有下降，从 2007 年的 17.25% 到 2009 年的 13.78%，不过总体上还是比较稳定的。第二阶段是 2009—2012 年的趋于平缓阶段。这一阶段浙江省第二产业上市公司的资产总额在 2010 年取得了显著增长。这是因为 2010 年浙能电力上市，当年其总资产为 785.12 亿元，在浙江省第二产业中算是规模较大的产业，大约占据了当年浙江省第二产业总资产的 28% 多，所以使得浙江省第二产业上市公司的资产总额在当年骤增，增长率达到 67.84%；随后在 2011 年以及 2012 年浙江省第二产业上市公司的总资产增长率开始下降，到 2012 年降低到 11.90%，与之前的总资产增长率基本持平。第三阶段是 2012—2015 年的稳定发展阶段。这一时期浙江省第二产业上市公司的年增长率基本保持在 13% 左右。总体看来这 10 年间浙江省第二产业上市公司的资产总额的增长速度还是较为均衡的，尽管与第三产业上市公司相比，浙江省第二产业上市公司的发展速度较慢，但也在以相对稳定健康的速度发展。

从表 6-1 可以看出浙江省第二产业上市公司的总资产标准差逐年加大，并且可以明显地划分为两个阶段：第一阶段是 2006—2009 年的"多强争霸"阶段。这一阶段的浙江省第二产业上市公司总资产整体差额较小，其标准差也是在 15~25 之间波动。第二阶段是 2010—2015 年的"一超多强"阶段。这一阶段浙江省第二产业上市公司的标准差在 80~120 之间波动，波动范围较大，说明这一阶段的浙江省第二产业上市公司整体差额较大，即极值的差额越来越大。

表 6-1　　　　　　　**浙江省第二产业上市公司总资产统计**　　　　　金额单位：亿元

年份	标准差	最大值	最大值企业	最小值	最小值企业	均值	中位数
2006	16.49	84.36	杭钢股份	2.23	众合科技	22.41	37.92
2007	19.04	88.63	杭钢股份	2.23	众合科技	24.82	24.38
2008	23.05	127.97	中国巨石	1.63	莎普爱思	25.24	22.85
2009	24.30	137.08	中国巨石	1.87	莎普爱思	26.74	19.87
2010	100.06	785.12	浙能电力	0.00	均胜电子	43.70	17.58
2011	83.95	755.17	浙能电力	2.56	天目药业	38.47	21.39
2012	90.74	813.78	浙能电力	2.85	天目药业	43.00	18.44
2013	102.72	920.18	浙能电力	3.25	天目药业	48.56	17.52
2014	115.96	1 042.04	浙能电力	2.86	天目药业	54.72	16.77
2015	117.89	1 036.62	浙能电力	2.80	天目药业	61.91	16.67

我们通过标准差数值的变化进一步分析总资产的最大值和最小值公司。从表 6-1 可以看出，在 2006—2009 年浙江省第二产业上市公司的总资产最大的企业分别是杭钢股份和中国巨石。杭钢股份在 2006 年和 2007 年分别以 84.36 亿元、88.63 亿元的总资产位居当年的行业第一，而中国巨石则在 2008 年和 2009 年分别以 127.97 亿元和 137.08 亿元的总资产位居当年的行业第一。2010—2015 年浙能电力位居当年总资产的行业之首。2006—2010 年浙江省第二产业上市公司的总资产最小值企业分别是众合科技、莎普爱思和均胜电子。2006 年和 2007 年众合科技的总资产最小值都是 2.23 亿元；2008 年和 2009 年莎普爱思分别以 1.63 亿元和 1.87 亿元的总资产居总资产最末；2010 年均胜电子以 0 元的总资产居最末。在此，我们特意对均胜电子进行了分析。均胜电子的前身是辽源得亨股份有限公司。2010 年辽源得

亨股份有限公司由于经营不善，经营遇到了重大困难，最终资不抵债被迫重组，以增发股票的方式被置入宁波均胜投资集团，从而重新获得了经营活力，因而在 2010 年均胜电子的总资产出现了 0 元的情况。

就中位数而言，中位数除了 2006 年高于平均值之外，其余 9 年远低于平均值，说明过半数的企业的总资产都低于平均水平，也说明产业的巨头企业拉高了第二产业的平均水平。

然而将浙江省第二产业上市公司与第三产业上市公司相比，就会发现第二产业上市公司的总资产远低于第三产业上市公司的总资产，尽管发展比较均衡，但是缺乏发展的后劲，甚至可以说陷入了发展的瓶颈期，缺乏可以带动整个行业的龙头企业。尽管浙能电力的资产数额较大，但是将浙能电力与第二大企业相比就会发现两者的差距很大，这说明浙江省的第二产业缺少多个均衡的巨头来带动整体的发展，而不是单一的巨头企业。

表 6-2 详细列举了 2006—2015 年浙江省 GDP 的构成和第二产业的地区生产总值增加值的详细构成，以此来分析浙江省第二产业的位置及其变化。

表 6-2 　　　　　　　浙江省 2006—2015 年地区生产总值及其构成　　　　金额单位：亿元

年份	地区生产总值	第一产业增加值	第二产业增加值	第三产业增加值	工业增加值	建筑业增加值	第二产业比重	工业占二产比重	建筑业占二产比重
2006	15 718.47	925.10	8 511.51	6 281.86	7 585.47	926.04	54.15%	89.12%	10.88%
2007	18 753.73	986.02	10 154.25	7 613.46	9 090.74	1 063.51	54.15%	89.53%	10.47%
2008	21 462.69	1 095.96	11 567.42	8 799.31	10 328.72	1 238.70	53.90%	89.29%	10.71%
2009	22 990.35	1 163.08	11 908.49	9 918.78	10 518.21	1 390.28	51.80%	88.33%	11.67%
2010	27 722.31	1 360.56	14 297.93	12 063.82	12 657.78	1 640.15	51.58%	88.53%	11.47%
2011	32 318.85	1 583.04	16 555.58	14 180.23	14 683.03	1 872.55	51.23%	88.69%	11.31%
2012	34 665.33	1 667.88	17 316.32	15 681.13	15 338.02	1 978.30	49.95%	88.58%	11.42%
2013	37 756.58	1 760.34	18 047.52	17 948.72	15 837.20	2 243.01	47.80%	87.75%	12.43%
2014	40 173.03	1 777.18	19 175.06	19 220.79	16 771.90	2 467.10	47.73%	87.47%	12.87%
2015	42 886.49	1 832.91	19 711.67	21 341.91	17 217.47	2 558.38	45.96%	87.35%	12.98%

在浙江省的统计信息网中将制造业和电力、热力、燃气及水生产和供应

业看作工业这个行业，所以我们在分析 GDP 时也将制造业和电力、热力、燃气及水生产和供应业看作工业。从表 6-2 可以看出，尽管浙江省第二产业在浙江省地区生产总值的经济总量在逐年上升，但是其在浙江省地区生产总值中所占的比重在逐年下降，尤其是 2011 年之后其所占的浙江省地区生产总值的比重降低到半数以下，并且仍然处于明显的下降趋势，到 2015 年其所占比重仅为 45.96%。从表 6-2 可以看出，浙江省第二产业的主要构成是工业和建筑业。浙江省第二产业中工业和建筑业所占的比重在 10 年间基本处于相对固定的数值，建筑业在浙江省第二产业中所占的比重一直在 10% 到 13% 之间，略有涨幅但相对稳定，而相对应的工业也是略有下降，总体保持在 85% 之上的比重。

尽管从浙江省地区生产总值来看第二产业所占比重逐渐低于第三产业所占的比重，但是这也是产业优化的重要体现。在发达国家，第三产业所占的比重一半都高于第二产业所占的比重。尽管第二产业在国家发展中占据重要的地位，但是也面临了很多问题，如原材料涨价、人工成本上涨、污染等问题，因此在很多发达国家第二产业的很多企业如大众等纷纷走出国门寻求最佳区位优势。因此，浙江省第二产业比重开始下降不是其经济后退的表现，反而是其经济趋向合理优化的表现。

在 2015 年浙江省第二产业上市公司的前三大企业分别是电力、热力、燃气及水生产和供应业的浙能电力（当年总资产为 1 036.62 亿元）、制造业的浙江龙盛（当年总资产为 266.31 亿元）和建筑业的龙元建设（当年总资产为 243.83 亿元）。从这三大企业可以看出，浙江省第二产业上市公司的总资产相差悬殊，浙能电力的总资产大约是浙江龙盛和龙元建设两家企业总资产之和的 2 倍。浙江省第二产业上市公司前三大企业在 2015 年的资产总额在第二产业资产总额中所占的比重为 28.15%，其中浙能电力的资产总额在 2015 年更是达到 1 546.76 亿元。

6.1.2　负债逐年上升，波动幅度较小

由图 6-2 可知，浙江省第二产业上市公司的负债总额 2006—2015 年是逐年上升的：2006 年为 596.18 亿元，而 2010 年为 1 458.83 亿元，突破千亿元大关，到 2015 年增加到 2 573.80 亿元，10 年间总资产净增加额为 1 977.62 亿元，平均每年增加 197.76 亿元，2015 年的负债总额为 2006 年的 4.32 倍。在不考虑通货膨胀等因素的情况下，我们计算了浙江省第二产业上市公司负债总额的算术平均增长率为 15.75%，尤其是在 2010 年，负债总额较 2009 年增加 553.06 亿元，增长的幅度是 2006—2009 年最多的。在随后的 5 年里，浙江省第二产业上市公司的资产总额绝对值尽管没有太大的增长幅度，但是基本上每年都能增加 200 亿元左右，保持在相对稳定的范围内。

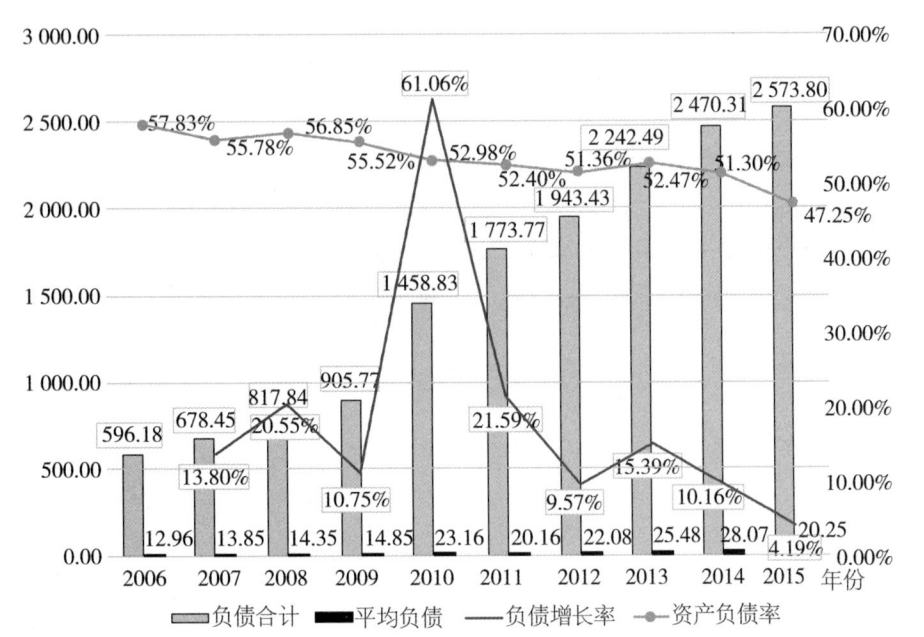

图 6-2　浙江省第二产业上市公司的负债情况（金额单位：亿元）

　　就平均负债来说，浙江省第二产业上市公司的平均负债在 10 年间也是一直处于波动增长的过程中，2006 年为 12.96 亿元，2010 年达到 23.16 亿元，2015 年为 29.25 亿元，10 年间平均负债缓慢增长，2015 年大约是 2006 年的 2.3 倍，与同时期第三产业的相比较平均负债有较大的差距，但是总体看来浙江省第二产业上市公司的单个企业的负债额还是增加的。

　　浙江省第二产业上市公司的负债增长率在这 10 年间基本处于相对平缓的增长态势，即使偶有波动，也会尽快恢复到原有的增长速度。尽管如此，10 年大致分为 3 个阶段：第一阶段是 2007—2009 年的稳中有降阶段。这一阶段浙江省第二产业上市公司的负债总额维持了相对稳定的增长速度，负债增长速度略有上升，2007 年为 13.80%，2009 年为 10.75%。第二阶段是 2009—2012 年的增速加快并回落阶段。这一阶段浙江省第二产业上市公司的负债增长率在 2010 年达到 61.06%，之后迅速下降，到 2012 年达到 9.57%。与总资产相似，这是因为 2010 年浙能电力上市，其在浙江省第二产业上市公司中规模最大，所以当年浙江省第二产业上市公司的负债总额骤增，随后在 2011 年和 2012 年浙江省第二产业上市公司的负债增长率下降，与之前的负债增长率相对持平。第三阶段是 2012—2015 年的增速渐缓阶段。这一时期浙江省第二产业上市公司的负债增长率逐年下降，2013 年为 15.39%，2015 年仅为 4.19%。总体来看，10 年间浙江省第二产业上市公司的负债增长率保持了稳中有降的发展态势。

　　浙江省第二产业上市公司的资产负债率都在 50%～60% 之间波动，且保持稳中有降的发展特点，在 2006 年达到 10 年间的峰值，为 57.83%，而最小值则是 2015 年，为 47.25%，这说明浙江省第二产业上市公司的每 100 元的资产约有一半的资金都是借贷的。从浙江省第二产业上市公司的资产负债率来看，其资产负债水平还是相对稳定的，波动幅度较小。

　　从表 6-3 可以看出，浙江省第二产业上市公司的负债总额的波动幅度较小，但是到 2010 年负债总额的标准差变成在 54.47 以上，并保持在相对稳定的范围，即在 48~65 之间波动，2010—2015 年的标准差分别为 54.47、46.58、48.93、56.82、62.29 和 52.93，在之前的 4 年其标准差尽管在逐年上升，但是始终未超过 20%，与第三产业相比，这样的标准差反映的波动幅度无疑是很小的。而 2010 年恰好是浙能电力上市之年，从表 6-3 的最大值与最小值可以看出，浙能电力 2010 年的负债总额是 415.64 亿元，而当年负债额最小的企业是均胜电子，负债总额仅为 0.015 亿元，净差额约为 415.63 亿元，这一年的均胜电子由于资不抵债，所以在抵偿了所有资产之后其前身辽源得亨股份有限公司依然还有 150 万元的负债需要偿还。随后的浙能电力始终保持了浙江省第二产业上市公司负债总额最大的地位，但是其与负债总额最小的企业的净差额是逐渐缩小的，这说明浙江省第二产业上市公司的负债规模的差距逐渐缩小。尽管 10 年间浙江省第二产业上市公司的负债规模也呈现出了明显的两极化，但是浙能电力一直稳坐浙江省第二产业上市公司的头把交椅，而其负债总额却呈现逐年下降的趋势，因此我们具体分析了浙能电力的资产和负债情况。自浙能电力上市以来，其资产负债率偶有小幅增长，却总体呈现逐年下降趋势，2010—2015 年的资产负债率分别是 52.94%、53.79%、51.49%、52.83%、50.93% 和 38.29%。2015 年浙能电力的负债总额突然大幅度下降，使得企业的资产负债率远低于其他年份。这是由于 2015 年 4 月 13 日—2015 年 5 月 4 日，浙能电力的股票已满足在任何连续 30 个交易日中有至少 15 个交易日的收盘价格不低于当期转股价格（5.66 元/股）的 130%（含 130%）的情形，已触发可转债的有条件赎回条款，根据公司第二届董事会第七次会议决定赎回"浙能转债"，2015 年共有 99.82 亿元的可转债转股 17.64 亿元，0.18 亿元可转债被赎回。然而无论是从负债总额最多的企业的资产负债率还是从最少的企业的资产负债率来看，第二产业的企业资产负债率普遍分布较为集中，基本处于 40%~60% 的范围。

表 6-3　　　　　　　浙江省第二产业上市公司负债统计　　　　金额单位：亿元

年份	标准差	最大值	最大值企业	最小值	最小值企业	均值
2006	11.04	53.42	浙江龙盛	1.18	天目药业	12.96
2007	12.99	64.33	浙江龙盛	1.14	众合科技	13.85
2008	16.53	94.33	龙元建设	0.69	莎普爱思	14.35
2009	16.88	111.15	龙元建设	0.77	莎普爱思	14.85
2010	54.47	415.64	浙能电力	0.02	均胜电子	23.16
2011	46.58	406.21	浙能电力	0.68	朗迪集团	20.16
2012	48.93	419.04	浙能电力	0.72	朗迪集团	22.08
2013	56.82	486.12	浙能电力	1.18	嘉澳环保	25.48
2014	62.29	530.74	浙能电力	1.09	弘讯科技	28.07
2015	52.93	397.94	浙能电力	0.92	天目药业	29.25

6.1.3　所有者权益保持上升态势，离散程度加大

浙江省第二产业上市公司 10 年间的所有者权益都保持着较好的上升态势。从图 6-3 中可直观地看出来，2006—2015 年浙江省第二产业上市公司的行业发展状况还是看好的。股东权益在 2006 年是 452.6 亿元，并于 2010 年成功跨越千亿元大关，达到 1 319.22 亿元，之后所有者权益绝对值持续增加，并于 2015 年达到 2 928.64 亿元，10 年间净增加额为 2 476.04 亿元，每年增加 247.60 亿元。但是如果比较 10 年间股东权益的增长额，我们会发现其增长额与资产和负债的变化趋势相似，都是在 2010 年达到最大值，随后就进入了相对稳定的发展阶段。我们综合 10 年间浙江省第二产业上市公司所有者权益的发展变化，计算出几何平均增长率为 20.53%，增长速度较快。

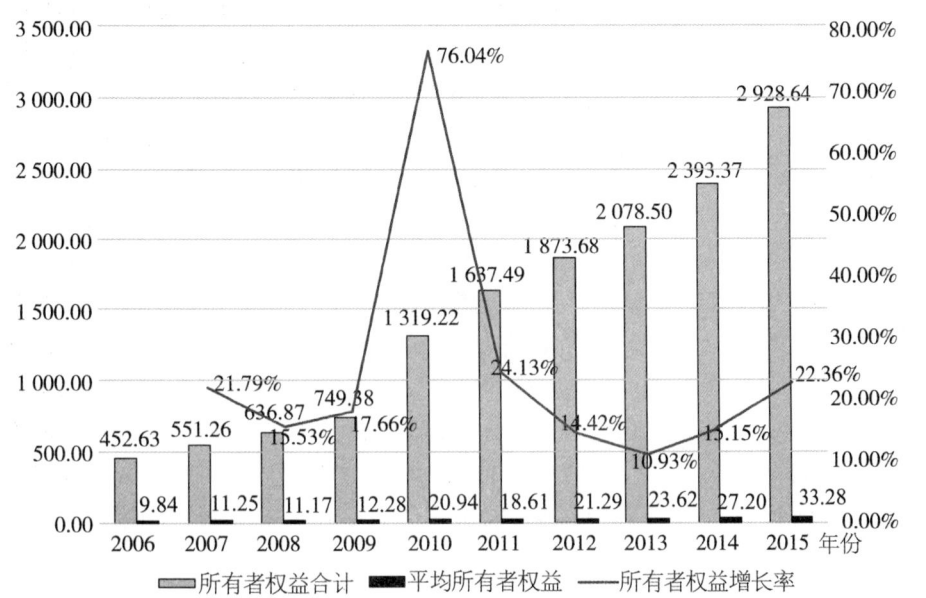

图 6-3　浙江省第二产业上市公司所有者权益情况（金额单位：亿元）

从图 6-3 可以看出浙江省第二产业上市公司平均所有者权益呈波动上升态势，2006 年为 9.84 亿元，2015 年为 33.28 亿元，2015 年是 2006 年的 3.38 倍。这说明浙江省第二产业上市公司的所有者权益的增加并不只是因为新的企业上市，也是企业自身吸收资本扩大的结果。

浙江省第二产业上市公司所有者权益的增长变化与其资产负债变化相似，大致可以分成 3 个阶段：第一阶段为 2007—2009 年，稳中有降。这一阶段所有者权益增长率在 2007 年是 21.79%，到 2009 年是 17.66%。浙江省第二产业上市公司的所有者权益在这一阶段变化幅度较小，尽管略有下降，但是基本保持了相对稳定的增长范围。第二阶段为 2009—2012 年，骤升趋缓。这一阶段所有者权益在 2010 年由于浙能电力快速增长，增长率达到了 76.04%，随后两年增长率迅速下降并趋于相对稳定，与第一阶段的增长速度基本持平。第三阶段为 2012—2015 年，在低速中增长。这一阶段的所有者权益的增长率分别为 14.42%、10.93%、15.15% 和 22.36%，这 3 年的所有者权益发展还是很可观的。

从表 6-4 的标准差可以看出，浙江省第二产业上市公司的所有者权益总额与资产和负债总额的波动幅度相似，大致可以分为两个阶段：第一阶段是 2006—2009 年。这一阶段的标准差都在 10.25（含）之下，数据的离散程度很小，说明各个企业之间的所有者权益差额较小。第二阶段是 2010—2015 年。这一阶段的浙江省第二产业上市公司的所有者权益较第一阶段的波动幅度有所加大，标准差在 40~70 之间波动，但是总体来看这一阶段的所有者权益的数据离散程度依然相对集中。总而言之，就所有者权益的数值而言，浙江省第二产业上市公司的波动幅度较小，而且波动幅度逐年上升，这说明这些年上市企业间的所有者权益的差距加大，尤其是 2010 年浙能电力上市之后。

表 6-4　　　　浙江省第二产业上市公司所有者权益统计　　　　金额单位：亿元

年份	标准差	最大值	最大值企业	最小值	最小值企业	均值
2006	6.37	36.33	杭钢股份	1.68	宁波富邦	9.84
2007	7.80	38.65	杭钢股份	1.09	众合科技	11.25
2008	8.63	37.44	杭钢股份	0.94	莎普爱思	11.17
2009	10.25	43.00	浙江龙盛	0.47	宁波精达	12.28
2010	46.80	369.48	浙能电力	-0.02	均胜电子	20.94
2011	38.77	348.96	浙能电力	1.34	天成自控	18.61
2012	43.77	394.74	浙能电力	0.96	天成自控	21.29
2013	48.14	434.06	浙能电力	0.98	天成自控	23.62
2014	56.29	511.30	浙能电力	0.85	天目药业	27.20
2015	69.56	638.68	浙能电力	0.46	宁波富邦	33.28

而我们分析了浙江省第二产业上市公司的数据，发现在这组数据中由于一个很大的企业——浙能电力的股东权益远高于其他企业，而且在2010年，均胜电子的前身由于资不抵债导致股东权益为-150万元。从最大值和最小值所对应的企业我们可以看出，浙江省第二产业上市公司所对应的最大值企业基本变化较小，而对应的最小值企业则是经常发生变化。

就平均值与最大值和最小值而言，浙江省第二产业上市公司所有者权益的平均值与最大值的差额逐年加大，到2015年其均值仅约为最大值的1/20（2015年所有者权益均值为33.28亿元，所有者权益总值为638.68亿元），差额巨大，这一数值表明浙江省第二产业上市公司各企业的所有者权益之间的差额巨大。

6.2 从利润表看浙江省第二产业

6.2.1 营业收入呈上升趋势，企业间发展不平衡

由图6-4可以看出，2006—2015年浙江省第二产业上市公司的营业收入虽然偶有下降，但是总体呈上升趋势：2006年仅为1 096.73亿元；2008年增加到1 511.41亿元；2009年较2008年有了较大幅度下降，仅为1 348.79亿元；2010年由于大型企业浙能电力上市，当年营业收入增加到2 123.79亿元，突破了2 000亿元的大关；之后的几年里（除2015年之外），营业收入的绝对值一直呈上升状态，到2014年为3 344.04亿元，而2015年尽管较2014年有所下降，但相对持平，为3 323.20亿元。浙江省第二产业上市公司的营业收入2015年较2006年增加2 226.47亿元，是2006年营业收入的3.03倍，几何平均增长率为11.72%。尽管浙江省第二产业上市公司的营业收入的增长额较少，但是增长较为稳定，增加或减少额基本都在100亿元至300亿元之间，可见浙江省第二产业的市场发展很稳定。

就浙江省第二产业上市公司营业收入的平均值而言，10年间总体是波动上升的：2006年为23.84亿元，2015年为37.76亿元，10年间增加了0.58倍。这说明就产品的销售而言，浙江省第二产业的市场是以相对稳定的低速度扩张的。

从图6-4可以看出，尽管浙江省第二产业上市公司的营业收入增长速度呈锯齿状波浪式上升，但是大致可以分成3个阶段：第一阶段是2007—2008年。这一阶段浙江省第二产业上市公司的营业收入的增长速度是上升的，2007年是12.72%，2008年是22.26%，较2007年上升了9.54个百分点。第二阶段是2008—2010年。这一阶段的营业收入经过了负增长之后进

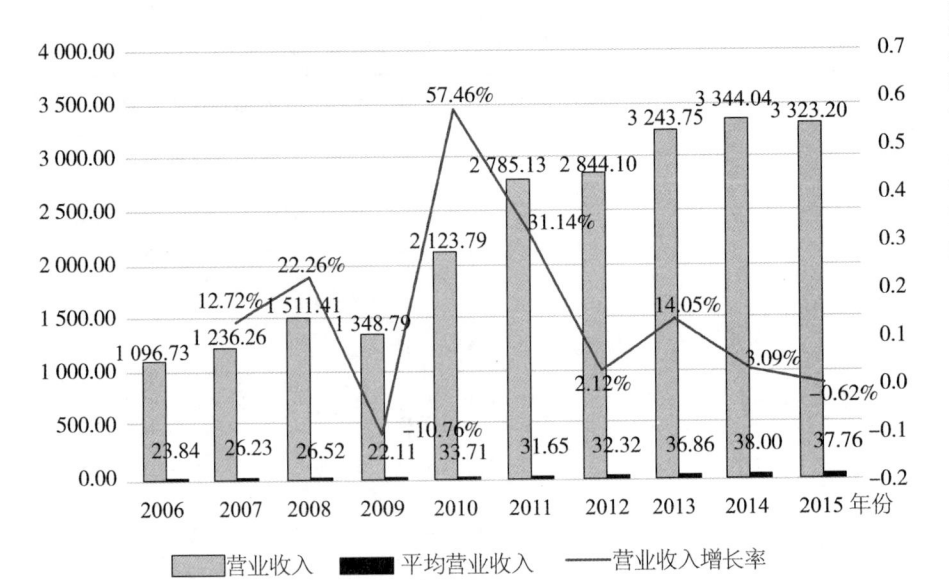

图 6-4　浙江省第二产业上市公司营业收入情况（金额单位：亿元）

入了高速增长的发展阶段，2009 年的增长率为 -10.76%，2010 年为 57.46%。
第三阶段是 2010—2015 年，虽然这一阶段的营业收入的增长变化呈小 V
形，但是增长率整体呈下降趋势，尽管在 2013 年略有回升，但是自 2011 年
的 31.14% 下降到了 2015 年的 -0.62%。

　　由表 6-5 的标准差指标可以看出，浙江省第二产业上市公司的营业收
入在 10 年间的离散度尽管是逐年加大的，但是保持在相对稳定的范围。10
年的标准差在 2006 年为 34.22，2007—2009 年有所下降，但是在 2010 年增
加到 54.09，到 2015 年一直处于相对稳定的范围。我们看到其标准差的波动
大致可以分成两个阶段：第一阶段为 2006—2009 年，即浙能电力上市之
前，这一阶段的标准差基本在 20~35 之间。第二产业上市公司的营业收入
在这一阶段的差值较小，大多在平均值附近波动。第二阶段是 2010—2015
年。浙能电力一经上市就拉大了整个行业的差值，使第二产业上市公司的营
业收入波动幅度加大，尤其是在 2013 年达到 10 年间的最高峰。由此可见，
浙江省第二产业上市公司的营业收入两极分化严重。

　　从最大值和最小值来分析浙江省第二产业上市公司的营业收入，从表
6-5 可以看出，与资产负债表分析时类似的是，营业收入最多和最少的企业
基本上也是资产总额相对应的企业：2010—2015 年营业收入最多的企业中
浙能电力连续 6 年雄踞榜首；在浙能电力上市之前杭钢股份在 2007—2009
年连续 3 年都是位居首位；东方通信则在 2006 年以营业收入 195.99 亿元位
居当年第一。与之相对应的是，10 年间营业收入最少的企业的营业收入均
在 1 亿元至 2 亿元之间波动。我们对营业收入中收入额最多的企业和最少的
企业进行了简单的对比，在 2006 年东方通信的营业收入是同年众合科技

表 6-5　　　　　　　　浙江省第二产业上市公司营业收入统计　　　　　金额单位：亿元

年份	标准差	最大值	最大值企业	最小值	最小值企业	均值
2006	34.22	195.99	东方通信	1.27	众合科技	23.84
2007	29.62	162.81	杭钢股份	1.33	众合科技	25.23
2008	33.71	220.61	杭钢股份	0.94	众合科技	26.52
2009	25.41	157.11	杭钢股份	1.07	宁波精达	22.11
2010	54.09	363.35	浙能电力	1.54	均胜电子	33.71
2011	57.05	436.53	浙能电力	2.24	天成自控	31.65
2012	58.10	470.61	浙能电力	2.22	天成自控	32.32
2013	67.45	539.16	浙能电力	2.11	宁波精达	36.86
2014	60.74	441.79	浙能电力	1.49	天目药业	38.00
2015	54.93	396.88	浙能电力	0.95	天目药业	37.76

营业收入的 154.32 倍，而在 2015 年雄踞营业收入榜首的浙能电力是当年营业收入最少的企业的 417.77 倍。总体来说，营业收入最多的企业和最少的企业的差距越拉越大，说明浙江省第二产业上市公司的营业收入两极分化加剧。

从平均值来看浙江省第二产业上市公司的营业收入，2006 年，不足当年营业收入最大值公司的 1/8（当年平均值为 23.84 亿元，最大值为 195.99 亿元）；到 2015 年，平均值更是发展到不足第二产业上市公司最大值的 1/10（当年均值为 37.76 亿元，最大值为 396.88 亿元），差距尤为明显，这从一个侧面说明浙江省第二产业上市公司间发展的不均衡。

6.2.2　营运费用逐年上升

从图 6-5 可以看出，2006—2015 年浙江省第二产业上市公司营运费用的金额是逐年上升的，2006 年为 75.01 亿元，到 2015 年增加到 374.99 亿元，是 2006 年的 5.00 倍，10 年间增加了 299.98 亿元，平均每年增加 30.00 亿元，几何平均增长率为 17.46%。这一方面可能是由于上市企业增加，另一方面也可能是由于近几年总体规模扩大，产生了通货膨胀，人工成本提高以及管理要求提高，市场竞争愈发激烈导致营运费用增加，经营活动的复杂性导致管理活动的成本增加。我们剔除企业数量增加这一因素之后，取 2011—2015 年的数据对营运费用进行分析，其几何平均增长率为 5.26%，说明在剔除了企业数量增加这一因素之后，浙江省第二产业上市公司的营运

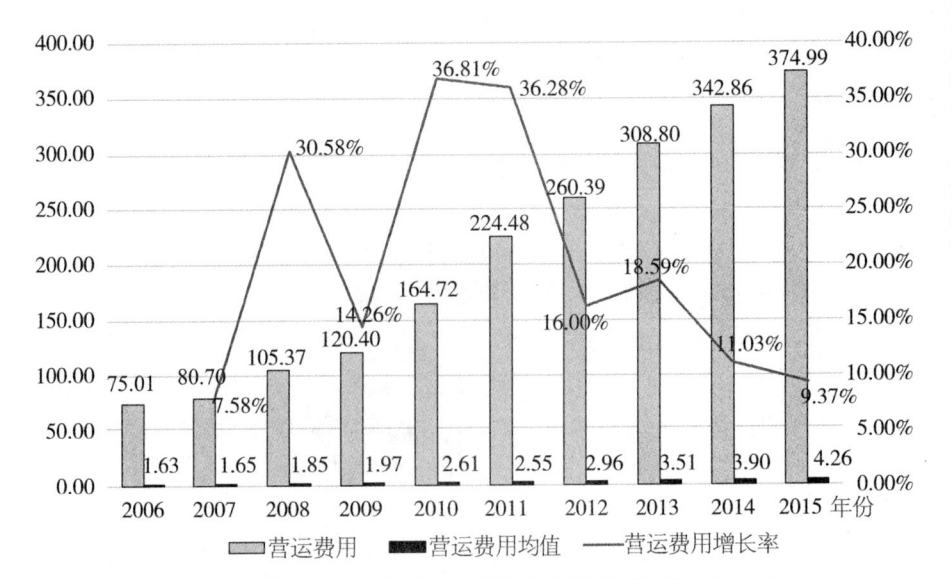

图 6-5　浙江省第二产业上市公司营运费用情况（金额单位：亿元）

费用依然保持着平均每年 5.26 个百分点的增速，而且基本保持着每年 30 亿~
40 亿元的增加额。

　　从图 6-5 中可以看出来浙江省第二产业上市公司的平均营运费用也是
增加的：2006—2009 年维持在 2 亿元之下；2010 年浙能电力的财务数据可
取，提高了营运费用的水平；到 2015 年营运费用上升到 4.26 亿元，较 2006
年增加了 2.63 亿元，是 2006 年的 2.61 倍，几何平均增长率为 10.08%，即
平均每个企业每年保持着 10 个百分点的增长速度。从 10 年间的营运费用均
值的增长可以看出，第二产业的管理活动和销售活动的成本加大，但是增加
幅度相对平缓，只是到 2010 年增加额才有所增加，但是增加额在 0.5 亿元
之下。

　　浙江省第二产业上市公司营运费用的增长率呈锯齿状变化，但是总体
的增长趋势在趋于平缓。2006—2015 年浙江省第二产业上市公司营运费用
增长率的发展变化大致可以分成 3 个阶段：第一阶段是 2007—2008 年。
这一阶段浙江省第二产业上市公司的营运费用增长速度较快，尤其是 2008
年，增长率为 30.58%，而 2007 年仅为 7.58%。第二阶段是 2008—2011
年。浙江省第二产业上市公司的营运费用增长速度在 2009 年为 14.26%，
较 2008 年略有下降，但是增长速度也较快；在 2010 年为 36.81%；2011
年与 2010 年基本持平，为 36.28%。第三阶段为 2011—2015 年。这一阶段
的营运费用增长率逐渐下降，2012 年为 16.00%；2013 年爬升到 18.59% 后
又降到 2015 年的 9.37%。这说明浙江省第二产业上市公司对营运费用的控
制能力开始有所提升。总体而言，浙江省第二产业上市公司的营运费用增
长率是下降的。

6.2.3　所得税呈上升趋势

从图 6-6 可以看出，浙江省第二产业上市公司的所得税费用是呈波动性上升的。仅看所得税费用的绝对值，我们大致可以划分为两个阶段：第一阶段是 2006—2009 年的稳定上升阶段。所得税费用在 2006—2009 年都在10 亿元至 20 亿元之间波动，在 2009 年达到这一阶段的最高峰 17.65 亿元。第二阶段是 2009—2015 年。这一阶段浙江省第二产业上市公司所得税费用成功跨越 20 亿元的大关，达到 30 亿元，到 2015 年更是高达 60.47 亿元，发展速度很快。2015 年浙江省第二产业上市公司的所得税费用较 2006 年净增加额为 48.01 亿元，是 2006 年的 4.85 倍。尽管 2008 年全球经济危机使得整个第二产业的营业利润下降而导致企业所得税费用有所降低，但是在2009 年回升到之前的水平，从而也说明了浙江省第二产业上市公司的经济恢复速度较快。所得税费用的增减与利润总额的多寡密切相关，是利润总额乘以一定的比率得到的。从所得税费用这一要素可以从侧面反映出浙江省第二产业上市公司的盈利情况，即呈现较好的发展态势，这对浙江省第二产业的发展无疑是一个较好的信号。

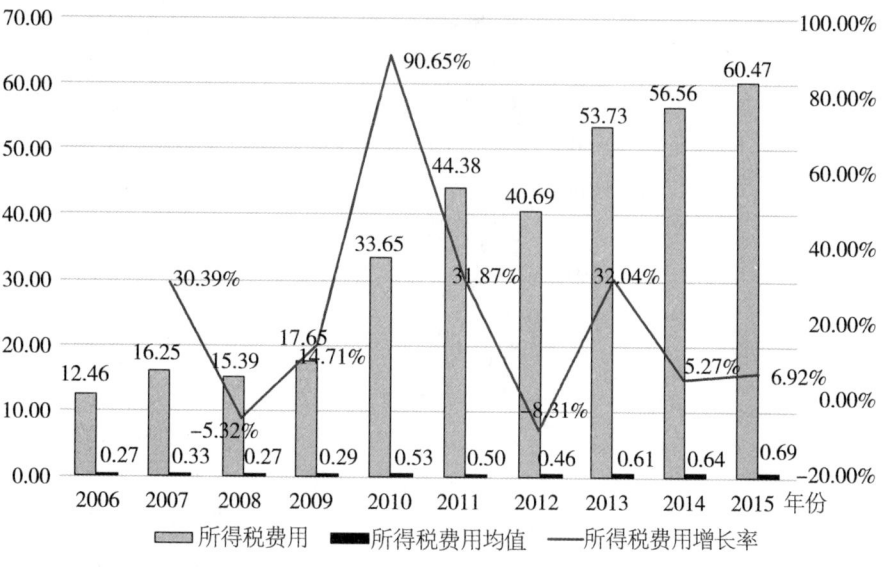

图 6-6　浙江省第二产业上市公司所得税费用情况（金额单位：亿元）

浙江省第二产业上市公司的所得税费用情况整体可以分为 4 个阶段：第一阶段为 2007—2008 年，所得税费用下降。这一阶段由于全球经济危机的剧烈冲击，第二产业的企业盈利能力下降，使得浙江省第二产业上市公司的所得税费用略微减少，较 2007 年下降 5.29 个百分点。第二阶段为 2009—2010 年，所得税费用快速上升。这一阶段浙江省第二产业上市公司由于各种政策的支持开始恢复，浙江省第二产业上市公司的上缴税额开始较快地增加，2009 年增长率为 14.71%；2010 年由于浙能电力的上市，带动了所得税费用的增加，当年的所得税费用增长速度为 90.65%。第三阶段为 2010—2013 年，稳步发展。这一阶段浙江省第二产业上市公司的上缴税额在 2011 年有了一定的增加，但是之后在 2012 年出现了小幅的负增长，2013 年增长率为 2.04%。第四阶段是 2013—2015 年，增长速度趋缓。这一阶段的浙江省第二产业上市公司所得税费用的增长率开始趋于平缓，在 2015 年为 6.92%。

就浙江省第二产业上市公司的所得税均值来说，与营业收入均值的变化趋势相似，都是总体呈上升趋势。2006 年浙江省第二产业上市公司所得税费用的平均值为 0.27 亿元，而到 2015 年已经增加到 0.69 亿元，是 2006 年的 2.56 倍，这也从侧面反映了浙江省第二产业上市公司的营业收入平均水平增长较快。

6.2.4 净利润呈上升趋势

从图 6-7 可以看出，10 年间尽管有些年份浙江省第二产业上市公司的净利润有些减少，但是总体上是波动上升的：2006 年为 39.44 亿元；在 2009 年增加到 99.04 亿元；在 2010 年浙能电力上市，将浙江省第二产业上市公司的净利润提高到了 166.73 亿元；之后 5 年净利润的绝对值稳定上升，到 2015 年，净利润增加到 306.27 亿元，2015 年净利润较 2006 年净增加 266.83 亿元，年均复合增长率为 25.58%。浙江省第二产业上市公司的净利润增长速度较为可观。为了更直观地分析净利润的变化，我们刨除这几年来上市公司的数量增加的因素，选取了上市公司数量相同的 2011—2015 年的浙江省第二产业上市公司的净利润数据。经过计算我们得出，浙江省第二产业上市公司的净利润的几何平均增长率为 3.71%，即基本保持每年 3.71 个百分点的增速，这种增长速度还是较为和缓甚至可以说较为缓慢的。

浙江省第二产业上市公司的平均净利润的变化趋势与总体的变化趋势基本相似，也是波动上升：2006 年为 0.86 亿元，到 2015 年增加到 3.48 亿元，尽管在一些年份较上一年有所下降，但是总体还是增加的，2015 年是 2006 年的 4.05 倍，几何平均增长率为 15.04%，即平均每个企业每年保持着 15.04 个百分点的增长速度。从 10 年间的净利润均值的增长情况可以看出，浙江省第二产业上市公司的单个企业的净利润增长速度还是较为可观的。

浙江省第二产业上市公司的净利润增长率也是呈锯齿状的周期性变化，即增长率经过了快速增长之后迅速下降，总体的增长趋势是在经历了大起大落之后逐渐趋于平缓。浙江省第二产业上市公司的净利润增长率的发展变化大致可以分成 3 个阶段：第一阶段是 2007—2009 年。浙江省第二产业上市公司的净利润增长速度由一个较高的值开始下降，从 2007 年的 74.14%

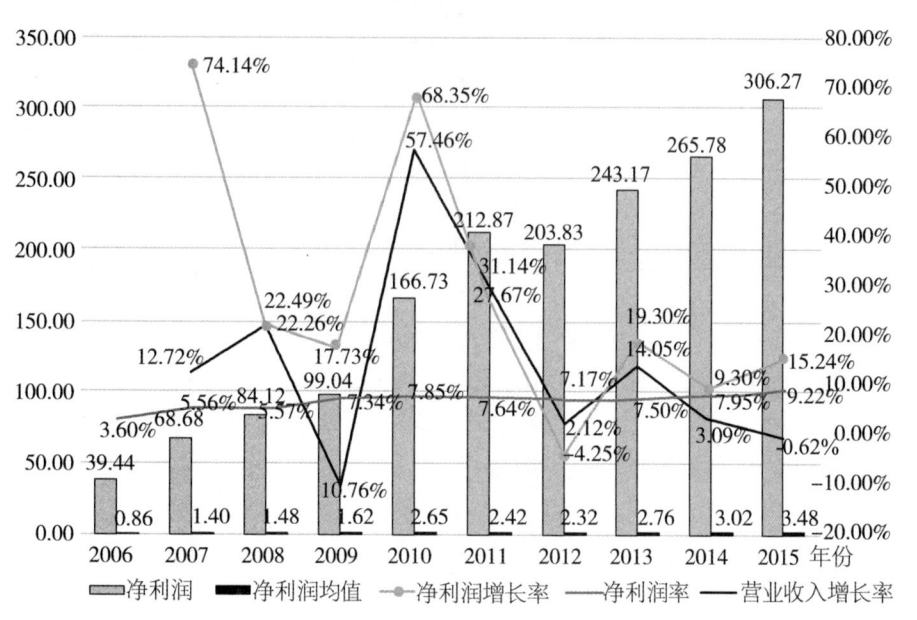

图 6-7　浙江省第二产业上市公司净利润情况（金额单位：亿元）

下降到 2008 年的 22.49%，而在 2009 年再次下降到 17.73%。尽管增长速度的下降幅度较大，但是发展速度依然较为可观。第二阶段是 2009—2012 年。浙江省第二产业上市公司的净利润增长速度在 2010 年为 68.35%。这是因为在 2010 年浙能电力上市。作为行业的领军企业，浙能电力的进入大大提高了产业净利润的增长速度。在 2011 年浙江省第二产业上市公司的净利润增长速度为 27.67%，趋于相对平稳；2012 年为 -4.25%。第三阶段为 2012—2015 年。浙江省第二产业上市公司的净利润增长速度稳中有降，在 2013 年为 19.30%，较 2012 年有了较大幅度上升；2014 年仅为 9.30%，浙江省第二产业上市公司净利润增长速度放缓。

　　将净利润增长率与营业收入增长率相对比，我们会发现净利润的增长率在大多数年份都高于营业收入的增长率，也就是说净利润的增长速度高于营业收入的增长速度。这种发展势头无疑是所有人都想看到的，因为只有净利润的增长速度高于营业收入的增长速度，企业才能创造更多的净利润。

　　浙江省第二产业上市公司的净利润率 10 年间基本保持在 5%~10% 之间，其中 2009—2014 年处于 7%~8% 之间，年平均净利润率仅为 6.58%，即每 100 元的投入会有 6.58 元的利润产生。尽管相对于企业或者行业来说，不同企业或行业有不同的利润率，然而一般都在 5%~20% 之间浮动，高于10% 就算是高利润率企业，而低于 3% 则属于低盈利企业了。这就说明浙江省第二产业上市公司的盈利能力还是较好的。

　　由表 6-6 的标准差指标可以看出，浙江省第二产业上市公司的营业收入在 10 年间的离散程度尽管逐年加大，但是保持在相对稳定的范围内，远低于其他指标的离散程度，10 年间的标准差从 2006 年的 0.7838 上升到 2015 年的 9.5551。与总资产相比较，净利润标准差的上升幅度很小，表明浙江省第二产业上市公司的净利润分布相对集中。

表 6-6　　　　　　浙江省第二产业上市公司净利润统计　　　　金额单位：亿元

年份	标准差	最大值	最大值企业	最小值	最小值企业	均值
2006	0.7838	3.5436	新安股份	0.0065	天目药业	0.8573
2007	1.5738	6.3375	中国巨石	0.0393	宁波富邦	1.4015
2008	2.7563	17.5788	新安股份	0.0175	浙江富润	1.4759
2009	2.0650	12.1356	浙江医药	0.0165	宁波富邦	1.6236
2010	4.7451	33.2649	浙能电力	0.0762	金鹰股份	2.6464
2011	4.0813	28.1094	浙能电力	0.0323	普洛药业	2.4189
2012	5.2223	46.2414	浙能电力	0.0201	金鹰股份	2.3162
2013	8.4138	76.9970	浙能电力	0.0022	ST钱江	2.7633
2014	8.2216	70.7808	浙能电力	0.0084	民丰特纸	3.0202
2015	9.5551	84.0593	浙能电力	0.1724	众合科技	3.4804

由于标准差在一定程度上受行业的最大值和最小值影响，我们分析了在 10 年间浙江省第二产业上市公司的净利润最多的企业和最少的企业。从表 6-6 中可以看出净利润最多的企业基本上也是资产总额相对应的企业。10 年间营业收入最多的企业大致可以分成两个阶段：第一阶段是 2006—2009 年。三大企业轮流坐庄，分别是新安股份、中国巨石、新安股份以及浙江医药。第二阶段是 2010—2015 年。无一例外，浙能电力自一上市就占了浙江省第二产业上市公司的净利润榜首，到 2015 年净利润高达 84.06 亿元。然而，10 年间营业收入最少的企业却发生了较大的变化，净利润最小的企业的利润都在 0.2 亿元之下。

我们对净利润最多的企业和最少的企业进行了简单的对比：在 2006 年新安股份的净利润是同年天目药业的 545.17 倍；之后的 9 年里对应的获利最多的企业对获利最少的企业净利润的比值基本上是逐年上升的，到 2013 年高达 34 998.64 倍，之后便有所下降，在 2015 年为 487.58 倍。总体来说，浙江省第二产业上市公司的盈利能力的两极分化情况较为严重。

6.3　从资产负债表看浙江省第三产业

6.3.1　总资产不断增长，企业间差别极大

如图 6-8 所示，浙江省第三产业上市公司的总资产分析被分为三个层次：资产合计、平均资产、资产增长率。

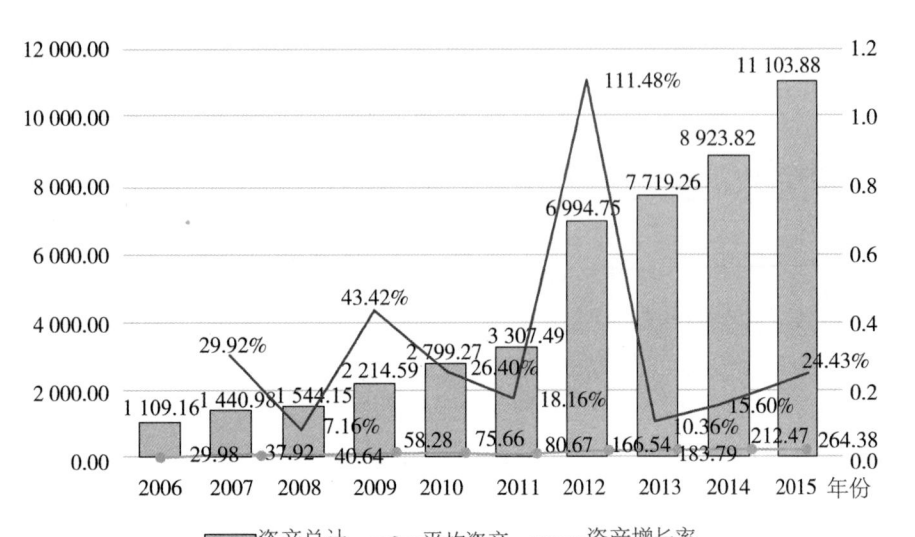

图 6-8　浙江省第三产业上市公司资产情况（金额单位：亿元）

首先，分析资产合计。浙江省第三产业上市公司的资产总额在 2006 年已经达到 1 109.16 亿元，起步资产中规中矩；到 2007 年增加至 1 440.98 亿元；2008 年受经济危机影响，资产规模增加幅度减小，增长至 1 544.15 亿元；2009 年资产增长规模骤然增大，猛增至 2 214.59 亿元；2010 年继续保持较高的增长量，增长至 2 799.27 亿元；2011 年进一步增长到 3 307.49 亿元；到 2012 年资产的增长幅度骤然增加，直接从上年的 3 307.49 亿元增长至 6 994.75 亿元；此后两年维持较为平稳的增长量，2013 年增长至 7 719.26 亿元，2014 年增长至 8 923.82 亿元；到 2015 年资产总额的增长额又呈现爆发性态势，由上年的 8 923.82 直接增长至 11 103.88 亿元。2006—2015 年浙江省第三产业上市公司的总资产一共增加了 9 994.72 亿元，10 年间增加 9.01 倍，并且基本表现为波动性增长。浙江省第三产业上市公司的资产总额在 2007 年是 1 440.98 亿元，而 2008 年处于全球经济危机的背景下，资产总额不仅没有减少，反而增长到 1 544.15 亿元，说明在经济危机的背景下，浙江省第三产业的抗风险能力较强。

其次，分析平均资产。通过将浙江省第三产业上市公司的资产情况根据每年 A 股主板的公司数进行平均，资产情况同样呈现不断上升的趋势。2006 年浙江省第三产业上市公司的平均资产为 29.98 亿元，到 2007 年增加到 37.92 亿元，而后在 2008 年受经济危机的影响，平均资产增长较少，只增长至 40.64 亿元。到 2009 年，浙江省第三产业上市公司的平均资产达到 58.28 亿元，；2010 年有较大的增幅，达到 75.66 亿元；到 2011 年资产的增速又降低，达到 80.67 亿元，分析原因可能与 2011 年上市公司数量增加有关，刚上市的企业在经营能力方面还无法与老牌企业相比，导致平均资产相对降低。此后，平均资产几乎保持高速增长，一直增加到 2015 年的 264.38

亿元。平均资产的不断增加说明浙江省第三产业上市公司总体资产的增加不仅是因为公司数目的增加，与公司的良好经营有着密不可分的关系，平均资产的增多是浙江省第三产业上市公司实力增长的表现。

最后，分析资产增长率。浙江省第三产业上市公司整体的资产增长率变化呈现出较强的波动性，不同年份之间增长率的差别较大。比如，2007 年的资产增长率为 29.92%；到 2008 年忽然降至 7.16%；到 2009 年又骤然升到 43.42%；在 2010 年该指标又下降至 26.40%；2011 年延续下降的趋势，降至 18.16%；在 2012 年呈现历史性变化，达到 111.48%；2013 年下降至 10.36%；以后，资产的增长率呈现出稳步增加的趋势，一直上升至 2015 年的 24.43%。整体来看，浙江省第三产业上市公司的资产增长率的变化情况不规律，基本呈现锯齿状，说明不同年份的经济形势会给浙江省企业的扩张造成一定影响。

表 6-7 是浙江省第三产业上市公司总资产的相关统计指标历年的变化情况。从方差变化情况来看，2006—2014 年，浙江省第三产业总资产的方差一直处于不断增加的趋势，到 2015 年骤然下降。这说明 2006—2014 年浙江省第三产业上市公司总体资产的离散程度不断升高，行业均值与总值之间的偏离程度一直在加大。而到 2015 年，这一情况有所改善，离散程度下降，行业均值与总值之间偏离的程度减小。

表 6-7　　　　　　浙江省第三产业上市公司资产统计　　　　　金额单位：亿元

年份	方差	最大值	最大值公司	最小值	最小值公司	中位数
2006	1 359.28	172.50	雅戈尔	1.90	通策医疗	15.25
2007	4 021.80	353.44	雅戈尔	2.02	通策医疗	17.16
2008	4 114.89	316.32	雅戈尔	0.01	荣安地产	15.11
2009	7 322.06	419.34	雅戈尔	2.07	浙报传媒	20.68
2010	11 329.30	482.63	雅戈尔	2.23	浙报传媒	31.50
2011	12 774.23	489.33	雅戈尔	1.29	电魂网络	36.42
2012	251 629.23	3 249.84	杭州银行	2.34	电魂网络	48.59
2013	276 784.27	3 401.89	杭州银行	4.42	电魂网络	64.13
2014	417 327.82	4 185.41	杭州银行	5.66	电魂网络	57.88
2015	11 110.39	5 453.15	杭州银行	6.51	电魂网络	61.95

从总资产的最大、最小值来看，浙江省第三产业上市公司 2006—2011 年一直是由雅戈尔保持资产最大值的地位，但到 2012 年被杭州银行以 3 249.84 亿元的资产强势超越，并且直到 2015 年一直保持资产最大值的地位。从最大值的变迁来看，浙江省第三产业优势行业由原来雅戈尔所代表的服装、地产开发和股权投资等行业逐渐向杭州银行所代表的金融业转移。从

最小值来看，各年最小值变化呈现出在波动中上升的趋势，但是与资产最大值相比，这部分企业的资产规模非常小，说明大企业和小企业吸引投资的能力差距巨大。

2006—2015年浙江省资产规模中位数基本呈现波动上升的趋势，资产规模大于中位数的企业和小于中位数的企业各占一半。结合浙江省第三产业上市公司的平均资产来看，历年的平均资产数值都要远远超出该省第三产业上市公司资产的中位数，说明规模较大的企业对第三产业平均资产的拉动力非常强。

通过上述分析可以看出，浙江省第三产业上市公司的总资产处于不断增长的良好态势，这与企业的良好经营有着密不可分的关系；银行业是浙江省第三产业的支柱行业；浙江省第三产业的资产增长率波动较大，几乎呈锯齿状；规模较大的企业对浙江省第三产业资产总额的贡献作用很大，也拉升了平均资产的水平。

6.3.2 负债总额持续上升，离散程度加大

如图6-9所示，将浙江省第三产业总负债分析分为三个层次：负债合计、平均负债、负债增长率。

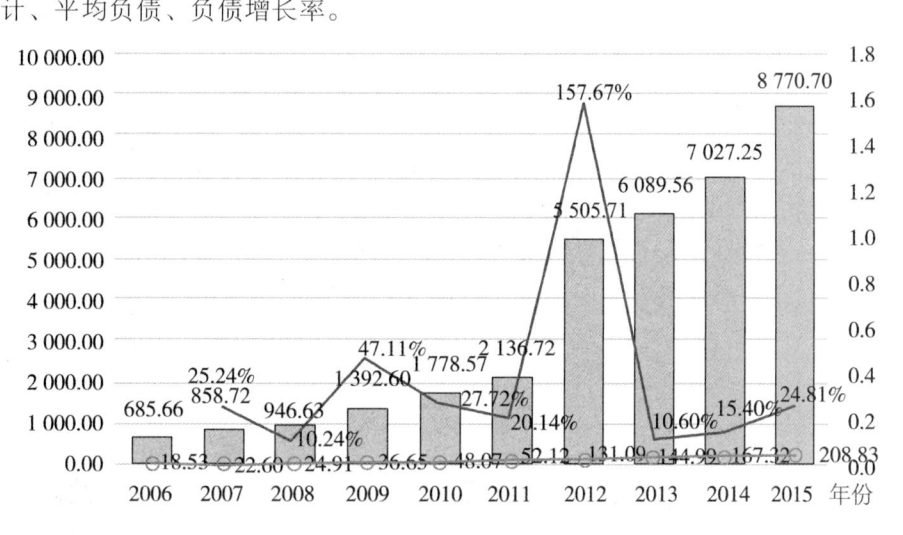

图6-9 浙江省第三产业上市公司负债情况（金额单位：亿元）

首先，分析负债合计。浙江省第三产业上市公司的负债总额在2006年为685.66亿元，到2007年上升至858.72亿元，2008年依旧保持平稳上升的趋势，达到946.63亿元，而到2009年有非常大幅的增长，达到1 392.60亿元，此后开启了大幅增长的趋势，到2010年负债上升至1 778.57亿元，2011年上升到2 136.72亿元，而到2012年又大幅度提高到5 505.71亿元，最终一直上升至2015年的8 770.70亿元。结合浙江省第三产业上市公司的

资产总额来看，负债与资产的比值每年都会超过 50%，但与上海市不同，浙江省第三产业上市公司的资产负债率没有达到那么夸张的程度，说明浙江省第三产业上市公司是兼顾债务融资和权益融资的。

其次，分析平均负债。通过将浙江省第三产业上市公司的负债情况根据每年 A 股主板的公司数进行平均，负债情况同样呈现不断上升的趋势。从 2006 年开始，浙江省第三产业平均负债为 18.53 亿元；小幅度增长至 2007 年的 22.60 亿元；2008 年依旧保持小幅度增长，达到 24.91 亿元；到 2009 年增加的幅度较大，达到 36.65 亿元，同总体负债的变化情况一样；此后一直增长至 2011 年的 52.12 亿元；到 2012 年忽然上升至 131.09 亿元；此后一直保持大幅上升到 2015 年的 208.83 亿元。浙江省第三产业上市公司的体量逐年增大，实力不断增强，但负债也存在过多的情况，容易让企业面临偿债危机，增加了经营的不稳定性。

最后，分析负债增长率。浙江省第三产业上市公司负债的增速同资产类似，也处于波动的趋势。2007 年，浙江省第三产业负债增速为 25.24%；到 2008 年下降至 10.24%；在 2009 年又骤然升高至 47.11%；在 2010 年又下降至 27.72%；2011 年保持下降趋势，降至 20.14%；到 2012 年忽然上升至 157.67%；2013 年又呈现骤然下降的趋势，降至 10.60%；此后负债增速处于逐步提高的状态，一直提高到 2015 年的 24.81%。

表 6-8 是浙江省第三产业上市公司负债的部分统计数据的历年变化情况。从浙江省第三产业上市公司负债总额的方差变化情况来看，2006—2015 年方差一直处于不断增加的趋势，说明 10 年间浙江省第三产业上市公司总体负债的离散程度不断升高，行业均值与总值之间的偏离程度一直在加大。

表 6-8　　　　　　浙江省第三产业上市公司负债统计　　　　　金额单位：亿元

年份	方差	最大值	最大值公司	最小值	最小值公司	中位数	均值
2006	407.08	92.98	雅戈尔	0.27	通策医疗	10.90	18.53
2007	1 154.42	187.72	雅戈尔	0.28	通策医疗	12.07	22.60
2008	1 575.57	217.24	雅戈尔	0.18	荣安地产	11.63	24.91
2009	2 923.23	263.61	雅戈尔	0.27	通策医疗	14.71	36.65
2010	4 730.17	330.56	雅戈尔	0.39	通策医疗	19.81	48.07
2011	6 079.84	355.45	雅戈尔	0.29	电魂网络	23.54	52.12
2012	223 196.13	3 074.72	杭州银行	0.52	通策医疗	30.20	131.09
2013	241 876.09	3 195.76	杭州银行	0.81	通策医疗	40.39	144.99
2014	363 936.38	3 923.79	杭州银行	1.07	通策医疗	35.67	167.32
2015	626 747.02	5 134.20	杭州银行	1.69	宁波中百	33.68	208.83

从最大值与最小值来看，浙江省第三产业上市公司2006—2011年负债的最大值企业一直是雅戈尔，从2012年开始，杭州银行超越雅戈尔成为浙江省第三产业上市公司负债最多的企业。负债最大值的变化和资产最大值的变化相同，说明这两家企业主要采取债务融资的方式进行资金的筹措。而负债的最小值相比之下就非常小，2006—2015年多数年份都在0.3亿元以下，少数年份能达到1亿~2亿元，最大、最小值之间呈数千倍的关系，说明浙江省第三产业上市公司规模大的企业和规模小的企业吸引债务融资的能力的差距明显。

从浙江省第三产业上市公司负债的中位数和平均负债的角度来看，历年的平均负债明显超过负债的中位数，说明不少规模较大的企业拉升了浙江省第三产业上市公司的平均负债情况。

根据上述分析可以得出，浙江省第三产业上市公司的负债规模非常庞大，短期偿债能力存在一定问题；浙江省第三产业上市公司2015年负债和资产前三的企业保持不变，均为杭州银行、新湖中宝以及物产中大；浙江省第三产业上市公司中银行业的负债规模巨大，历年负债最大值企业均倾向于用债务融资的方式来筹措资金。

6.3.3 所有者权益不断增加，离散程度加大

如图6-10所示，将浙江省第三产业上市公司的所有者权益分析分为三个层次：所有者权益合计、平均所有者权益、所有者权益增长率。

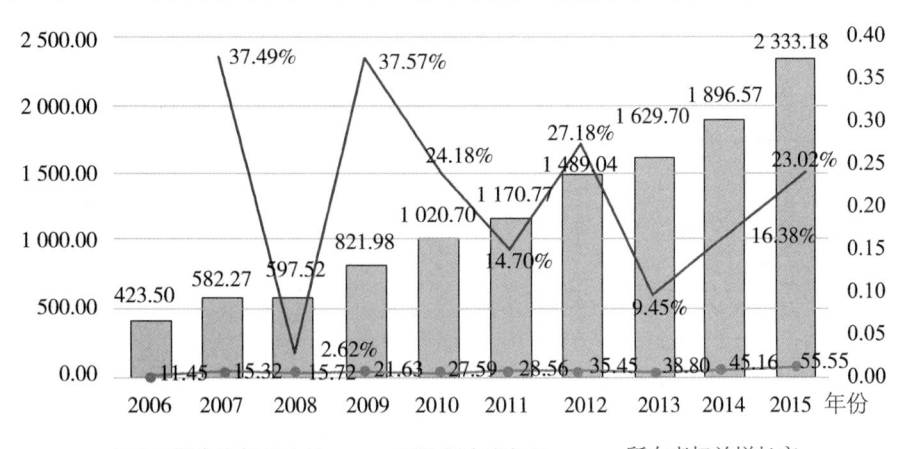

图6-10 浙江省第三产业上市公司所有者权益情况（金额单位：亿元）

首先，分析所有者权益合计。浙江省第三产业上市公司的所有者权益总额2006年为423.50亿元；到2007年涨幅较大，达到582.27亿元；2008年受到经济危机影响，所有者权益总额增长幅度较小，为597.52亿元；在2009年，所有者权益总额骤然上升至821.98亿元，并且此后每年涨幅都在

100 亿到 200 亿元之间；这种变化趋势一直维持到 2014 年，所有者权益总额上涨到 1 896.57 亿元；在 2015 年所有者权益总额的涨幅达到 436.61 亿元，最终增加到 2 333.18 亿元。从所有者权益总额的不断提升可以看出，浙江省第三产业上市公司重视权益融资的作用，但是在总体规模上还是远远不及负债，说明浙江第三产业上市公司的主要融资方式还是债务融资。

其次，分析平均所有者权益。通过将浙江省第三产业上市公司的所有者权益情况根据每年 A 股主板的公司数进行平均，从图 6-10 中可以看到，浙江省第三产业上市公司的所有者权益在 2006 年达到 11.45 亿元；2007 年增加到 15.32 亿元；2008 年受经济危机影响，仅增加至 15.72 亿元；从 2009 年开始，平均所有者权益有较大的涨幅，增长至 21.63 亿元；2010 年涨幅也较大，达到 27.59 亿元；2011 年小幅度增长至 28.56 亿元；2012 年又有了大幅增长，达到 35.45 亿元；此后几年也是处于大幅增长与小幅增长交替变化的情况，最终上升至 2015 年的 55.55 亿元。2006—2015 年平均所有者权益一共上升了 44.1 亿元。同平均负债 10 年间的增长情况相比，这个数值非常小。这说明浙江省第三产业上市公司的数量虽然年年增加，但是权益融资还是处于不温不火的状态。

最后，分析所有者权益增长率。浙江省第三产业上市公司的所有者权益增长率在 2007 年为 37.49%；到 2008 年可能受经济危机影响，增长率大幅度下降至 2.62%；到 2009 年，所有者权益增长率又上升至经济危机前的水平，达到 37.57%；在 2010 年所有者权益增长率下降至 24.18%；2011 年延续下降趋势，降至 14.70%；在 2012 年所有者权益增长率重新提高，达到 27.18%；在 2013 年这一指标又下降至 9.45%；此后两年维持增长趋势，在 2015 年达到 23.02%。

从表 6-9 来看，2006—2007 年浙江省第三产业所有者权益总额的方差一直处于不断增加的趋势，说明 2006—2007 年浙江省第三产业上市公司总体负债的离散程度不断升高，行业均值与总值之间的偏离程度一直在加大。而到 2008 年方差忽然下降，说明 2008 年的偏离程度不高。但此后直到 2015 年，所有者权益总额的方差又呈现出不断加大的变化情况，说明 2008—2015 年浙江省第三产业所有者权益的均值和整体数值的偏离程度逐渐加大。

从浙江省第三产业上市公司所有者权益的最大、最小值来看，2006—2009 年一直是宁波港和雅戈尔两家企业交替成为所有者权益最大的企业。从 2010 年开始，宁波港一直牢牢霸占最大值的地位。这说明宁波港更倾向于用权益融资的方式来进行资金筹措。而所有者权益最小的企业基本都是传媒和网络企业。相比于负债的最大、最小值对比情况而言，所有者权益的最大值和最小值之间的差距并没有那么大，说明大小企业的权益融资意识差距不大。

表 6-9　　　　　　　浙江省第三产业上市公司所有者权益统计　　　金额单位：亿元

年份	方差	最大值	最大值公司	最小值	最小值公司	中位数	均值
2006	405.29	101.55	宁波港	-6.01	华数传媒	4.94	11.45
2007	1 067.77	165.73	雅戈尔	-5.94	华数传媒	6.18	15.32
2008	811.59	141.79	宁波港	-5.74	华数传媒	6.35	15.72
2009	1 208.80	155.73	雅戈尔	-4.84	华数传媒	9.13	21.63
2010	2 115.32	236.05	宁波港	-2.98	华数传媒	10.62	27.59
2011	2 319.58	259.12	宁波港	-1.99	华数传媒	14.04	28.56
2012	2 978.87	280.45	宁波港	1.52	电魂网络	15.85	35.45
2013	3 494.51	304.06	宁波港	2.91	电魂网络	18.59	38.80
2014	4 784.71	325.25	宁波港	3.67	电魂网络	20.47	45.16
2015	6 969.97	340.48	宁波港	4.19	电魂网络	23.83	55.55

从中位数和均值的角度而言，2006—2015 年浙江省第三产业上市公司所有者权益的均值都大于对应年份的中位数，但从数值上来看，差距并不如资产和负债那么大，也反映出大规模的企业拉动了平均所有者权益的数额，表明浙江省第三产业上市公司权益融资的意识差距并不大。

通过上述分析可以得出，浙江省第三产业上市公司的所有者权益整体规模较小；浙江省第三产业大小企业的权益融资意识差距不大，规模较大的企业还是热衷于债务融资，宁波港对权益融资的依赖程度相对大一些。

6.4　从利润表看浙江省第三产业

6.4.1　营业收入大幅上涨，离散程度加大

分析图 6-11，浙江省第三产业上市公司的营业收入在 2006 年为 660.96 亿元；到 2007 年增长了 113.1 亿元，达到 774.06 亿元；2008 年增长幅度较小，上升至 834.19 亿元；到 2009 年呈现大幅度上升趋势，达到 1 197.33 亿元；2010 年继续保持这种上升趋势，增长到 1 427.40 亿元；2011 年涨幅下降，增长至 1 584.24 亿元；2012 年该指标的增长量又呈现上升趋势，增长至 1 829.49 亿元；到 2013 年突破 2 100 亿元关卡，涨至 2 120.60 亿元；2014 年保持上升趋势，但涨幅较小，只增长到 2 217.71 亿元；2015 年又呈现爆发性增长，直接由 2014 年的 2 217.71 亿元上升至 3 750.22 亿元，涨幅巨大。浙江省第三产业上市公司营业收入的这种变化趋势说明，第三产业整

体的经营状况较好，在市场上具有一定的吸引力，公司整体强化市场经营，各项业务快速发展，导致整体的营业收入逐年上升。2015 年浙江省第三产业上市公司的营业收入骤然上升，推测原因可能与浙江省杭州市成为二十国集团领导人第十一次峰会的举办城市以及浙江省获得 2022 年的亚运会主办权有关，这些因素都会极大推动浙江省第三产业的发展，尤其是服务性行业的发展。同时，近年来电商行业升温迅速，阿里巴巴虽然在美国上市，但是其公司位于浙江省，这无疑将带动大批资本注入浙江省第三产业，刺激并带动第三产业的营业收入增长。

图 6-11　浙江省第三产业上市公司营业收入情况（金额单位：亿元）

浙江省第三产业上市公司的营业收入增长率在 2007 年达到 17.11%；到 2008 年降幅明显，下降至 7.77%；到 2009 年该指标迅速回升，并且增长率极高，达到 43.53%，但后续力量较弱，并不能维持高速增长的趋势；到 2010 年骤然下降至 19.22%；在 2011 年继续维持下降趋势，降至 10.99%；从 2012 年开始，该指标有了回升的趋势，营业收入增长率上升至 15.48%；2013 年变动幅度较小，增长到 15.91%；但好景不长，到 2014 年重新下降至非常低的水平，仅达到 4.58%，成为 2006—2015 年的最低值水平；到 2015 年，该指标又迅速拉升至 69.10%，涨幅巨大。从整体来看，浙江省第三产业上市公司的营业收入增长率变化不规律，波动性非常强，10 年间的整体变化趋势可以总结为下降—上升—下降—上升，并且上升和下降之间的波动程度非常大。如此巨大的波动程度反映出浙江省第三产业的增长率对市场环境的依赖程度很高，第三产业市场的季节性特征较为明显，旺季的时候增长率很高，但到了淡季，该指标会迅速下降至较低的水平。

分析图 6-12 可知，2006 年浙江省第三产业上市公司的平均营业收入为

17.86亿元；到2007年上升至20.37亿元；在2008年受到经济危机影响，平均营业收入的上升幅度较小，仅升至21.95亿元；到2009年该指标的上涨幅度非常大，由原来的21.95亿元迅速上涨至31.51亿元；在2010年继续维持较大的上涨幅度，达到38.58亿元；在2011年基本与上一年持平，达到38.64亿元；到2012年该指标增长了4.92亿元，上升至43.56亿元；2013年保持较大的增长幅度，增长到50.49亿元；2014年继续维持上涨趋势，上涨到52.80亿元；2015年该指标呈现爆发性增长，由原来的52.80亿元直接上升至89.29亿元。浙江省第三产业上市公司的平均营业收入和营业收入总额的变化趋势相似，说明浙江省整体的营业收入增长不仅与新增加的上市公司有关，平均到每个企业也能反映出企业的良好经营促进了营业收入整体的增长。

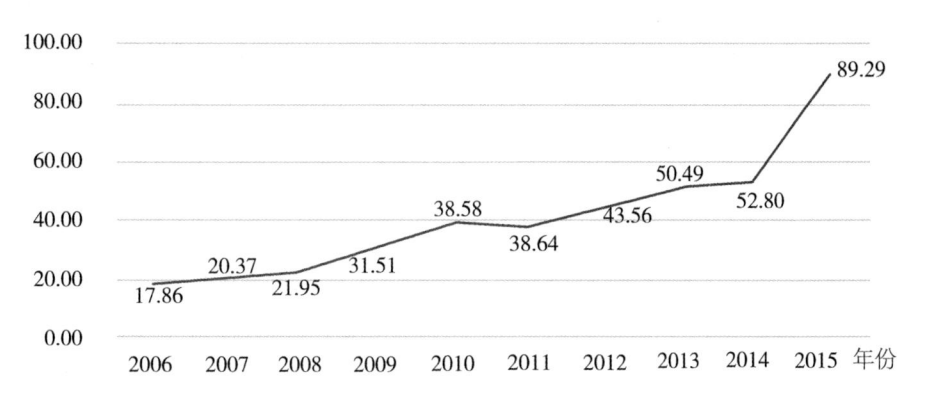

图6-12　浙江省第三产业上市公司平均营业收入情况（金额单位：亿元）

从表6-10可以看到，2006年浙江省第三产业上市公司营业收入的方差为270.83；到2007年上升至319.57，此后一直到2013年均保持上升趋势；2008年增加到484.64；到2009年骤然上升至2 036.72，并且此后一直保持较大的增长幅度；2010年增加到3 218.72；2011年继续增加，上升到4 008.51；到2012年增长幅度开始减小，只增加到4 500.44；2013年继续保持该增长幅度，上升至5 063.11；在2014年该指标的方差出现小幅度下降的趋势，降至4 872.31；2015年又呈现惊人的增长幅度，直接从4 872.31上升到77 836.15，涨幅巨大。从方差的变化情况来看，浙江省第三产业上市公司的营业收入与均值在总体上不断偏离，少数年份偏离程度有所下降，但2015年的偏离程度巨大。

从浙江省第三产业上市公司营业收入的最大、最小值来看，2006—2008年营业收入的最大值企业一直被雅戈尔占据，并且其营业收入在3年间呈现不断上升的趋势，从2006年的61.28亿元上升到2008年的107.80亿元。从2009年开始，浙江省第三产业上市公司营业收入的最大值企业被物产中大夺走，当年其营业收入为246.92亿元，并且一直保持增加趋势到

表 6-10			浙江省第三产业上市公司营业收入统计			金额单位：亿元	
年份	方差	最大值	最大值公司	最小值	最小值公司	中位数	均值
2006	270.83	61.28	雅戈尔	0.23	通策医疗	9.84	17.86
2007	319.57	70.34	雅戈尔	0.14	荣安地产	11.28	20.37
2008	484.64	107.80	雅戈尔	0.02	荣安地产	10.91	21.95
2009	2 036.72	246.92	物产中大	1.89	通策医疗	11.16	31.51
2010	3 218.72	315.78	物产中大	2.43	通策医疗	14.69	38.58
2011	4 008.51	369.19	物产中大	1.51	电魂网络	16.59	38.64
2012	4 500.44	397.91	物产中大	0.21	万家文化	17.90	43.56
2013	5 063.11	404.93	物产中大	0.80	万家文化	21.75	50.49
2014	4 872.31	381.57	物产中大	0.12	万家文化	30.53	52.80
2015	77 836.15	1 825.73	物产中大	3.33	华铁科技	28.03	89.29

2013 年，该指标数值为 404.93 亿元。但 2014 年物产中大的营业收入出现小幅度下降，降至 381.57 亿元，2015 年又骤增至 1 825.73 亿元。从最小值企业来看，2006—2015 年，除了个别年份营业收入的最小值企业数值超过 1 亿元，其他各年均小于 1 亿元，10 年间最小值企业基本被通策医疗和万家文化占据。

2006—2015 年，浙江省第三产业上市公司营业收入的中位数均小于平均值，并且中位数的变化区间为 9 亿~31 亿元，而平均值变化区间为 17 亿~90 亿元，说明营业收入较高的企业所产生的拉动效应逐年增加。

6.4.2 营业成本大幅上升，离散程度加大

分析图 6-13，浙江省第三产业上市公司的营业成本在 2006 年达到 533.89 亿元；到 2007 年小幅上涨到 612.12 亿元；2008 年继续保持小幅增长的趋势，上升到 668.77 亿元；2009 年骤然上升至 945.53 亿元；此后几年保持较大的增长幅度，到 2010 年上升至 1 150.04 亿元，2011 年继续上升到 1 278.15 亿元，2012 年保持该增长幅度增加至 1 404.86 亿元，2013 年又上涨到 1 688.36 亿元，2014 年增长幅度稍稍下降，增加到 1 776.48 亿元，2015 年骤然上升至 3 289.90 亿元。从 10 年间的变化情况来看，虽然每年的变化幅度有高有低，但总体上呈现不断上升的变动趋势。营业成本的不断上

升说明浙江省第三产业上市公司规模也在不断扩大或者经营业绩在不断改善，营业成本的变动情况与营业收入的变动情况基本保持一致，浙江省第三产业上市公司在 10 年间的经营状况呈现越来越好的发展趋势。

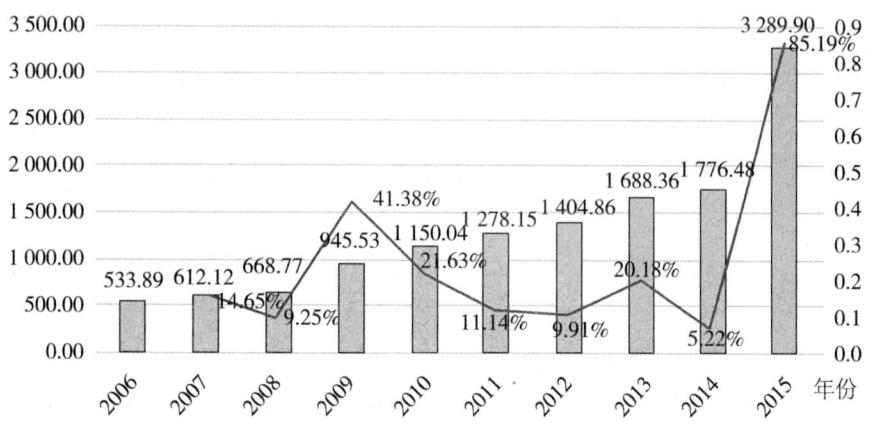

图 6-13 浙江省第三产业上市公司营业成本情况（金额单位：亿元）

2007 年浙江省第三产业上市公司的营业成本增长率为 14.65%；到 2008 年下降至 9.25%，到达 10 年间的第一个波谷；在 2009 年骤然上升至 41.38%，达到 10 年间的第一个波峰；在 2010 年又下降至 21.63%；此后两年继续保持下降趋势，到 2011 年下降到 11.14%，2012 年小幅度下降至 9.91%；到 2013 年该增长率又上升至 20.18%，成为第二个波峰；在 2014 年又达到 10 年间的第二个波谷，下降至 5.22%；2015 年骤然上升到非常高的程度，达到 85.19%。浙江省第三产业上市公司营业成本增长率的变动趋势，大体呈现出波浪形，2008 年和 2014 年是该变化趋势的两个波谷，2009 年和 2013 年是其两个波峰，2015 年达到 10 年间的最高点。

分析图 6-14 可知，2006 年浙江省第三产业上市公司的平均营业成本为 14.43 亿元；2007 年小幅度上升到 16.11 亿元；2008 年继续保持上涨趋势，上升到 17.60 亿元；2009 年有较大的上涨幅度，升至 24.88 亿元；2010 年继续保持该上升幅度，增加到 31.08 亿元；2011 年小幅度上涨到 31.17 亿元；2012 年继续保持上涨幅度，升至 33.45 亿元；到 2013 年涨幅较大，上涨到 40.20 亿元；2014 年小幅度上涨到 42.30 亿元；到 2015 年，平均营业成本骤然增加到 78.33 亿元。结合平均营业成本和营业成本增长率的变动情况来看，浙江省第三产业上市公司平均营业成本的增长情况基本符合整体地区的营业成本增长率的历年变化情况，说明浙江省的大部分企业经营情况较好，均值与整体地区的变化趋势相一致。

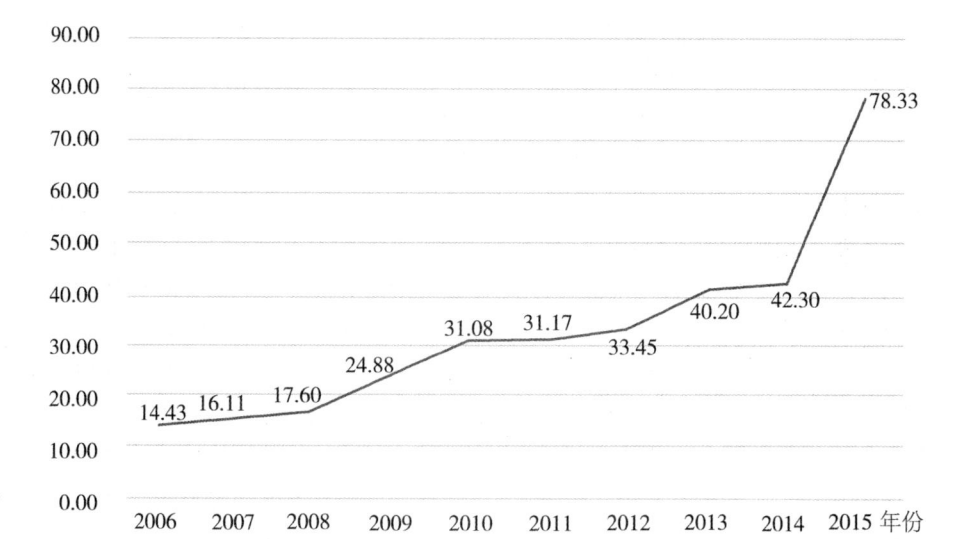

图 6-14　浙江省第三产业上市公司平均营业成本情况（单位：亿元）

　　分析表 6-11，2006 年浙江省第三产业上市公司营业成本的方差为 185.47；到 2007 年上升至 204.88，并且此后一直到 2013 年均保持上升趋势；2008 年增加到 320.37；到 2009 年骤然上升至 1 554.35，并且此后一直保持较大的增长幅度；2010 年增加到 2 515.88；2011 年继续增加，上升到 3 070.60；到 2012 年增长幅度减小，只增加到 3 670.50；2013 年继续保持该增长幅度，上升至 4 165.73；2014 年该指标的方差出现小幅度下降的趋势，降至 3 978.63；2015 年又呈现惊人的增长幅度，直接从 3 978.63 上升到 73 478.14，涨幅巨大。从方差的变化情况来看，浙江省第三产业上市公司的营业成本与均值在总体上不断偏离，个别年份的偏离程度有所下降，但 2015 年的偏离程度巨大，并且营业成本与均值的偏离程度要小于营业收入与均值的偏离程度。

表 6-11　　　　　　　**浙江省第三产业上市公司营业成本统计**　　　　金额单位：亿元

年份	方差	最大值	最大值公司	最小值	最小值公司	中位数	均值
2006	185.47	46.67	浙江东方	0.10	通策医疗	9.00	14.43
2007	204.88	51.26	浙江东方	0.37	通策医疗	10.89	16.11
2008	320.37	83.97	雅戈尔	0.27	通策医疗	10.25	17.60
2009	1 554.35	230.82	物产中大	1.17	通策医疗	9.50	24.88
2010	2 515.88	294.92	物产中大	1.29	通策医疗	14.50	30.26
2011	3 070.60	342.45	物产中大	0.00	电魂网络	13.19	31.17
2012	3 670.50	370.83	物产中大	0.00	电魂网络	11.89	32.92
2013	4 165.73	378.72	物产中大	0.00	电魂网络	17.16	39.86
2014	3 978.63	359.38	物产中大	0.00	电魂网络	19.14	41.47
2015	73 478.14	1773.70	物产中大	0.00	电魂网络	24.20	77.33

从最大、最小值的角度来看，2006—2007 年浙江省第三产业上市公司的营业成本最大值企业均为浙江东方，并且这两年间浙江东方的营业成本不断上升，从原来的 46.67 亿元上升到 2007 年的 51.26 亿元。到 2008 年，雅戈尔以 83.97 亿元的营业成本水平超越浙江东方成为浙江省第三产业上市公司中营业成本最大值企业。2009—2015 年，物产中大牢牢占据营业成本最大值企业的地位。分析其营业成本的变化情况发现，除了 2014 年营业成本出现下降的情况之外，其他各年份营业成本均不断上升，从 2009 年的 230.82 亿元上升到 2013 年的 378.72 亿元，2014 年下降至 359.38 亿元，但到 2015 年又大幅度上升至 1 773.70 亿元。从最小值的情况来看，2006—2015 年，只有两年最小值企业的营业成本超过了 1 亿元，其他各年份的营业成本均小于 1 亿元，尤其是电魂网络的营业成本更低。由于表 6-11 采用的单位是亿元，电魂网络显示的数值为零，但实际上电魂网络有上万元的营业成本。

结合浙江省第三产业上市公司的中位数和平均值来看，2006—2015 年，中位数均小于对应年份的平均值，并且中位数在 10 年间的变化区间为 9 亿~25 亿元，而平均值的变化区间为 14 亿~78 亿元，并且呈现逐年上升的趋势。这说明浙江省第三产业上市公司中营业成本较高的企业对整体经济的拉升效果较为明显，并且其拉升力度逐年增加。

6.4.3 息税前利润呈上涨趋势

分析图 6-15，浙江省第三产业上市公司的息税前利润在 2006 年达到 66.06 亿元；在 2007 年增长了 0.86 倍，上涨到 122.68 亿元；在 2008 年可能遭受到经济危机的冲击，服务行业消费需求降低，导致其息税前利润下降至 110.15 亿元；2009 年重新呈现大幅度上升的状态，上升至 184.49 亿元；2010 年继续保持上升趋势，增加到 195.12 亿元；到 2011 年小幅增加至 203.26 亿元；2012 年又呈现较大的增长幅度，息税前利润达到 260.30 亿元；2013 年增长幅度又减小，上涨至 263.85 亿元；此后两年的上涨幅度也不是很大，2014 年上升到 289.61 亿元，2015 年小幅度增加至 291.09 亿元。从息税前利润历年的变化情况来看，2012 年之前息税前利润的波动性较大，但在 2012 年之后，该指标基本保持稳定，增长幅度变动不大，说明浙江省第三产业上市公司的经济增长基本形成较为稳定的局面。

从息税前利润增长率的情况来看，2007 年浙江省第三产业上市公司的息税前利润增长率为 85.71%，达到了 10 年间的最高点；到 2008 年受到经济危机的冲击，增长率变为负数，下降至 -10.21%；2009 年又强势回归至 67.48%；此后两年增长率的数值较小，基本趋于稳定；2010 年息税前利润增长率为 5.76%；到 2011 年该比率小幅度下降至 4.17%；2012 年又呈现较大的增长幅度，上升至 28.06%；2013 年增长率又骤然下降至 1.36%；2014

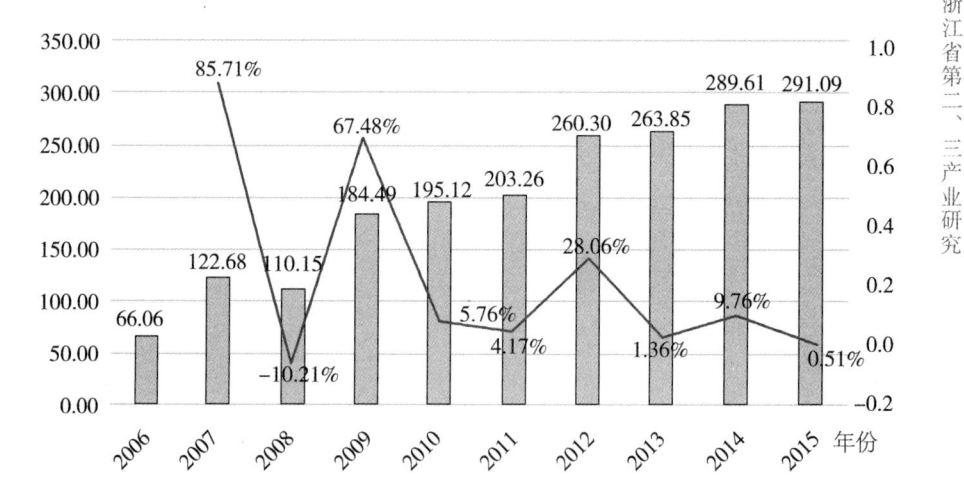

图 6-15　浙江省第三产业上市公司息税前利润情况（金额单位：亿元）

年增长到 9.76%；2015 年又下降至 0.51%，成为除 2008 年之外增长率的最低点。浙江省第三产业上市公司的息税前利润增长率大致可以分为两个阶段：第一阶段是 2007—2010 年。增长率变化的波动性非常强，基本呈现大起大落的趋势。第二阶段是 2010—2015 年。该阶段的特点是除了 2012 年增长率骤然上升以外，其他年份的增长率波动性较小，基本保持较为稳定的变化。其增长率的这种变化趋势表明浙江省第三产业上市公司在 10 年间经历了从新生到逐渐站稳脚跟的阶段。

　　分析图 6-16，浙江省第三产业上市公司的平均息税前利润在 2006 年达到 1.79 亿元；到 2007 年有了较大的增长幅度，上升至 3.23 亿元；在 2008 年受到经济危机的冲击，下降至 2.90 亿元；2009 年重新呈现强劲的上升趋势，骤然上涨至 4.85 亿元；到 2010 年小幅度增加至 5.27 亿元；2011 年又出现下降的状态，降至 4.96 亿元；2012 年以后基本保持较为稳定的状态，当年上升至 6.20 亿元；2013 年小幅度增加至 6.28 亿元；2014 年继续保持小幅度上升的趋势，上涨到 6.90 亿元；2015 年进一步上升至 6.93 亿元。对比浙江省第三产业上市公司的平均息税前利润和息税前利润变化情况可以发现，在 2011 年二者有了较为明显的区别。浙江省第三产业的息税前利润除了 2008 年之外，其他各年份均保持增长的状态，而平均息税前利润除 2008 年呈现下降状态外，2011 年也出现了小幅度下降。这一变化可能与上市公司数量增多有关。2010 年浙江省第三产业上市公司一共有 37 家，而到 2011 年增加至 41 家，是 2006—2015 年上市公司数量增加最多的一年，也反映出这些新增的上市公司在盈利能力方面还有所欠缺。

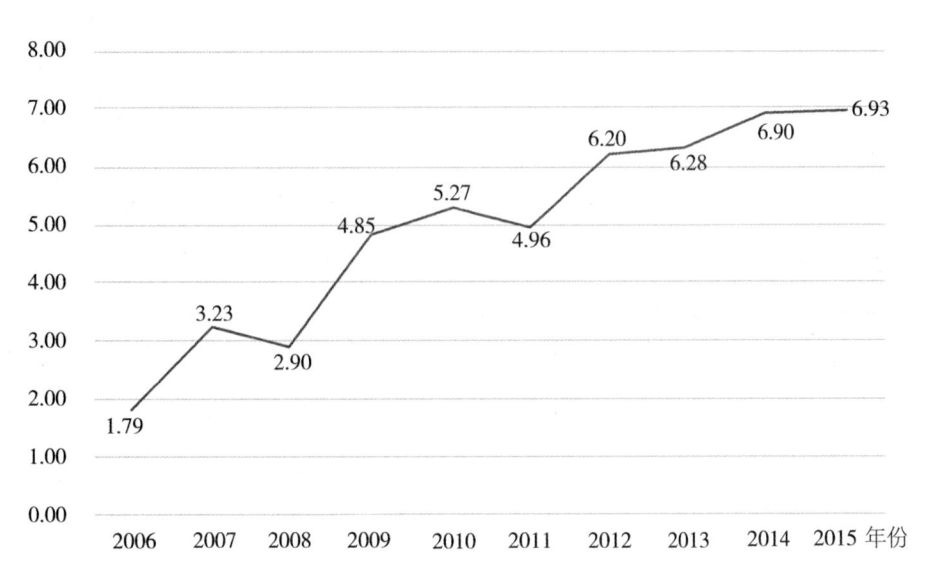

图 6-16 浙江省第三产业上市公司平均息税前利润（单位：亿元）

2006 年浙江省第三产业上市公司息税前利润的方差为 17.17；到 2007 年较大幅度地增加到 47.34；在 2008 年下降至 35.98；在 2009 年又有了较大的增加幅度，上升到 74.39；2010 年该指标稍稍上升了一点，增加到 77.80；2011 年方差又出现下降的状态，降至 57.75；到 2012 年又波动上升至 77.32；2013 年又降至 58.90；此后两年保持较大的增长幅度，2014 年上升至 87.94，到 2015 年进一步上升至 164.65（见表 6-12）。从息税前利润方差的变化情况来看，其变化趋势基本是波浪状变化，存在交替出现的波峰和波谷。这说明浙江省第三产业上市公司的息税前利润与平均息税前利润的偏离程度不稳定，基本上相邻两年表现为其中一年二者的偏离程度增加，而另一年息税前利润与均值的偏离程度又降低。偏离程度波动性较强，说明浙江省第三产业的活力较强，但也反映出其容易受到外界环境的影响。

表 6-12　　　　　浙江省第三产业上市公司息税前利润统计　　　　金额单位：亿元

年份	方差	最大值	最大值公司	最小值	最小值公司	中位数	均值
2006	17.17	22.11	宁波港	-2.56	航天通信	0.68	1.79
2007	47.34	37.92	雅戈尔	-1.45	华媒控股	1.45	3.23
2008	35.98	28.27	雅戈尔	-3.20	嘉凯城	1.10	2.90
2009	74.39	43.99	雅戈尔	-0.31	宋都股份	1.62	4.85
2010	77.80	40.81	雅戈尔	-1.37	华媒控股	2.02	5.13
2011	57.75	33.66	雅戈尔	0.00	电魂网络	2.38	4.96
2012	77.32	36.98	新湖中宝	-0.50	万家文化	1.86	5.13
2013	58.90	38.62	宁波港	0.00	电魂网络	2.67	5.15
2014	87.94	45.39	雅戈尔	-0.77	航天通信	3.29	5.87
2015	164.65	62.36	雅戈尔	-20.12	嘉凯城	2.31	5.85

从最大、最小值的角度来分析，2006—2015 年息税前利润的最大值基本被两个企业占据，分别是宁波港和雅戈尔，并且雅戈尔的劲头更强劲。具体表现为 2006 年和 2013 年宁波港分别以 22.11 亿元和 38.62 亿元成为浙江省第三产业上市公司息税前利润的最大值企业。而 2007—2011 年，雅戈尔连续 5 年保持首位，5 年间息税前利润最高的达到 43.99 亿元。2014 年和 2015 年雅戈尔又超越宁波港回归首位，并且这两年中息税前利润最高达到 62.36 亿元，盈利能力较强。而从最小值来看，10 年间除 2011 年和 2013 年最小值企业的息税前利润超过 0 之外，其他各年份的息税前利润均小于 0，甚至在 2015 年嘉凯城的息税前利润亏损至 -20.12 亿元。不同企业间的差距较大。以 2015 年为例，最大值企业和最小值企业的息税前利润相差 82.48 亿元。结合中位数和平均值来看，10 年间的变化情况较为明显，浙江省第三产业上市公司的息税前利润均值均大于对应年份的中位数，说明息税前利润较高的那部分企业极大程度地拉动了整体均值的上升。

6.4.4 利息费用呈上升趋势

图 6-17 反映出浙江省第三产业上市公司的利息费用基本呈现稳定上升的趋势。2006 年浙江省第三产业上市公司的利息费用为 9.18 亿元；到 2007 年小幅度增加到 9.43 亿元；2008 年呈现出较大的增长幅度，上升至 15.14 亿元，这一增长趋势表明经济危机冲击到浙江省第三产业上市公司，部分上市公司通过继续贷款来维持企业正常资金流；2009 年的利息费用就相对而言呈现下降的趋势，下降至 13.27 亿元；2010 年重新上升至 19.85 亿元，并且此后一直保持较大的增长幅度，这说明浙江省的第三产业开始逐渐扩大规模，因而导致其利息费用升高；2011 年增加到 29.50 亿元；2012 年继续保持该涨幅，上升到 39.23 亿元；2013 年涨幅下降，仅仅增长了 2.06 亿元，达到 41.29 亿元；2014 年重新保持 10 亿元的涨幅，上升至 51.81 亿元；2015 年更是进一步上涨到 63.11 亿元。浙江省第三产业上市公司的利息费用呈现逐年上升的趋势，说明第三产业逐渐扩大其经营规模，在浙江省的产业结构中发挥更大的影响作用。

从增长率来看，浙江省第三产业上市公司的利息费用增长率在 2007 年达到 2.62%；2008 年骤然达到 60.63%；在 2009 年骤然下跌至 -12.32%；在 2010 年重新上升至 49.61%；此后两年利息费用增长率均保持在 30% 以上，2011 年为 48.59%，2012 年为 32.97%；在 2013 年进一步下降至 5.25%；2014 年重新回升到 25.50%；2015 年小幅度下降至 21.80%。从浙江省第三产业上市公司的利息费用增长率变化的曲线来看，基本上呈现 W 形。2008 年、2010 年和 2014 年分别是该变化曲线的 3 个波峰，2009 年和 2013 年是该变化曲线的 2 个波谷。利息费用增长率变化的波动性如此明显，说明浙江省第三产业上市公司受外界经济环境的影响较大，对外部信息呈现出非常敏感的状态。

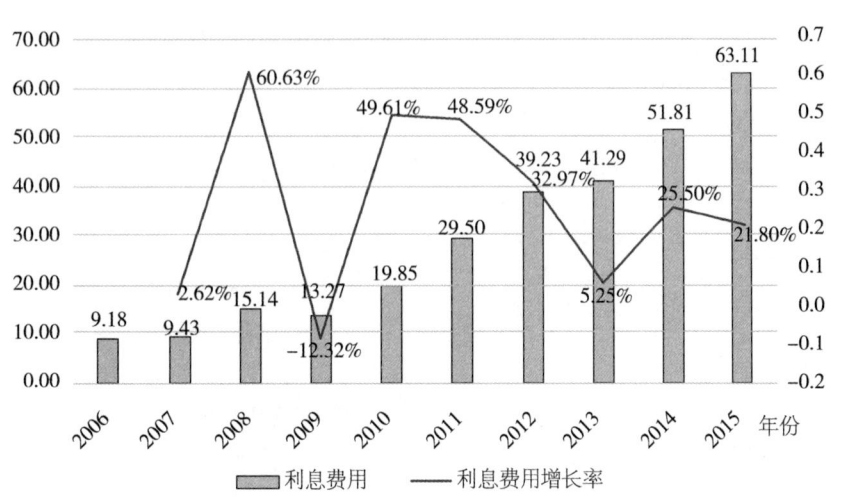

图 6-17　浙江省第三产业上市公司利息费用情况（金额单位：亿元）

如图 6-18 所示，浙江省第三产业上市公司的平均利息费用和整体产业的利息费用变化趋势相同。2006 年平均利息费用达到 0.25 亿元；到 2007 年小幅度增加，但是由于单位问题，在图 6-18 中依旧表现为 0.25 亿元；到 2008 年忽然上升了 0.15 亿元的幅度，增加到 0.40 亿元；2009 年下降至 0.35 亿元；此后 3 年均保持较大的增长幅度，2010 年上升到 0.54 亿元，2011 年继续保持该增长趋势，上涨至 0.72 亿元，2012 年更进一步上升到 0.93 亿元；2013 年增长幅度下降，仅仅增加到 0.98 亿元；2014 年重新呈现大幅度上升的状态，增加至 1.23 亿元；2015 年小幅度上升至 1.50 亿元。从平均值的角度来看，经济危机给浙江省的第三产业带来了不小的冲击，让很多企业面临资金压力，而在经济好转的年份，上市公司又通过积极融资来扩大自身的规模，导致平均利息费用的增加。

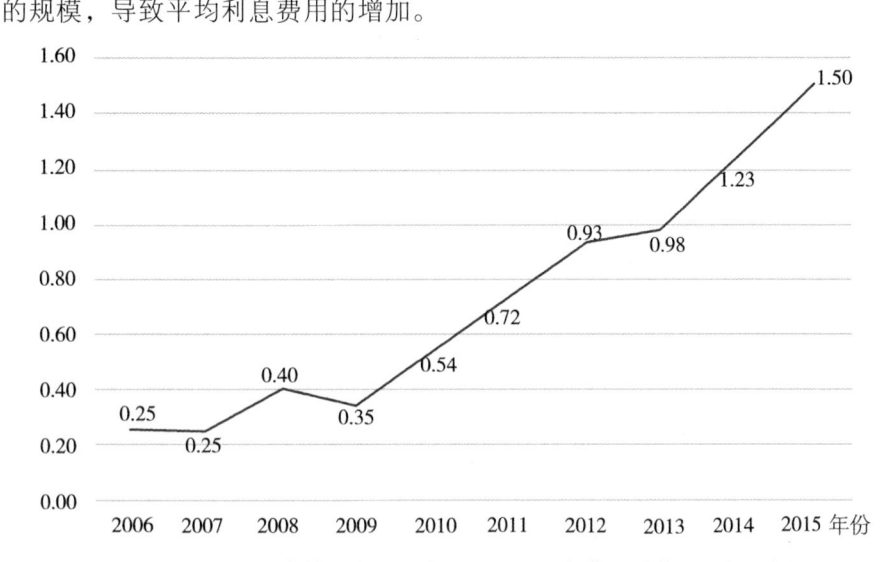

图 6-18　浙江省第三产业上市公司平均利息费用（单位：亿元）

从表 6-13 可以看出，浙江省第三产业上市公司的利息费用方差在 2006 年达到 0.10；2007 年基本保持不变还是 0.10；到 2008 年迅速上升至 0.60；在 2009 年又下降至 0.42；2010 年重新呈现上升态势，上涨至 0.67；2011 年迅速增加到 1.81；到 2012 年基本保持该涨幅，上升到 2.62；2013 年稍稍上升至 2.65；到 2014 年又呈现出较大的上涨幅度，增加到 4.09；在 2015 年上升至 5.82。从方差的变化情况来看，可以说总体上浙江省第三产业上市公司的利息费用和均值之间的偏离程度不断加大，少数年份偏离程度有所下降。偏离程度大表明利息费用的变化不稳定，容易受到外界环境的影响，但也表明其活力较强。

表 6-13　　　　　浙江省第三产业上市公司利息费用统计　　　　　金额单位：亿元

年份	方差	最大值	最大值公司	最小值	最小值公司	中位数	均值
2006	0.10	1.36	浙江广厦	-0.25	宁波港	0.15	0.25
2007	0.10	1.08	浙江广厦	-0.56	宁波港	0.18	0.25
2008	0.60	4.51	雅戈尔	-0.01	百大集团	0.14	0.40
2009	0.42	3.01	雅戈尔	-0.13	莱茵体育	0.11	0.35
2010	0.67	4.21	雅戈尔	-0.04	浙江东日	0.19	0.52
2011	1.81	7.45	雅戈尔	-0.42	浙江东方	0.19	0.72
2012	2.62	8.45	雅戈尔	-0.69	荣安地产	0.36	0.96
2013	2.65	7.31	雅戈尔	-1.27	荣安地产	0.40	1.01
2014	4.09	8.46	美都能源	-0.38	三江购物	0.18	1.26
2015	5.82	8.78	新湖中宝	-0.30	杭州解百	0.47	1.54

从最大、最小值的角度来看，浙江省第三产业上市公司的利息费用最大值企业经常被雅戈尔占据。2006 年浙江广厦以 1.36 亿元的利息费用成为浙江省第三产业利息费用最高的上市公司。2007 年该公司继续以 1.08 亿元蝉联榜首。而到 2008 年之后，连续 6 年雅戈尔凭借较高的利息费用强势挤下浙江广厦。2008—2013 年，雅戈尔的利息费用最低为 3.01 亿元，最高为 8.45 亿元。2014 年美都能源凭借 8.46 亿元的利息费用超越雅戈尔成为榜首，但在 2015 年又被新湖中宝以 8.78 亿元的利息费用超越。从利息费用最大值情况来看，2006—2007 年浙江省第三产业上市公司的利息费用较低，应该是行业还处于萌芽阶段。而随着时间的推移，利息费用越来越高，到 2015 年利息费用最大值的企业是 2006 年的 6.46 倍，说明在短短的 10 年间，浙江省第三产业有了较大的发展。从最小值的情况来看，2006—2015 年利息费用最小值企业的该项指标均小于 0，甚至在 2013 年达到 -1.27 亿元。利息费用小表明企业债务较少，偿债压力较小，但是也说明这部分企业

没能很好地利用债务融资来增强自身的经营实力。结合浙江省第三产业上市公司利息费用的中位数和平均值来看，同前面几个指标相同，历年的中位数均小于对应年份的平均值，并且从数值上可以看出，中位数 2006—2015 年总体是保持比较平稳的波动曲线，少数年份有所升高，但是平均值在 2006—2015 年一直呈现出不断上升的趋势。在平均值不断提高的情况下，中位数保持基本不变的情况说明浙江省第三产业上市公司有一半以上的利息费用较少，没能很好地利用债务融资。

6.4.5 所得税趋于平稳

分析图 6-19，浙江省第三产业上市公司在 2006 年的所得税为 17.28 亿元；到 2007 年增幅非常大，近乎翻了一番，达到 33.53 亿元；在 2008 年受到经济危机的冲击，浙江省第三产业上市公司的所得税大幅度下降至 24.10 亿元；2009 年浙江省第三产业上市公司的所得税水平强有力地恢复到经济危机前水平，并且还略有超越，上升到 38.81 亿元；2010 年呈现小幅增长的状态，增加到 41.85 亿元；到 2011 年有所下降，降至 39.39 亿元；2012 年骤然上升至 56.96 亿元；此后 3 年基本维持在 55 亿~59 亿元的区间内，2013 年为 55.84 亿元，2014 年为 55.21 亿元，2015 年为 58.70 亿元。从浙江省第三产业上市公司的所得税情况来看，2012 年之前所得税的波动情况较为明显，而 2012 年之后基本呈现出较为稳定的局面。这说明在 2012 年之前浙江省第三产业上市公司处于较快的发展时期，到 2012 年之后企业的发展较为平稳。

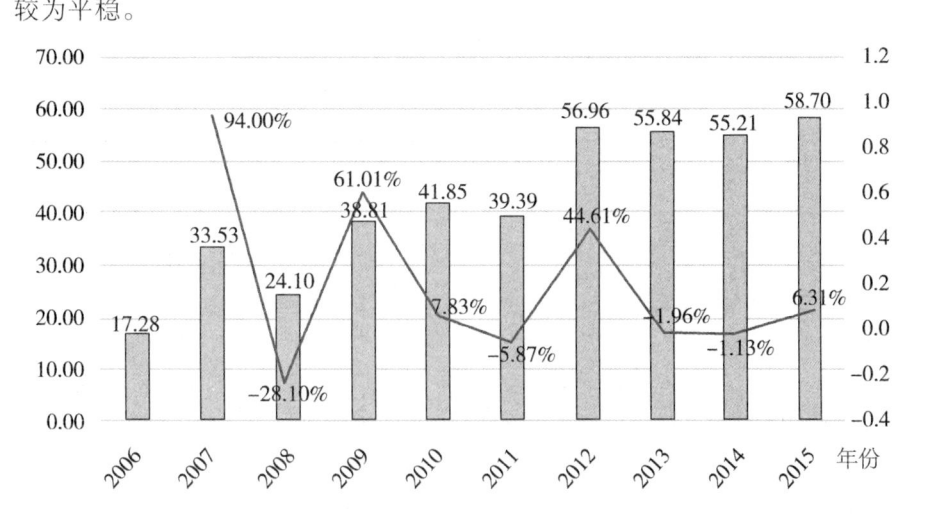

图 6-19　浙江省第三产业上市公司所得税情况（金额单位：亿元）

从所得税增长率的角度来看，2007—2015 年浙江省第三产业上市公司的所得税增长率基本呈现锯齿状变化。具体来看，2007 年浙江省第三产业上市公司的所得税增长率为 94%，与前一年相比近乎翻番，这也是 10 年间的第一个高点；在 2008 年受经济危机的影响，骤然下降至 -28.10%；在 2009 年又飙升至 61.01%，成为 10 年间的第二个高点；2010 年该指标下降至 7.83%；2011 年又呈现负增长的状态，下降至 -5.87%；2012 年又呈现飙升状态，由 -5.87% 迅速上升至 44.61%，此后 10 年间所得税增长率的飙升状态结束；2013 年下降至 -1.96%；在 2014 年继续保持负增长的趋势，相关指标达到 -1.13%；2015 年重新表现出正向增长的趋势，上升至 6.31%。这种增长率的变化趋势表明，2006—2012 年浙江省第三产业上市公司的经营状况波动非常明显，外界环境的刺激很容易引起对应企业的经营状况变好或者变坏；2012—2015 年，浙江省第三产业的发展相对平缓，基本处于站稳脚跟的状态。

根据图 6-20，浙江省第三产业上市公司平均所得税的变化情况基本同整体变化情况相同：2006 年平均所得税为 0.47 亿元；2007 年飙升至 0.88 亿元；到 2008 年又迅速下降至 0.63 亿元；2009 年又有较大的上涨幅度，升至 1.02 亿元；到 2010 年小幅度上升至 1.13 亿元；2011 年又出现下降的状态，跌至 0.96 亿元；此后 4 年基本维持在较为稳定的变化区间，2012 年、2013 年、2014 年和 2015 年分别为 1.36 亿元、1.33 亿元、1.31 亿元、1.40 亿元。从平均所得税和整体第三产业上市公司的所得税变化情况来看，每个企业在平均层面的经营情况较好，整体所得税的增多不仅是因为上市公司的数量增加，也与这些企业的良好经营有关。

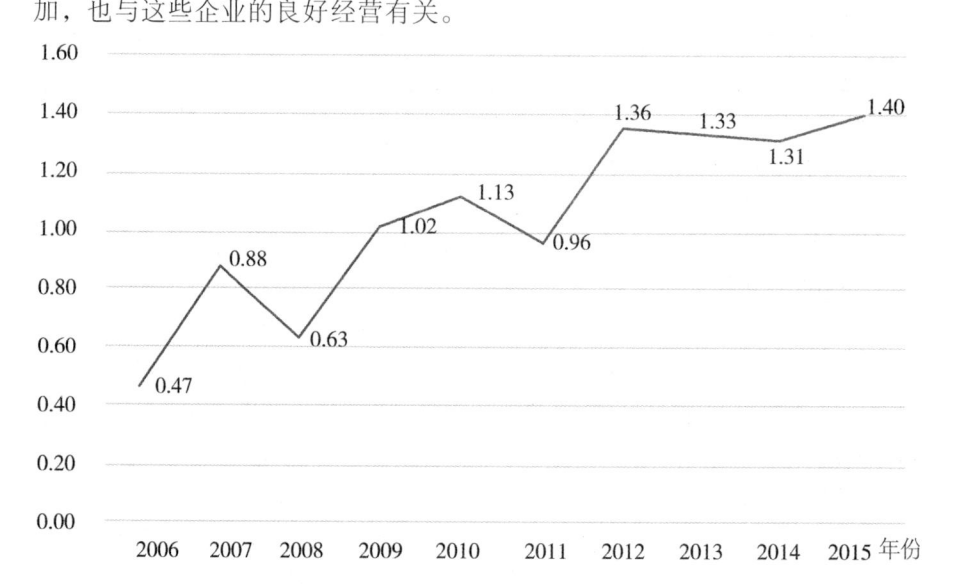

图 6-20 浙江省第三产业上市公司平均所得税（单位：亿元）

如表 6-14 所示，2006 年浙江省第三产业上市公司的所得税方差为 1.07；到 2007 年翻了 2.21 倍，增长到 3.44；到 2008 年又下降到 1.44；2009

年又上升到 2.52；2010 年继续保持上升的趋势，增加到 3.18；2011 年重新下降至 2.04；到 2012 年该指标又翻了 1.75 倍，上升到 5.61；此后两年一直呈现下降的状态，2013 年和 2014 年分别为 4.62 和 3.77；到 2015 年重新上升至 5.06。从方差的变化情况来看，浙江省第三产业上市公司的所得税与均值偏离的波动性较强，基本呈现上升与下降交错出现的局面，说明浙江省第三产业上市公司的所得税受外界环境影响较大。

表 6-14　　　　　　　浙江省第三产业上市公司所得税统计　　　　　　金额单位：亿元

年份	方差	最大值	最大值公司	最小值	最小值公司	中位数	均值
2006	1.07	5.74	宁波港	−0.05	浙江震元	0.18	0.48
2007	3.44	10.41	雅戈尔	−0.02	信雅达	0.36	0.91
2008	1.44	5.84	雅戈尔	−0.03	海越股份	0.25	0.67
2009	2.52	6.03	雅戈尔	0.00	浙大网新	0.29	1.02
2010	3.18	7.26	雅戈尔	−0.18	轻纺城	0.32	1.10
2011	2.04	5.72	宁波港	−0.02	海越股份	0.30	0.96
2012	5.61	9.50	新湖中宝	0.01	宁波海运	0.28	1.36
2013	4.62	9.73	杭州银行	0.00	宁波海运	0.42	1.34
2014	3.77	7.81	杭州银行	0.00	华媒控股	0.41	1.32
2015	5.06	9.88	雅戈尔	0.04	华媒控股	0.44	1.41

从最大、最小值的角度来看，2006—2015 年浙江省第三产业上市公司缴纳所得税最多的企业基本被 3 个企业占据：宁波港、雅戈尔和杭州银行。宁波港分别在 2006 年和 2011 年成为纳税最多的企业，当年所得税分别为 5.74 亿元和 5.72 亿元，2007——2010 年以及 2015 年雅戈尔成为浙江省第三产业上市公司纳税最多的企业，纳税最多的 1 年为 2007 年，为 10.41 亿元。2012 年新湖中宝以 9.50 亿元的所得税税额成为浙江省第三产业上市公司缴纳所得税最多的企业。2013 年和 2014 年杭州银行成为缴纳所得税最多的企业，分别为 9.73 亿元和 7.81 亿元。在缴纳所得税最少的企业方面，在 2006—2015 年的半数年份中，浙江省第三产业上市公司所得税最小值企业的所得税税额小于 0，剩余 5 年即使所得税数额大于 0，也仅仅是几十万元到几百万元的纳税额度，同最大值企业相比差距太大。这部分最小值企业也并不都是经营规模小的公司，这说明这些企业的经营存在一定的问题，需要改善经营状态，增强企业的盈利能力。

结合中位数和平均值来看，2006—2015 年浙江省第三产业上市公司的中位数均小于对应年份的平均值，而且从数值变化来看，中位数多数年份都在 0.3 亿元左右徘徊，少数年份上升到 0.4 亿元。而平均值方面，2006—2015 年除少数几年平均所得税税额有所下降以外，其余各年份的平均所得税税额均呈现不断上升的趋势，并且涨幅较大，从 0.48 亿元上升到 1.41 亿元。这说明浙江省第三产业上市公司缴纳所得税比较多的企业对整体均值有向上的拉动作用。但是中位数在 10 年间几乎不变，说明中游企业的所得税情况基本保持在比较稳定的状态，无论外部经济环境是好是坏，基本都保持差不多的纳税情况，这反映出这些企业的盈利能力存在较大的问题。

6.4.6 净利润稳步上升，离散程度加大

分析图 6-21 可知，浙江省第三产业上市公司的净利润在 2006 年达到 39.60 亿元；到 2007 年近乎翻了一番，达到 79.73 亿元；2008 年受到经济危机的冲击，净利润下降到 70.91 亿元；到 2009 年又骤然上升至 132.41 亿元；此后两年基本保持缓慢增长的态势，2010 年和 2011 年分别为 133.42 亿元和 134.37 亿元；2012 年增长到 164.11 亿元；2013 年依旧保持小幅度上升的趋势，增加到 166.72 亿元；2014 年增幅较大，上升到 182.59 亿元；到 2015 年又下降到 169.29 亿元。整体来看，除 2006—2009 年浙江省第三产业上市公司的净利润呈现波动性的变化之外，剩余年份基本保持稳步上升的状态。这说明 2010—2015 年浙江省第三产业基本保持较为平稳的发展态势。

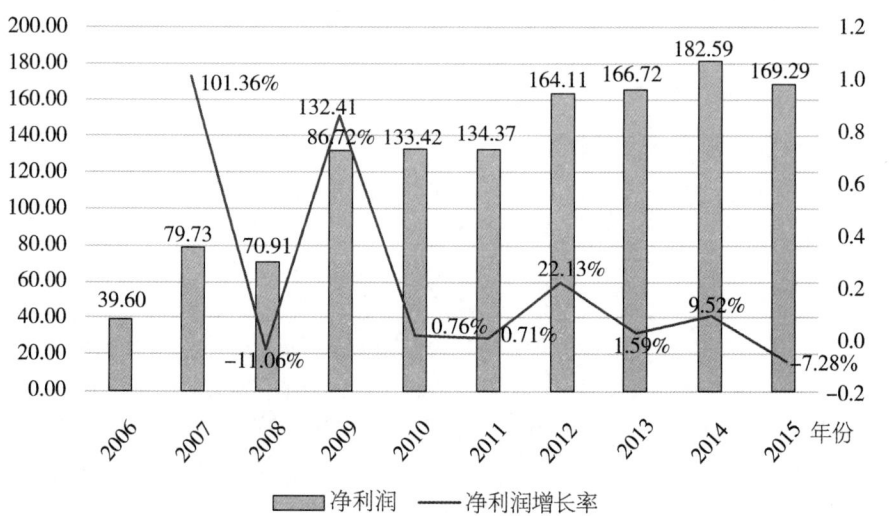

图 6-21　浙江省第三产业上市公司净利润情况（金额单位：亿元）

从增长率的角度来看，浙江省第三产业上市公司的增长率在 2007 年达到 101.36%，成为 2007—2015 年增长率最高的一年；到 2008 年骤然下降至 -11.06%；在 2009 年又骤然上升至 86.72%；到 2010 年又急速下降至 0.76%。4 年间增长率呈现忽高忽低的变化趋势，这说明这几年的经济形势不稳定，浙江省第三产业受外界环境影响较大。2011 年，浙江省第三产业

上市公司的净利润增长率稍微下降至 0.71%；到 2012 年又有较大的上升幅度，增加至 22.13%；2013 年又下降了较大的幅度，降至 1.59%；2014 年上升至 9.52%；2015 年又下降至 -7.28%。综合来看，10 年间净利润增长率变化幅度都非常大，前 4 年的变化幅度比后 4 年更大。这说明经济形势的好坏对第三产业上市公司的盈利能力有很大的影响。

从变化情况来看，浙江省第三产业上市公司的平均净利润变化与整体产业的变化趋势相近，但是在 2011 年平均净利润呈现下降的状态，而整体地区的净利润数值呈现上升的趋势（见图 6-22）。结合历年上市公司数量情况来看，出现这种变化的原因可能是 2011 年新增的上市公司数量较多，导致平均到每个企业的净利润数量减少。这说明当年新增的上市公司整体来看盈利能力较弱，削弱了第三产业整体的平均数值。而从平均净利润的变化趋势来看，基本还是呈现出 2006—2009 年变化幅度较大、其余年份基本保持波动较小的变化趋势，增长与下降的幅度都不是太大。这可能反映出企业得到进一步的成长，抵抗外界干扰的能力增强。

图 6-22　浙江省第三产业上市公司平均净利润（单位：亿元）

从表 6-15 可以看出，2006 年浙江省第三产业上市公司的净利润方差为 10.42；到 2007 年迅速翻了一番多，达到 25.16；到 2008 年又下降至 18.64；在 2009 年骤然上升至 45.34；在 2010 年小幅度下降至 41.30；在 2011 年继续保持下降的趋势，下降到 27.89；在 2012 年又增长了 1.13 倍，上升到 59.35；在 2013 年小幅下降至 55.71；在随后的两年，净利润的方差呈现较大的增长幅度，2014 年上升至 69.15，2015 年进一步上升至 125.98。从方差的变化情况来看，净利润与均值的偏离程度基本呈现一年提高一年降低的趋势，这说明浙江省第三产业上市公司的发展不均衡，导致整体地区净利润与均值呈现波动性变化。

表 6-15　　　　　　　浙江省第三产业上市公司净利润统计　　　　　　单位：亿元

年份	方差	最大值	最大值公司	最小值	最小值公司	中位数	均值
2006	10.42	16.62	宁波港	-3.38	航天通信	0.33	1.07
2007	25.16	26.51	雅戈尔	-2.15	华媒控股	0.86	2.10
2008	18.64	18.05	宁波港	-3.92	嘉凯城	0.68	1.87
2009	45.34	34.94	雅戈尔	-0.63	华媒控股	1.05	3.48
2010	41.30	29.34	雅戈尔	-1.80	华媒控股	1.29	3.51
2011	27.89	25.15	宁波港	0.03	海越股份	1.29	3.30
2012	59.35	35.58	杭州银行	-1.52	宁波海运	1.06	3.95
2013	55.71	37.99	杭州银行	-0.22	宁波海运	1.32	4.04
2014	69.15	35.11	杭州银行	-2.73	航天通信	2.10	4.41
2015	125.98	43.76	雅戈尔	-26.84	嘉凯城	1.55	4.08

从最大、最小值的角度来看，10 年间浙江省第三产业上市公司净利润最大的企业被 3 家占据：宁波港、雅戈尔和杭州银行。宁波港在 2006 年、2008 年和 2011 年占据榜首，3 年间最大净利润为 25.15 亿元。雅戈尔在 2007 年、2009 年、2010 年和 2015 年成为浙江省第三产业上市公司净利润的最大值企业，并且在 4 年间净利润的最大值为 43.76 亿元。杭州银行则是 2012—2014 年占据浙江省第三产业上市公司净利润最大值的地位，3 年内最大净利润为 37.99 亿元。从最大值来看，不同类型的企业的盈利能力差别很大。以宁波港和杭州银行作对比来看，银行业的利润情况要远远好于港口业，这可能与航运业不景气的情况有关。再看最小值企业的情况。2006—2015 年，浙江省第三产业上市公司净利润的最小值企业的净利润在大多数年份小于 0，并且在 2015 年达到 10 年间的最低点，降至 -26.84 亿元，而同年最大值企业的净利润达到 43.76 亿元，二者之间差距过大。这说明企业的盈利能力差距很大，尤其是亏损的企业应尽快找到有效方法来增强自身的盈利能力，摆脱亏损的情况。

结合浙江省第三产业上市公司净利润的中位数和均值来看，2006—2015 年中位数均小于对应年份的均值，说明净利润较大的企业拉升了平均净利润，但是从变化趋势来看，中位数和均值整体都呈现出上升的趋势，说明二者保持相同的变化趋势。

6.5　本章小结

本章从浙江省第二、三产业上市公司的资产负债表、利润表方面分析了浙江省第二、三产业的经济状况。整体来看，浙江省第二、三产业均呈发展态势，但第二产业占比有所下降，第三产业近年来发展较快，有超越第二产业的趋势，第三产业在浙江省经济发展中的作用越来越大。浙江省第二产业以电力、热力、燃气及水生产和供应业以及制造业为支柱行业，第三产业以银行业为支柱行业。浙江省第二、三产业中均出现企业发展不平衡的现象，处于平均水平之下的企业应进一步扩大规模，增强经营能力，增加营业收入和净利润，这样才能为推动地区经济发展贡献更大的力量。

参考文献

[1] KONCHITCHKI Y, PATATOUKAS P N. Taking the pulse of the real economy using financial statement analysis: implications for macro forecasting and stock valuation [J]. The Accounting Review, 2014, 89(2): 669-694.

[2] 曼昆. 宏观经济学 [M]. 张帆, 杨祜宁, 岳珊, 译. 6版. 北京: 中国人民大学出版社, 2009.

[3] 胡关金. 中国证券业及上市公司对GDP贡献的实证研究 [J]. 财贸经济, 2003 (3): 50-56.

[4] 李荣, 李永芳. 资本市场发展: 基于江苏省上市公司的分析 [J]. 商业研究, 2009 (7): 95-98.

[5] 刘斌. 港口和航运上市公司绩效评价 [M]. 大连: 大连海事大学出版社, 2007.

[6] 刘斌. 新常态下东北经济振兴研究 [M]. 大连: 东北财经大学出版社, 2016.

[7] 刘斌, 陈阳. 东北上市公司与地区经济发展研究 [J]. 中国市场, 2017 (11): 132-134.

[8] 刘斌, 李伟. 财务管理 [M]. 2版. 大连: 东北财经大学出版社, 2015.

[9] 王晓慧. 2005年浙江上市公司GDP贡献及业绩状况分析 [J]. 2006, 23 (3): 36-41.

[10] 张新民, 钱爱民. 财务报表分析 [M]. 3版. 北京: 中国人民大学出版社, 2014.

[11] 上海证券交易所网站. http://www.sse.com.cn.

[12] 深圳证券交易所网站. http://www.szse.cn.

[13] 网易财经. http://money.163.com.

[14] 巨潮资讯网. http://www.cninfo.com.cn/cninfo-new/index.

[15] 中华人民共和国国家统计局网站. http://www.stats.gov.cn.

[16] 上海统计网. http://www.stats-sh.gov.cn.

[17] 江苏省统计局网站. http://tj.jiangsu.gov.cn.

[18] 浙江统计信息网. http://www.zj.stats.gov.cn.

索引

后记

　　自改革开放以来，上海市经济迅猛增长，如今已经是中国乃至亚洲经济发展情况最为良好的地区之一。2016 年，上海市 GDP 居中国城市第 1 位、亚洲城市第 2 位，仅次于日本东京市。2016 年，江苏省和浙江省的 GDP 分别居中国各省第 2 位和第 4 位，强大的经济体量离不开当地上市公司的支持，且浙江省民营经济非常活跃。根据全国工商联发布的 2016 年中国民营企业 500 强榜单，浙江省共有 134 家公司上榜，连续 18 年全国排名第 1，远超以 94 家排名第 2 的江苏省和以 50 家排名第 3 的广东省，占总榜单的27%。如此活跃的民营资本在经历数年的累积发展之后，很多企业纷纷走进资本市场，成为经济实力庞大的上市公司。国家发改委、外交部、商务部联合发布的《推动共建丝绸之路经济带和 21 世纪海上丝绸之路的愿景与行动》中明确提及了上海市和长三角多地，要求利用"开放程度高、经济实力强、辐射带动作用大"的优势，成为"一带一路"建设的排头兵和主力军。我们一直在思考，长三角地区上市公司众多，上市公司在地区经济发展中的作用和贡献重大，是否可以从财务分析的角度通过对长三角地区上市公司的分析来发现地区经济发展的现状和问题，为长三角乃至全国其他地区的经济发展提供参考和借鉴。

　　上海市的洋山深水港的建设为上海港的综合集疏运体系创造了条件。在以洋山港为主体的集疏运体系中，上海港形成以海洋、航空、公路、铁路、运河和管道为核心的 6 种运输体系。在海洋运输体系中，上海港建造的防波堤、桥梁、深水航道等工程经受了复杂的技术、管理、资金环境下的考验。上海市创造了世界上综合交通最便捷、最经济的交通体系，为降低物流成本提供了保障。上海市便利、安全的交通体系为上海市打造了良好的产业生态链。上海港具有广阔的经济腹地。2015 年上海市经济规模达到 2.01 万亿元，江苏省为 7 万亿元，浙江省为 4.2 万亿元，形成近 14 万亿元的直接经济的纵深。同时，长江黄金水道的贯通，让安徽省、湖北省、江西省、湖南省、四川省、重庆市等源源不断地向上海港提供货源，形成 10 万亿元的间接经济腹地。

世界经济证明：要想富，先修路。要想发展区域经济，必须要建港口。当一个企业或一个行业完成原始资本积累之后，尤其是在核心竞争力形成之后，资本寻求更大市场是必然结果，中国的企业也是如此。对于中国的港口和航运业，发现优越的区位优势，投资深水港枢纽，寻找潜在经济腹地，与具有强烈改变贫穷愿望的地方政府合作，实现"一带一路"上的共创、共治和共赢是中国资本进行投资的基本条件。

以大数据、智能化、云计算为代表的第四次工业革命将给港口业带来新的机遇与挑战。当上海港的无人控制技术全自动集装箱码头投入营运之时，它融合了互联网的产业化、工业的智能化和工业的一体化要素，成为中国和世界港口的领头羊，使得中国与发达国家一道成为令人瞩目的第四次工业革命的领跑者，未来，"一带一路"沿线国家将与中国港口一道，以科技革命的进步面对无限增长。

经过一年多的努力，大连海事大学世界经济研究所的研究员们取得了阶段性的研究成果，写出了几十万字的研究报告，系统分析了长三角地区上市公司的财务状况。由于篇幅所限，本书是研究报告内容的精炼，在此奉献给广大读者。我们力图尽善尽美，但仍恐有纰漏，也望各位读者包涵。

本书第 1 章由何任撰写，第 2 章由何任、彭庆莉撰写，第 3 章由刘斌、兰宇撰写，第 4 章由刘威江、李冰、曲乐撰写，第 5 章由何任、张硕撰写，第 6 章由何任、任新蕾撰写。本书研究思路独特，观点犀利，内容丰富，配有大量图表，通俗易懂且有极大的启发性，对认识和进一步发展第四次工业革命下中国经济发展的引擎和"一带一路"倡议具有指导意义。

本书由大连海事大学世界经济研究所的刘斌教授提出研究方案，指导研究进程，由何任博士进一步修改、完善并统稿。感谢东北财经大学出版社的蔡丽编辑，她的努力使得本书能够尽早与读者见面。

著 者
2017 年 10 月